人文社科
高校学术研究论著丛刊

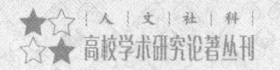

当代大学生核心价值观培育研究

罗光晔 著

中国书籍出版社
China Book Press

图书在版编目(CIP)数据

当代大学生核心价值观培育研究 / 罗光晔著. -- 北京：中国书籍出版社，2021.7
ISBN 978-7-5068-8603-1

Ⅰ.①当… Ⅱ.①罗… Ⅲ.①大学生－思想政治教育－研究－中国 Ⅳ.①G641

中国版本图书馆 CIP 数据核字(2021)第 158780 号

当代大学生核心价值观培育研究

罗光晔　著

丛书策划	谭　鹏　武　斌
责任编辑	毕　磊
责任印制	孙马飞　马　芝
封面设计	东方美迪
出版发行	中国书籍出版社
地　　址	北京市丰台区三路居路 97 号(邮编：100073)
电　　话	(010)52257143(总编室)　　(010)52257140(发行部)
电子邮箱	eo@chinabp.com.cn
经　　销	全国新华书店
印　　厂	三河市德贤弘印务有限公司
开　　本	710 毫米×1000 毫米　1/16
字　　数	218 千字
印　　张	13.75
版　　次	2023 年 1 月第 1 版
印　　次	2023 年 1 月第 1 次印刷
书　　号	ISBN 978-7-5068-8603-1
定　　价	72.00 元

版权所有　翻印必究

目 录

第一章 大学生核心价值观培育概述 …………………………… 1
    第一节 大学生核心价值观的内涵 …………………………… 1
    第二节 大学生核心价值观培育的环境分析 ………………… 8
    第三节 大学生核心价值观培育的意义 ……………………… 23

第二章 当代大学生核心价值观培育的理念与现状研究 ……… 31
    第一节 当代大学生核心价值观培育的理念 ………………… 31
    第二节 当代大学生核心价值观培育理念的创新 …………… 46
    第三节 当代大学生核心价值观的现状 ……………………… 49

第三章 当代大学生核心价值观培育的理论指导与原则研究 … 63
    第一节 大学生核心价值观培育的理论指导研究 …………… 63
    第二节 大学生核心价值观培育的原则研究 ………………… 76

第四章 当代大学生核心价值观培育的动因与内容研究 ……… 89
    第一节 大学生核心价值观培育的动因研究 ………………… 89
    第二节 大学生核心价值观培育的内容研究 ………………… 97

第五章 当代大学生核心价值观培育的目标与模式研究 ……… 118
    第一节 当代大学生核心价值观培育的目标 ………………… 118
    第二节 当代大学生核心价值观培育的模式 ………………… 128

第六章 当代大学生核心价值观培育的方法研究 ……………… 149
    第一节 大学生核心价值观培育的方法概述 ………………… 149
    第二节 大学生核心价值观培育的网络育人法 ……………… 153

第三节　大学生核心价值观培育的自我心理育人法 ……… 164
第四节　大学生核心价值观培育的实践育人法 …………… 169

第七章　当代大学生核心价值观培育的机制研究 ……… 185
第一节　大学生核心价值观培育的运行机制 ……………… 185
第二节　大学生核心价值观培育的保障机制 ……………… 192
第三节　大学生核心价值观培育的评价机制 ……………… 201

参考文献 ………………………………………………………… 212

第一章 大学生核心价值观培育概述

核心价值观是社会意识形态的本质体现,决定着社会意识的性质和方向。加强大学生核心价值观培育是提高大学生思想文化素质的重要途径,是加强我国人才建设的有效途径。在全球化的时代背景下,市场经济体制的深入发展使得人们的价值观发生了很大的变化,高校大学生价值观念受到冲击,这要求当代大学生价值观教育必须与时俱进,不断探索创新,用社会主义核心价值体系统领大学生核心价值观教育,这是大学生核心价值观教育保持正确发展方向的必然要求,是价值观教育获得科学内容的根本保证。

第一节 大学生核心价值观的内涵

一、大学生核心价值观的含义

大学生核心价值观代表了我党对青年大学生的期望。不同年代的大学生,其核心价值观是不一样的,价值观反映了一个时代的特征。大学生核心价值观的历史演进是一个逐步深化、日益成熟的过程。我国大学生核心价值观的历史演进可以从不同年代学生运动的口号中反映出来。1915年"新文化运动"提出"宣扬科学、民主,倡导社会改革"的口号;1919年"五四"运动展现了"外争国权,内惩国贼"的爱国情怀;1935年"一二·九"运动打出"停止内战、一致对外"的抗日主张,掀起了全国抗日救亡运动的新高潮;1949年大学生纷纷投入到社会主义革命、建设新中国的行列之中去;1976年的"四五运动"呐喊出了"我哭豺狼笑、扬眉剑出鞘"的正义之声;改革开放后,大学生的核心价值观发生了变化,他们更加务实、更加注重团结协作。由此可以看出,大学生核心价值观是与国家的前途、命运联系在一起的。我国大学生社会主义核心价值观应该回答党和国家"培养什么人、怎样培养人"的重大命题,应该体现社会主义本质、制度与实践的价值判断、价值选择和价值取向。大学生思想政治教育,根本目的是为中国特色社会主义事业培养造就合格的建设者和可靠的接班人,而社会主义核心价值体系,就为培养和造就中国特色社会主义事业的合格建设者和可靠接班人提出了新的更高的要求,为加强和改进大学生思想政治教育、为当代大学生的健康成长进一步指明了方向,是我党在新世纪新阶段对"培养什么人、怎样培养人"这一问题的科学回答。

二、大学生核心价值观的影响因素

大学生核心价值观的影响因素主要包括以下几方面。

(一)社会因素

社会环境对大学生价值观的影响是非常大的。对大学生核心价值观起作用的社会因素包括社会主义市场经济、互联网、现代大众传媒等。市场经济会引发大学生价值观的扭曲,网络上大量的信息会影响大学生的价值判断。现代大众传媒具有感染性、广泛性、公开性、即时性的特征,它是一个双向的过程。大众传媒会带给大学生最直接的感官信息,大学生对社会的认知大部分都是通过传媒传达的信息获得的。在社会因素作用下,大学生的核心价值观受其影响很大。我们要建立健康的文化系统,坚持用社会主义核心价值体系引领社会思潮,不断增强社会主义意识形态的吸引力和凝聚力,使整个社会形成健康向上的文化氛围,为大学生营造良好的文化环境。

(二)学校因素

学校对大学生核心价值观产生影响主要是通过校园文化。校园文化反映了师生员工在价值取向、思维方式和行为规范上有别于其他社会群体,并且有校园特色的一种团体意识和精神氛围,是维系学校团体的一种精神力量。校园文化对大学生具有很强的教育功能,主要表现在它的潜移默化、耳濡目染、暗示性和渗透性。校园文化对大学生核心价值观的影响体现在以下几方面。

1. 校园文化有助于陶冶大学生的情操

青年学生生活在复杂的环境里,在社会生活的相互交往中发育成长起来。我国高校教育一贯地坚持德育和智育,有利于使学生树立起共产主义的世界观、人生观和理想情操。校园文化包括各种场合、各种形式的教育,譬如青少年读书活动、文化艺术节、音乐欣赏等,通过这些集娱乐性、趣味性、教育性为一体的课外文化活动,陶冶大学生的情操。高校要重视和开展第二教育渠道,关心学生的课外生活,使他们在接触周围世界的丰富多彩的活动中陶冶高尚的情操。由于校园文化具有教育作用,因此,在学校的整个教育环节中,它能消除某些正面教育所引起的逆反心理,收到正面教育所不能达到的效果。苏霍姆林斯基曾经说过,对周围世界的美感,能陶冶学生的情操,使他们变得高雅。

2. 校园文化有助于提高学生的审美品位

校园文化具有审美功能,它充实了人们的精神境界,同时也提高和美化了人们的精神境界。校园文化的审美功能是看不见摸不着的,它在校园成员的情感体验之中。要使每个学生的心灵美丽、充实、多姿,就必须重视校园文化的审美功能,通过情感和美感的力量使他们茁壮成长。如果没有情感的熏陶、审美的内化,学生的精神世界将会贫乏、平淡、单调,在校园中的生活也就不会有光彩和美感。

高校在引导和鼓励学生追求仪表美的同时,我们应注重教育学生对自然美、艺术美、社会美等的向往与追求,帮助学生抵御那些低级淫秽、毒害青少年健康成长的、与社会主义精神文明格格不入的审美情趣,从而培养高尚的道德情感和审美情趣,以推动社会主义精神文明建设不断向前发展。对学生来说,在学校中各种丰富多彩的生活,可以让学生们把爱美的天性充分地体现出来,给学生提供机会和条件,遵循学生的审美情趣,在自己创造的情感世界中得到多样化的体验,并极力按照美的规律塑造自己。高校给学生传播健康思想、合理的精神追求的同时,应注重教育学生对自然美、艺术美、社会美等的向往与追求,加大对学生健康思想的引导,从而培养其高尚的道德情感和审美情趣,以推动社会主义精神文明建设不断向前发展。在校园文化中,那些内容健康、形式多样、格调高雅的各种精神文化活动,可使校园成员以此为兴趣和起点,努力学习和培养正确的审美意识、审美理想、审美观点,特别是对美的感受、欣赏、判断和创造审美能力。

3. 校园文化促使大学生增强对学校的主人翁感、使命感

校园文化是全体师生员工共同的价值观念、理想信念、行为规范等群体意识,可以使师生员工产生归属感,增强凝聚力。校园文化对大学师生具有无形的不可低估的凝聚力和感召力。它能使全体成员团结一致、关心集体、关心学校,进而形成一种心理需求,从而增强学校成员的凝聚力和荣誉感。

校园文化也就是以学校精神为核心的价值观,当学校精神被教职工与学生认可时就会凝聚成一种合力和整体趋向,把校园里的所有群体和阶层凝聚起来,从而产生一种巨大的向心力和凝聚力,并在精神层次刺激着师生为学校的荣誉做出努力,把学校的荣誉与自己的荣誉相结合,拥有强烈的主人翁感、责任感和使命感,处处维护学校的荣誉和声誉。

校园文化作为广大师生在实践中共同创造和认同的价值取向和情感追求,具有较强的凝聚力和强烈的认同感。因此,良好的校园文化,就会把校园全体成员的力量凝聚成一个合力,使个人按照学校整体目标而行动。同时,良好的校园文化还可使人身居校园,感到处处充满集体的温暖,有一种令人振奋、催人向上的力量。

4. 校园文化有助于规范学生的思想行为

校园文化对每个校园人的思想、心理和行为具有约束和规范作用。规范功能就是根据学校教育方针和教育任务的要求,激发学生内在的学习动机,坚持集体主义的价值取向,弘扬爱国主义的高尚品德,培养爱校如家的深厚情感,自觉维护高校的安全稳定。这种导向作用不是靠行政命令,而更多的是靠校园文化对学生的心理塑造来进行的,它为个体行为提供了参照系数。身在这个环境中,就会自然而然地受到熏陶感染,使学生在潜移默化中接受校园的共同价值观。

5. 校园文化有助于完善学生的精神世界

校园文化对于学校成员的生活和精神来说,是一种很好的调节剂。校园文化体现在校园的各个角落。校园文化的发展不仅有效地调适着业余文化生活,而且有效地调控着专业文化生活,这是许多学者经过实践研究出来的成果。如果校园文化有专业文化和业余文化之分的话,那么发生在上课和上班时间、空间里的文化活动和文体现象就是"专业文化",而学习、工作之外的各种文化活动、文化现象就是"业余文化"。作为校园文化一部分的业余文化生活,它不仅可以作为紧张学习、工作之余的体力、脑力恢复的调节剂,而且可以进一步作为人们娱乐、享受、愉悦身心的调节剂。这些形式近似一种消遣,但从生理和心理的需要来看,通过身体放松、竞技、欣赏艺术、科学和大自然,为丰富学校成员的精神文化生活,提供了可能性。

此外,渗透着校园文化精神的学校校规校训、校风校貌、校内人际关系、道德风尚等,对学生的思想和行为都起着一定的约束作用,是一种由心理制约而发生作用的自我管理和约束,它是通过学校成员自省时的内疚自责而改变不良行为的约束,这是一种有效的"软约束",通过创造一致的精神气候和融洽的文化氛围,消除学生心理和情绪上的自我干扰和相互摩擦,减少内耗,协调人际关系,进一步开发学生的潜能。

6. 校园文化对大学生的激励功能

在高校校园中,学生受到文化情感的激发是一种普遍现象。学生每天都要接收到各种文化信息,在心理和精神上出现了众多的需要,这些需要的不断"膨胀",就成了一种刺激因素,促使学生产生各种情感体验。优良的校园文化往往像一把火炬,能在寒冷中给人带来温暖,在人们苦闷彷徨之际,给予光明和力量。

健康向上的校园文化,内容健康,情感健康,对人的思想具有正确引导作用,能够起到鼓励青少年学生思想进步的情感作用,从而使学校产生精神振奋、朝气蓬勃、开拓进取的良好风气,形成一种你追我赶的激励环境和激励机制。它有利于学生树立崇高的理想和目标,增强事业心和责任感,极大地激发出学生的积极性和创造性。

(三)家庭因素

家庭是社会的细胞,是人社会化的最初起点,家庭成员之间直接地接触,潜移默化地互相影响,耳濡目染地彼此教化,对人的社会化有重要的作用。家庭是青年大学生进行社会学习的第一课堂,是大学生在进入大学前的主要生活场所,是青年大学生的第一所学校和个人成长的摇篮。家庭的呵护和指导对于青年大学生来说尤为重要。父母的价值观往往决定着孩子的价值观,决定着孩子会成为一个怎么样的人。家庭的影响力量在一个人的价值观形成过程中是深厚的。

随着改革开放的发展,计划生育政策得到贯彻落实,当代中国家庭发生了显著的变化。独生子女增多,由两代或两代以上夫妇组成的主干家庭和联合家庭比例日趋下降。家庭关系较为简单,家庭成员沟通顺畅,家庭平等和民主的氛围比较浓,有利于当代中国大学生民主、平等价值观的形成。但是,家庭的过度保护和溺爱,则不利于孩子的健康成长。家庭对当代中国大学生核心价值观的影响是全方位的。家庭教育与学校教育、社会教育相比,具有日常性和感染性等特点,家庭教育在青少年价值观的形成和发展中具有特殊的作用。譬如,有的父母从小就教育孩子爱护大自然,爱护身边的一草一木,保护小动物,孩子就会具有生态文明意识;有的父母注重家庭的和谐与民主,注重与孩子的平等沟通,以朋友式的关系与孩子进行对话,让孩子从小就有平等、民主的意识;有的父母从小就教育要遵纪守法,要有法律意识,要善于使用法律武器维护自己的合法权益,孩子就会在学校中遵守校规校纪,做任何事情会考虑到法律这个准绳;有的家长在人际沟通方面做得很好,善于与朋友沟通,这对孩子良好性格的形成有着很大影响。

在家庭生活中,家长要保持愉快、乐观的生活态度,不要把工作、生活中的烦恼带到家庭中来,不要给孩子压抑感,因为这种消极情绪一旦在家庭中蔓延开来,进而充斥整个家庭生活,就会对孩子产生巨大的情绪污染,孩子为了逃避这种压力感,解脱苦恼,就会去寻找浅显的快乐。所以家长应当以正面的情绪和积极的心态面对孩子,为孩子展现出一种乐观向上的人生态度和豁达开朗的精神风貌,促进青少年健康人格的形成和发展。家长对青少年的教育应该是民主科学的。家长要针对孩子的实际情况,对孩子进行说服教育,切忌用打骂、体罚等粗暴的方式进行教育。孩子都有逆反心理，用粗暴的方式很难起到好的效果，甚至会适得其反。家长应采取科学的方式、宽容民主的教育对孩子进行积极引导，培养孩子优良品质。

（四）大学生自身因素

当代大学生自我意识强，易于接受新事物、新观点，在市场经济的现代社会，他们的价值观呈现出多样性的特点。大学生个体差异很大。当代大学生在个人素质方面存在着差异性，在思想政治品德修养方面有好有差、能力有强有弱。他们的需要、动机、兴趣、理想、信念等个性倾向各异，气质、性格等个性心理特征也各不相同。当代中国大学生这些千差万别的主观因素，使他们对外部因素影响的接受程度不同。素质高、能力强、个性佳的大学生一般能以积极态度去认识社会，探寻人生价值，形成正确的价值观；素质低、能力弱、个性不佳的大学生往往从消极方面看待社会与人生，形成错误的价值观。当代大学生虽然生长在改革开放的环境中，但由于受应试教育等多种因素的影响，使他们以一种远离现实的特殊方式感受时代的变革。这样就造成了当代中国大学生自身社会阅历和实践经验不足。当代的大学生大多没有经历过艰苦生活的磨炼，更没有坎坷不平的生活经历。特别是一些在独生子女家庭中长大的大学生，由于从小家庭条件优越，被家长百般娇宠，容易形成以自我为中心的观念和自私自利的心理。由于自身社会阅历和实践经验不足，有些大学生不能够很好地把理论与实践相结合，只是背过了书本上的理论知识，只是一知半解地用教科书中的结论去套解现实，出现认识上的误区。脱离实际、脱离生活是不少大学生不能形成正确核心价值观的重要主观原因。

总之，当代中国大学生核心价值观受到多种因素的影响，这些因素对当代中国大学生核心价值观的影响并不是孤立地发生作用的，而是相互影响、互相渗透的，共同影响当代中国大学生核心价值观现状。其中影响当代中国大学生核心价值观的外部因素极为复杂、涉及面很广泛，它既包括政治、经济和文化环境，也包括学校、家庭等环境，它是影响当代中国大学生核心价值观的选择性动因。当代中国大学生自身内部因素主要包括个人在社会化过程中积累的学识、经历、性格、需求、自我意识等，它是影响当代中国大学生核心价值观现状的主动性因素。

第二节 大学生核心价值观培育的环境分析

一、国际环境

(一)国际政治环境

20世纪80年代中期,邓小平同志基于对当时世界总体发展格局的把握,对世界上社会主义国家和发展中国家的经验教训与成败得失进行了科学总结和深刻反思,在此基础上,明确地提出了对当今世界"两大主题"的科学认识。和平与发展是当代世界的两大主题,这是改革开放以来中国共产党人对时代发展状况的首次准确把握,是中国加快融入世界进程的前提和基础。

在全球化的时代,各国政府相互合作已经成为发展的趋势,各国关注合作,促进合作,推动合作,以合作促和平,以合作求发展,成为世界各国人民的普遍共识。

(二)国际经济环境

经济全球化是一个客观的历史进程,是社会生产力和科技发展的客观要求和必然结果。20世纪80年代以来,以通信、生物工程和新材料为代表的新型产业极大地推动了生产力的发展。生产力的发展扩大了国际市场,加快了资本流动,从而促进了国际分工与专业化协作。国际经济环境逐渐趋向于协作,走向联合,在全世界范围内形成生产体系。随着经济全球化的深入发展,相继出现了生产全球化、贸易全球化、金融全球化、消费全球化以及劳动力流动的全球化。此外,国际经济环境的发展逐渐趋向于政治、文化层面。根据马克思主义政治经济学原理,经济决定政治,经济的变化必然引起政治、文化的变化。在全球化的进程中,出现了资源优化配置、世界范围内生产和流通的协调、经济冲突和经济危机等问题。要解决这些问题,需要各个国家、各个民族之间政治、文化、军事等方面的协作,于是通过联合国等组织形式,在关于人权、人口、环境、发展、核扩散、化学武器等方面的宣言或协议相继制定,为了共同的发展,各主权国家在国际义务和权利上逐渐达成了共识,传统政府间关系正在向现代政府间关系转变。经济全球化趋势带来了政治与文化的全球化趋势,苏东剧变使得资本主义与社会主义两大阵营对抗结束,不同文化的交往和交流以及冲突和竞争成为世界突出的问题。全球化是人类社会经济、政治、文化在全球范围内的一体化。

我们应该注意的是,尽管经济全球化是生产力高度发达条件下出现的一种形式,但是经济全球化首先由现代资本主义国家发起和推动,在整个全球化的过程中,资本主义占据着主导地位,这种主导地位不仅表现在资本主义各国在资本和科学技术的绝对优势上,而且还表现在各国在政治和意识形态的绝对优势上。发达国家在输出资本、技术的同时,加紧输出资本主义思想意识和价值观念,这对我国高校大学生价值观教育的形成产生着深刻的影响。

(三)国际文化环境

经济全球化带动了西方文化思潮与全球社会思潮的碰撞。在全球化背景下,西方文化思潮对我国社会产生了很大影响。在对我们带来发展机遇的同时,也带来了挑战,对大学生价值观造成了很大的冲击。

1. 西方文化思潮对社会主义理想信念和思想道德带来影响和冲击

我国的社会主义还处于初级阶段,一些关系民生的问题没有得到解决,人们的收入分配还存在公平的问题。全球化从经济、科技、文化和教育管理等方面显示出的社会主义与资本主义之间的"落差",一些人怀疑甚至否定社会主义。对于青少年来说,他们的世界观、人生观、价值观还未定型,缺乏社会阅历,极易受到外界环境的影响,大学生当中的一些人对西方文化很是推崇,各种西式快餐、好莱坞大片、各种洋节日在大学生中受到热烈欢迎。在这些现象的背后,其实质是对西方资本主义的价值观念和生活方式顶礼膜拜,享乐主义、拜金主义和极端个人主义恶性膨胀,这些无不对正处于思想活跃期、行为可塑性强的大学生产生较大的冲击。

2. 西方文化思潮对社会主义意识形态和价值观的基础构成冲击和挑战

经济全球化一方面大大推进了文化交流和开放,使全人类的共同精神文化财富和共同价值信念比以往任何一个时代都多,但另一方面,随着文化交往的深入,各民族的文化缺点和文化价值观念上的异质性将越来越显著。同时也使得夹杂在这一进程中的消极影响和消极现象的"世界化""国际化"难以避免。强势文化和弱势文化之间存在的巨大"势差",将形成文化的冲击效应。西方社会的文化思潮、生活方式、价值取向,经由各种渠道不断对我们发生影响,这种异质文化在一定程度上可能会削弱维持社会向心力的凝聚因素,改变人们的基本政治观念,乃至改变公民对于政治制度和政治领导的评判标准。文化软实力的渗透和操控,越发成为一种常见的手段。

3. 西方文化思潮对我国文化安全和文化产业发展带来影响和挑战

文化安全是一条相当隐蔽的、长期而又艰巨的战线,从某种意义上说,没有文化安全就不会有真正的国家安全。文化安全是相对于"文化渗透""文化控制"而言的一种"反渗透"和"反控制"。文化生存是民族生存的前提和基础,一旦民族文化安全受损,民族和国家就会发生文化认同的危机和民族认同的危机。正因如此,一些国家采取保护民族文化免遭异质文化渗透、威胁或同化的政策。如法国就规定该国电视和广播节目中至少要有40%的时间使用法语,规定其全国4500家影院所放映的影片中,好莱坞影片最多只能占1/4。目前,我国文化市场机制还不很健全,文化产业规模尚在形成之中,特别是文化生产能力与消费需求反差较大。巨大的市场潜力和开发空间使文化领域成为各方角力的重要战场。当然,这一领域在日常生活中对青年阶层有着潜移默化、不容忽视的作用。

二、国内环境

(一)社会转型和经济体制转轨过程中大学生自身的变化

随着改革开放的深入发展,我国社会转型的速度在加快,现代生产方式、现代生活方式、现代生活习惯逐渐渗透到社会生活的各个领域、各个方面,传统的生产方式、生活方式和生活习惯受到现代文明的剧烈冲击,与传统生产方式和生活方式相适应的传统文化观念以及人们的价值观念必然受到挑战。社会转型和经济转轨对我国思想领域的影响是广泛深刻而复杂的。社会转型造成人们的社会心态、个体行为准则的不同、价值评价观念的差异、人们社会期待的变更,以及由市场经济活动所引发的竞争,人们的认知水平、社会角色与职业、教育背景等的不同,造成当前我国思想意识的多样化和价值取向的多元化。目前,社会思想意识呈理性和非理性交织,政治因素和经济、文化因素交织,进步和愚昧落后交织的纷繁复杂态势。一方面,市场经济的发展,使传统道德中与市场经济发展不相适应的思想意识受到挑战,与社会主义市场经济发展相适应的新的价值观念、道德观念开始逐步确立,广大群众的价值观念、道德观念发生了积极的变化,社会主义思想道德建设进入到一个新的发展时期。另一方面,市场经济的负面效应对社会主义思想道德建设产生了不容忽视的冲击。伴随着市场经济的发展而蔓延的拜金主义、享乐主义、个人主义等,腐蚀着人们的灵魂,污染着社会风气,已引起广大群众的强烈不满,成为影响社会稳定和社会主义市场经济健康发展的突出问题。

大学生在这种社会背景下,思想意识观念会发生一定的变化。当然,主流状况还是好的。大学生的思想状况主流与我国社会主义主流意识形态是保持一致的。但是,我们必须重视当代中国大学生价值观中存在的一些问题,如市场经济的确立所带来的所有制结构、社会分配方式、社会利益关系的深刻变革,这使得利益主体开始呈现多样化、分散化、普遍化的倾向,使大学生的思想观念和价值观念的独立性、选择性和多样性趋势进一步增强。大学生正处于心理波动期,其内心时常处于矛盾纠结状态,对周围具有较高的敏感度,对外界信息吸收能力较强,但容易受外界思想的影响。面对纷繁复杂的现代社会,面对多元的文化形态,一些大学生难以抵制诸多外来思潮冲击,一方面追求民主、平等和个性发展,并在实践中不断成长起来;另一方面,极易受到拜金主义、享乐主义、极端个人主义等不良思潮的影响。一些大学生因自身辨别能力不强,容易受西方文化的渗透和唆使,只看到资本主义国家表面的繁荣景象,只见树木不见森林,或一叶障目,对社会主义产生怀疑,对我国社会主义建设事业产生怀疑,或者自身价值观取向出现多元化、西方化等不良趋向。不少大学生将会以自身的利益作为价值取向的标准。反映在价值观上,人们将会更加重视自己的生活价值,即把个人的自我实现、社会感性、公平的生活条件和自身欲望的满足等与个体体验密切相关的因素,作为确立价值取向的重要标准。

(二)多元文化对大学生核心价值观的影响

1. 多元文化

(1)世界范围内的多元文化

文化属于社会意识的范畴,是社会存在的反映,社会成分的多元化决定了文化的多元化。文化多元化是人类历史的重要组成部分。文化与人类相生相伴,文化与人类催生而形成文化多元化的现象。伴随着地理环境的深刻变迁和社会生产力的提高,文化多元化现象产生了。15—18世纪的地理大发现,促进了人类科学技术水平的提高,标志着人类生存区域进一步扩大,人类活动范围随之拓展,人们的交往对象向多样化趋势发展。资本主义世界市场在全球范围内的确立为多元文化的产生奠定了基础,文化本身所具有的特性也是多元文化的必要条件。资本主义制度推动了现代工业的发展,现代工业的发展推动世界市场的建立,从而使得人们的交往范围扩大到全球,不同民族、不同文化之间的交往与交流日益频繁。经济全球化使文化开始从民族文化向世界文化转变,这直接推进了文化多样化的产生。异质文化所包含的同一性与相融性是催生文化多元化现象的内在条件,是不同文化能够相互交往、相互融合的最根本动因。随着全球化的深入发展,文化多元化已成为当今世界的客观现实和历史趋势。

人类文化的多样性是人类社会进步的象征,是人类社会生活得以丰富多彩、充满活力的基本保障。多元文化就是多种不同文化间的共存，各种不同的文化在全球范围内都有着平等的生存权利和发展空间，不同文化之间和谐发展。在多种文化的共存中，不同的文化遵循着和而不同的方式来共存，也就是不同民族的文化之间应该是和谐的关系并非千篇一律，"和"也就是和谐，和谐是为了共同生长，"不同"是为了相辅相成。全球范围内不同民族的文化应该在民主、平等、竞争的氛围内扬长避短，取己之长，避人之短，在求同存异中共同发展。"和而不同"的理念凸显每一民族文化中的优势因素，促使不同文化不断创新，不断交流。文化多元化是一种互相对话、相互渗透、彼此融合、平等竞争的过程。不同的文化能够保持和谐共生，借鉴吸收异质文化的有益成分是至关重要的因素。多元文化就是在各种不同文化的交流和发展中不断繁荣着。稳定性和长期性是文化多元化的显著特征。多元文化是伴随着不同民族的产生而产生的。每一民族都有自己各自的文化，一个民族的文化是一个民族全部历史的创造物，是民族生命与民族精神的不竭源泉，体现着这个民族的基本特征。

文化多元化实质上是价值观与思维方式的多元化。自然界和人类社会自古以来就是多元的。现代社会中的每个人包括大学生都不可避免地面临着多种文化的选择。

(2)我国当代多元文化格局的意识形态思潮

意识形态是文化的核心，在文化全球化特别是西方帝国主义文化咄咄逼人的攻势下，多元文化冲突实质上是意识形态的冲突。在我国当代多元文化格局中，主要有以下几种思潮。

①民主化思潮

随着社会的文明进步，以自由、平等为核心内容的民主价值日益凸显，保障自由、平等、人权充分实现的民主制度日益普遍化。民主作为人类追求的共同政治价值是与现代化自始至终相伴随的。西方资本主义国家乘全球化之势，凭借其经济、政治、军事、科技和文化的强势，打着"人权"和"民主"的旗号，将经济支持、经济制裁、军事打击和文化渗透结合在一起，在全世界宣扬资本主义民主制度的优越性，推行霸权主义和强权政治，极力把西方民主制度变成全世界的楷模。西方资本主义的民主制度对我国的影响也很大，我国的一些自由主义者就将西方民主尤其是美国式民主视为现代民主的楷模，这对社会主义民主政治的发展是极为不利的。

②消费主义思潮

消费主义是指这样一种生活方式:消费的目的不是为了实际需要的满足,而是在不断追求被制造出来、被刺激起来的欲望的满足。换句话说,人们所消费的,不是商品和服务的使用价值,而是它们的符号象征意义。消费主义是过度的、不合理的消费。在消费主义支配下,人所满足的需求是虚假的需求。所谓"虚假的需求",是指那些为了某些特殊的利益,从外部强加于人的需求。消费社会动用一切宣传机器,促使人们相信他们需要这些产品。我们所需要的不是出于我们内心的实际需要,而是社会强加给我们的。广告正是一个强大的宣传武器,它的一个功能就是制造需求,把厂商希望我们有的需求成功地投射到每一个人的内心里面。我们的消费是强迫性的。在消费主义支配下,人们不得不进行这种或那种消费,人们自以为在选择,实际上已没有多少选择的余地。人跟商品的关系完全颠倒了,不是商品为了满足人的需要而生产,而是我们人存在的价值就是为了消费商品。

改革开放之后,各种国外思潮不断地涌进来,冲击着我国社会各类群体的生活方式,尤其是年轻人深受影响。在物质生活水平大为提高的今天,"花明天的钱圆今天的梦",当前,穿名牌、吃新奇、借贷消费已经成为年轻人中的一种消费时尚,互联网的各大论坛上,不少人也乐此不疲地议论谁的生活方式更"贵族",谁的消费品更"有档次"。在现实生活中,年轻人买房、买车通常是"一步到位"。很多年轻人高消费的出发点在于仿效富裕人群的生活。在他们看来,是否拥有某些奢侈品甚至成为能否进入某个高消费群体的标志,出于从众、攀比和身份,逐渐从接受、购买到养成习惯,导致大量年轻的奢侈品消费群体骤增。在国内,名牌时装、名车、名酒进驻北京、上海、广州等各大小城市。消费主义正在腐蚀着国人的精神,侵蚀着国家求富求强的能力。消费主义思潮的存在对大学生正确、科学消费观的树立产生了较大的负面影响。近年来,大学校园的消费之风刮得愈演愈烈,校园攀比之风盛行,大学生拿着父母的钱在满足自己的消费欲望,信用卡的过度透支,服装的品牌消费,多功能手机的追求等,这对大学生艰苦奋斗精神的继承和发扬,对辛勤劳动和骄奢淫逸的正确认知都产生了很大的影响。鉴于此,新时期大学生社会主义核心价值观的教育就成为提升大学生相关素养的题中之义。

第一章 大学生核心价值观培育概述

③后现代主义思潮

后现代主义思潮具有以下特点。

第一,关注时代、关注现实。后现代主义是人们基于对西方社会现代化过程中所带来的人的异化状态的不满的批判。后现代主义既是当代资本主义文化发展的必然产物,更是当代资本主义社会内部诸矛盾冲突的必然结果。因为后现代主义坚持哲学的批判性,所以它正是在对现实的分析批判中获取灵感、反思自身。

第二,坚持了哲学的批判性。哲学具有反思、思辨、追问的秉性。哲学不是既定的知识,不是现成的结论,不是实例的解说,也不是枯燥的条文,它需要批判性、创造性,需要对现实生活和思想理论进行永不停息的质疑和反思,引导、激发人们在社会生活的一切领域永远敞开自我反思和自我批判的空间。因而,批判性和质疑精神是哲学不可或缺的品格。后现代主义恰恰高举了哲学的批判精神这面大旗,并将哲学的批判性推向了极端,对以往的一切和不同于自己的一切进行了无情的解构、批判,如哲学本体论、传统哲学的二元论、形而上学的思维方式、西方社会的现代化道路、现代性、科学技术,当然也包括马克思主义哲学的部分观点,也都成为他们批判的对象。

第三,批判形而上学。形而上学是一种机械、孤立、片面认识事物的思维方式,在对事物的理解上,它往往把对象看作一个纯而又纯的客观事物,把人则看作与对象没有关系的、处于对立地位的另一极,如果说有关系的话,人也只是作为自然界的一部分,与其他同样是自然界的一部分的自然物发生关系。从这种思维方式出发,形而上学一方面坚持僵死的"二元"方法,另一方面又由双方的不相容而走向极端——要么全盘肯定,要么全盘否定。后现代主义认为,这种传统形而上学思维方式对现代化、现代性和科学的作用等问题的理解和认识上出现了偏差,即总是以"二元对立"和"绝对真理"的视角理解社会及其发展问题,因而出现了令人难以忍受的负面效应。后现代主义的这一批判,动摇了伴随着近代自然科学而来的传统形而上学的根基,也动摇了深深植根于人们心中的传统观念。

第四,消解中心。顾名思义,后现代主义与现代主义对立,它看中被现代性所忽视的一切,看中现代性之外的一切,如不确定性、异质性、无序性、平面化等,而对于被现代性所看重的一切诸如原则性、整体性、确定性、权威性、统一性、规律性等都加以拒斥。对不确定性等特征的强调,可以防止人们走向绝对主义。后现代主义的主要理论是后结构主义,它反对中心论和二元论、反对权威和绝对,倡导多元性、差异性和开放性,具有一种强烈的叛逆精神和对价值的自由选择。因为没有绝对的标准,所以倡导每个人可以有也应该有自己的生活方式。这种多元化观点有利于防止人的思维单一化,认识狭窄化,防止人类的退化,同时符合人类的探索精神和人性化发展,多元化可以解放思维,激发人们的自由创造能力。由于后现代主义的无中心意识和多元价值取向,由此带来的一个直接后果就是评判价值的标准不甚清楚或全然模糊,社会理想、人生意义、国家前途、传统道德等,在后现代主义的影响下变得相当模糊淡化。

后现代主义的上述特点与新时期大学生的独立性强、追求个性、以自我为中心的趋势在一定程度上相吻合,因而使大学生更易接受。后现代主义以游戏语言、游戏人生和玩世不恭的态度代替心灵和语言的交流,以无序、零碎、无规律、无规则和无中心代替整体、规律、中心,以一个极端取代另一个极端,不仅无助于问题的解决和理论的澄清,反而和自己所批评的对象一样陷入错误的泥沼。当前高校学生中道德评判标准的多元化、政治信仰的多样化无不与后现代主义思潮所宣扬的解构一切、怀疑一切有关。

④新自由主义思潮

当前,随着我国社会主义市场经济体制改革的逐步深入,新自由主义思潮的影响也日益凸显。一些人鼓吹西方经济学中的"经济人"假设,宣扬"市场万能论",主张私有化、经济自由化和非调控化,否定马克思主义政治经济学、否定国有制经济、否定宏观调控和对国内市场的保护。新自由主义的广泛传播使其成为现代经济科学的化身,成为我国经济学的基本学术规范和流行话语,占领了许多理论研究和宣传阵地,使得一些民众陷入对西方经济学思想的迷信之中。具体到现实生活中,新自由主义思想对我国的改革也造成了一定影响,新自由主义者在经济上主张实行自由放任的市场经济和丛林法则,认为中国的自由与开放的力度不够大,效率还不高,还没有实现公平。更为重要的是,自由化、私有化和市场化日益冲击着我国的经济意识形态,个人主义、利己主义、消费主义和金钱至上的价值观念对人们的生活产生着越来越深刻的影响,我们要高度重视新自由主义思潮对国人的影响。

2. 多元文化对大学生核心价值观的影响

(1)多元文化带来了大学生价值选择上的困惑

第一,大学生现实价值选择上的困惑。在多元文化并存的社会中,存在着多种价值尺度,甚至对同一事物也存在多种价值评判准则,而且每一种价值标准都可以从各自从属的文化中找出合理的依据。文化形态之间的冲突主要表现为它们各自的价值主张之间的冲突与对抗。在多元的价值观中,人们难以形成对一定文化的归宿感,从而陷入价值选择的迷茫中。现实价值选择的困惑集中地表现为主导价值观念的失落。每个时代都需要一种能为社会绝大多数成员普遍认同的价值观,并以此作为人们行动的导向,去协调他们的行为,推动社会稳步发展。这也就是主流文化思想的意义所在。在价值多元纷呈,甚至彼此冲突、对立的情况下,更需要有一种占主导地位的价值观念,在多元价值之间保持合理张力,抑制各种价值主张之间的紧张关系,从而统一人们的思想、维护社会的稳定和发展。在市场经济条件下,功利主义之风盛行,个人至上受到人们的推崇,很多人只关心自己的利益。一部分人的思想和行为失去了唯一解释和遵循的文化价值尺度。价值取向的无主导性在现实中常常表现为价值虚无主义和价值相对主义。大学生由于心智发育未成熟,在面对浮躁、功利的环境时,会陷入现实价值选择的极大困惑。

第二,大学生终极价值选择上的困惑。人对生命意义、理想信念等终极价值的追求是永恒的。人的本质是一种社会存在,他的需求是多方面的。然而,现代社会激烈竞争形成的超负荷、快节奏的生存环境和生存方式与终极关怀形式上的品味是难以调和的。在强国富民诉求的今天,文化也越来越变得只是服从和服务于经济建设、改善物质生活的工具。大众文化是当今社会最为兴盛的一种文化形态。大众文化在不遗余力地扩张势力的过程中,一切神圣的理念都遭受了无情解构,理想、信念、意义等终极价值被如火如荼地对生活和感官满足的诉求所替代,人的终极关怀在大众文化构建的平面化、侏儒化和享乐主义的精神世界中迷失。当代大学生遭遇了终极价值选择的困惑。

国际国内的政治、经济发展趋势和思想意识发展的基本状态,构成了当代大学生核心价值观教育面临的时代背景。我们要准确把握开展大学生核心价值观教育的国际国内形势,客观分析大学生核心价值观教育所面临的各种机遇和挑战,将社会主义核心价值体系作为当代大学生核心价值观教育的灵魂,切实用社会主义核心价值体系领人才培养的全过程,才能培养出党和国家需要的合格人才。

(2)多元文化引发大学生精神信仰危机

多元文化催生了青少年的个人本位主义,造成青少年集体观念迷失。在西方"淡化意识形态"思潮的影响下,部分大学生在思想信念上出现动摇,迷失了自我价值,精神家园模糊,内心冲突剧烈。这是一个社会急剧变迁的时代,也是一个价值浮躁的时代,国人心态普遍趋于浮躁,多数新的价值观徒具表面形式,却没有什么实质内容,口号多于理念,形式大于内容,同质化、雷同化严重,往往昙花一现,缺乏历史继承性和长期稳定性。许多看似不同的价值观其实都是享乐主义和物质欲望的表现,缺乏实质上的多元性。人们在具体的商品选择上可以随心所欲,却摆脱不了永不满足的物质欲望,相反,社会却在不断地激发这种欲望,相对忽视对人们的精神世界的人文关怀。人们在物质和精神产品极大满足与丰富的同时,却走到了精神世界极度空虚的境地。

青少年的心智发育不健全,社会经验贫乏,极易受到外界的影响,在面对扑面而来的形形色色的信息时,青少年的选择往往会良莠不齐。在异彩纷呈的多元文化面前,特别是在西方国家有意识的诱导下,一些大学生表现出了在政治信仰上的迷茫和对主体意识形态的怀疑与动摇。大学生的社会角色要求青少年好好学习科学文化知识,不断完善自我,全面提高自己的综合素质,为祖国的现代化建设做出贡献。然而在多元文化的时代背景下,良莠不齐的文化一并呈现在大学生的面前,一些腐朽的、落后的文化会造成青少年对社会角色的认知错位,使得青少年社会责任感和社会政治意识淡化,引发大学生的理想信仰危机。大学生缺失了理想信仰危机,就会不思考深层次的社会问题、民生问题,没有人去"仰望星空",甚至连脚下的事情也不去关注,只是沉溺于无休止无意义的享乐中,丢弃了对家庭和社会的责任,失去了人生前进的动力,缺乏理想追求,缺乏远大志向。此外,西方文化中的新自由主义使得大学生不能正确认识和把握社会主义和共产主义发展的艰巨性和长期性,致使部分大学生对西方发达资本主义的物质生活方式盲目推崇,甚至会对社会主义和改革开放产生悲观的情绪,最终部分青年大学生迷失了社会主义的理想信念。后现代主义成为当下我国一些大学生所追求的人生信念,特别是当下我国的一些影视作品中所表达出的后现代主义思想对大学生影响甚大,怀疑主义、虚无主义、价值论上的多元主义、消解中心等理论深刻影响着大学生。这对高校马克思主义理论教育造成了极大的冲击,导致部分大学生在信念、意识、伦理上的严重混乱。

(3)多元文化导致大学生道德认知危机

第一,道德情感淡漠。面对多元文化带来价值观的多元化、是非标准的模糊化,使得大学生的道德意识、道德情感逐渐淡漠。这具体表现在:对亲人无孝敬之心,对老师无尊敬之心,对学校无热爱之心,对同学无友谊之心,对社会无关爱之心,有的只是怀疑、冷漠、牢骚、怨恨;遇到危难之事,奉行"明哲保身"信条,袖手旁观,见危不扶,见难不助,见死不救,使社会正义之气下挫。再加上现代化进程的进一步加深,人们的生活方式发生了很大变化,生活节奏逐渐加快,人与人之间的交流开始减少,很多大学生更愿意生活在自己狭小、封闭的空间中,而不愿与外界进行交流,对家庭生活不关心,对班级事务不热心,对社会问题不留心。道德情感的逐渐淡漠,使得崇高的道德人格不再被人们奉为楷模,道德失范行为也不能使人感到内疚,甚至使人们在面对恶劣的道德失范行为时也能做到无动于衷。

第二,道德意志薄弱。道德意志是个体在实现道德目的过程中,根据目的自觉地支配和调节自己的行为,克服各种困难,从而实现目的的心理过程。它是调节行为的内部力量,是人利用自己的意识,通过理智的权衡作用去解决道德生活中的内心矛盾与支配行为的力量。道德意志在道德行为面临艰难选择之时起着至关重要的作用。道德行为的完成某种程度上有赖于道德意志的坚定性。道德意志坚强的人能够明确自己行动的道德目的和社会意义,进而根据道德目的自觉地调节自己的行为(控制自己的情绪,约束自己的言行),能够以充沛的精力和坚韧的毅力百折不挠、坚持不懈地克服各种困难,实现预定的道德目的。而道德意志薄弱者难免会发生动摇,他们认识不到自己行动的真正意义及其社会价值,对自己的行动缺乏独立精神,常常是犹豫、徘徊、易变,有的则是一意孤行、专横跋扈,对自己的行为缺乏理性反思。

我国目前正处于社会转型过程中,新的道德体系尚未建立,在多元价值的冲击下,追求现实物质享受的潮流无时不在影响着大学生。由于青年大学生道德认识能力不强、道德意志能力薄弱,因此他们对道德理想信念的追求以及对道德规范的遵循在现实的物质利益面前显得异常脆弱。很多青少年把西方尤其是美国的价值观念奉为圭臬,在心理上体现出对西方文化的接纳和推崇,在行为上表现为对各种来自西方行为方式的追随和效仿,在生活方式上表现出对西方生活方式的模仿和全盘接受,尤其突出的表现是价值取向和行为方式上的个人主义、消费主义和拜金主义。

第三,道德行为失范。在信息化时代的今天,网络文化成为多元文化的重要组成部分,网络在大学生的生活中发挥着重要的作用。网络会造成大学生模糊拟态环境与现实环境,阻碍大学生正常人际交往。在现实世界中,一切都是真实存在的,并由法律道德加以约束,而在虚拟的网络世界中,一切都是虚幻无形的。网络成为大学生的娱乐、学习、人际交往的工具,甚至可以说网络是大学生的一种生存方式。网络具有虚拟性、开放性、超时空性的特征。在网络交往中,青少年大学生扮演了一种虚拟角色。网络使用的是人机对话方式,人机对话的交往方式省去了现实世界中人际交往的诸多方面,大学生可以自由地选择喜欢的交往对象,可以随心所欲地说话,由于可以匿名上网,他们在网络交往中能够从容、放松、随心所欲,所以许多青大学生更乐于到网络世界中去寻找交往伙伴。但是网络交往势必会侵占正常的人际交往时间,使得青少年大学生在现实生活中与他人交流的机会大为减少,严重影响大学生正常的人际交往,使他们变得不善言谈、沉默寡言,造成青少年大学生排斥现实生活中的人际交往,不愿或不屑于表达自己的内心真实情感,也不愿接受他人的情感表达,并消极地面对现实社会中的人际环境。长此以往,大学生就会丢失了必要的交往技能,会产生一种网络依赖感,从而造成大学生人际交往的异化,久而久之就会变得对现实生活中的社会发展和他人幸福漠不关心,使得他们性格缺失,最终造成其人际交往的障碍,会损害大学生的心理健康及其人格的完善与发展。

第四,道德信仰危机。信仰危机是指人们对原有良好而稳固的信仰,经过一定的困惑和忧患而产生怀疑和动摇,直至全面崩溃以及没有信仰的一种精神意识状态。道德信仰危机是指在多元文化的冲击下社会原有的道德观念、理想与规范受到怀疑与抛弃,而新的道德体系仍未确立之时,人们的精神层面呈现出一种疑虑和空虚状态。在多元文化的社会背景下,各种思想观念汇聚、冲突,人们无法判断什么为善、什么为恶,人们应该追求什么、不应该追求什么,什么是有价值的、什么是没有价值的,从而导致社会生活缺乏善恶标准,对于一些道德问题用原有的道德尺度和价值标准难以解释和辨别,出现了一些正不压邪、是非颠倒的现象,致使青少年的道德追求缺乏目标,出现了信仰危机。

大学生的道德信仰危机主要表现为道德信仰的虚无。所谓道德信仰的虚无是指由于多元文化的冲击、现代化进程的加快，面对多种多样的价值观，青少年不知如何选择，从而出现的信仰怀疑、信仰动摇以致信仰崩溃（无信仰）的精神状态。人的本质是一种社会存在，人的需求是多方面的。物质的、感官的满足固然重要，对生命意义、理想信念等终极价值问题，也是人所不能回避和渴望有所回答的。人创造了文化，并希望借助这个具有超越现实品性的意义世界来完成人自身价值的实现和升华，文化超越性的价值体现为人对终极关怀的自觉追求，而这个过程不仅要求人们对世界、对人生进行严肃的、深沉的体验和反思，也要求人自觉地保持文化相对独立的品格，同时给理想、信仰、意义的存在留下空间。然而，多元文化的形成、市场经济的建立及由此带来的生存环境、生存方式的转变与终极关怀形式上的品位是难以调和的。人没有了精神支柱和行动指南，没有生命的终极解释，没有崇高理想信念的追求，人的生存再也踩不到支撑点；在价值体验方面表现出严重的感性化倾向，追求物质生活享受和感官刺激，而忽视内在精神需求。这些具体表现为有许多青少年不知道如何做人，不知道该做一个什么样的人，不知道如何设计和把握自己的人生，缺少对人生价值和意义的反思、探索和追求，整天稀里糊涂过日子，精神空虚、颓废，经不起挫折，对生活充满失望、绝望甚至敌意，盲目地去崇拜歌星、影星、球星到痴迷甚至疯狂的境地；在社会问题上则对国家、人民缺乏热爱，对社会事务缺乏关注，对全球问题缺乏担忧，对公共规则缺乏遵守。

（4）多元文化淡化了大学生的组织纪律观念

多元文化本身就蕴含着自由的本性，自由是人的内在本性和精神追求，自由是现代社会发展的内在标志，但从其本质来讲，自由只有相对的自由，没有绝对的自由。文化中包含着个人自由至上的理念，这种理念迎合了一部分自由散漫的大学生。这些大学生极力主张个人自由至上，在校园中无视校规校纪，使正常的教学秩序受到严重干扰。

（5）多元文化造成大学生"三观"偏离

世界观、人生观和价值观是人们对世界的总的看法和根本观点、人生态度、价值判断和选择。改革开放后，西方文化进入我国，西方文化对当代大学生的"三观"产生了极大冲击。我国对大学生所进行的是集体主义价值观的教育，以大局为重，一切以多数人的利益为根本出发点。西方文化中的极端个人主义、利己主义、功利主义的价值观，严重冲击和影响着大学生的世界观、人生观、价值观。市场经济所引发的一些拜金主义、享乐主义、消费主义的不良现象,对大学生造成了极其负面的影响。消费主义对大学生的强烈影响,使大学生放弃了崇高,崇尚及时行乐,严重影响了大学生的身心健康。他们的消费观出现了偏差,在消费模式和生活方式上进行攀比。这种消费观念的误导,引发了大学生的盲目消费行为,这些大学生过分注重现实生活的享受而失去理想,他们在消费价值观评价上出现了世俗化的倾向。一些大学生把个人利益摆在绝对不可动摇的位置,甚至陷入极端个人主义不能自拔,对社会需要、社会贡献和自己承担的责任意识淡漠,全心全意为人民服务、热爱集体、无私奉献的精神缺乏。他们的集体观念会变得迷茫,价值标准的功利色彩日益浓厚,他们在价值取向上注重功利性、实用性,青少年的价值观念由社会本位向个人本位转化,个人主义在青少年的价值观中抬头。个人本位主义也就是把自我放在生活之上,用自我价值超越社会价值,进而达到宣扬个人为中心、个人至上的目的。在这种个人主义思潮的冲击下,处于社会转型期的一些大学生,只关注个人利益、个人价值的实现,把个人利益凌驾于国家、集体和他人利益之上。个人主义受到青少年的追捧,同时带有浓重的个性色彩和随意性,青少年变得自私和迷茫,"唯我独尊主义"受到青少年的热烈推崇,集体主义价值观、大局观念被搁置,甚至被丢弃,青少年做事情会从自身利益出发,他们不会考虑他人的利益、整个集体的利益,这对青少年自身人格的完善是极其不益的。少数传媒不负责任地报道一些"一夜成名""一炮走红"的成功特例,从而颠覆了"好好学习,天天向上""以知识改变命运"的传统价值观,使"知识无用论"重新抬头。再加上现代传媒对这些案例的不切实际、不负责任的宣传,使得大学生会对健康向上的价值观抱有抵触心理,厌倦学习,逃避学业,认为成功有捷径可循、成功可以不劳而获,导致青少年对于成功形成了歪曲认识,消解了奋斗的意义,沉迷于虚幻且不切实际的空想之中,置学业于不顾,造成了青少年心态普遍浮躁,急功近利,使得青少年中蔓延着享乐主义、虚无主义、非理性主义等文化思潮,滋长了青少年投机取巧的心理,促生了青少年价值取向功利主义的倾向。

第三节 大学生核心价值观培育的意义

一、我国经济文化建设需要具有民族特色的核心价值观的支撑

当今世界,全球化的浪潮使得国与国之间的界限日渐模糊。西方发达资本主义国家要将其价值观向全球扩散,资本主义国家对社会主义国家的意识渗透活动一刻也没有停止。这是一次文化侵略。西方国家不断向发展中国家兜售自己的政治、经济、文化制度,我国面临着发展的重大问题,正在进行着社会主义现代化的伟大事业,同时又要保持我们的民族特色,核心价值观正是我们保持民族特色的精神保障。

改革开放以来,我国在经济建设方面取得了巨大的成功。但是相比较于经济建设,文化建设方面却相对滞后。20世纪90年代之后,我们进入了社会转型和改革攻坚的关键时期,经济成分、社会组织结构、就业方式、利益主体、分配方式、思想观念日趋多元化。我国传统的集体本位价值观念受到了强烈冲击。市场经济的发展使得一部分党员群众的价值观念发生了错位,拜金主义、官僚主义、权钱交易、贪污腐化等现象严重影响了我党的形象,污染了社会环境,对大学生的道德观念也造成了很大的负面影响。我国经济建设领域中出现的这些不和谐的现象严重阻碍了经济建设的发展,严重阻碍了中华民族伟大复兴历史任务的实现。

大学是各种思想文化汇集的前沿阵地。大学生是未来国家建设的中坚力量。西方新自由主义、民主社会主义、消费主义等思想观念在全球范围传播,同时也在我国高校校园中传播着。我们的先进文化正在遭受着侵蚀。

高校承担人才培养和文化传播的重要职责,高校应主动承担起宣传先进文化的作用,承担起引领优良社会文化的风向标作用,做民族精神和时代精神的弘扬者和担当者,做社会主义核心价值观的传承者和教育基地。高校要对大学生进行社会主义核心价值观教育,为祖国

培养现代化的合格人才，为社会主义奉献的有用之才。归结到一点，社会主义核心价值观教育能够使大学生成为我们社会主义事业的接班人，无论在何时何地，信念坚定的人是会遵循自己的信仰的。我们要对大学生进行社会主义核心价值观的教育，从思想领域坚定大学生的社会主义信念，使大学生能够践行国家赋予的光荣使命，能够用马克思主义的立场、观点做人、做事，当代中国大学生为繁荣和发展社会主义文化、丰富和发展社会主义意识形态方面能够尽到应有的职责，为社会主义现代化建设做出贡献。同时，我们要保持民族特色的核心价值观教育，坚定马克思主义的指导地位，坚定中国特色社会主义共同理想成为大学生的价值追求，坚定以爱国主义为核心的民族精神和以改革开放为特征的时代精神能够得到大学生的热烈推崇，坚定"八荣八耻"社会主义荣辱观能够成为大学生遵循和践行的道德规范。

总之，只有充分发挥大学在社会主义核心价值观教育中的重要作用，紧紧抓住大学生这一群体的社会主义核心价值观教育，才能使社会主义核心价值观作为全社会的共同价值取向和价值追求，提振国家的软实力，培养为国为民的有用之才，我国社会主义建设才能在国际化的浪潮中永葆中国特色，中华民族才能在国际竞争中立于不败之地。

二、核心价值观教育是中国特色社会主义事业的基础工程

一个国家、一个民族、一个人的生活都是在其价值观的指导下进行的，价值观在人们的思想中、在人们的观念中，它影响着人们的思想意识、道德评价、价值取向和实践行动。人类社会正是有了该社会核心价值观的指导，才使该社会具有了真正发展的意义。因此，加强和创新大学生核心价值观教育是关系到中国特色社会主义事业成败的大事。培养大学生具有社会主义核心价值观是中国特色社会主义事业健康快速发展的前提。

社会价值观的存在对整个社会的发展具有重大意义。人的存在与发展是在特定的社会之中进行的，社会的存在是人存在的基础。任何一个社会都必须具有一定的共同价值观念、政治信念，它是维系、团结人民的一个基本前提。否则，社会的发展就会出现各种问题，甚至无法存在

与发展。如果一个社会没有形成共同的价值观念,不能给全体社会成员提供一套值得信仰的该社会的核心价值体系,那么,这个社会就必然出现价值观紊乱、精神危机和信仰真空,整个社会就会陷入混乱之中,社会发展就会受到严重影响。

当代大学生是我国社会未来攻坚阶段的核心力量。开展大学生核心价值观教育创新是确保我国在激烈的国际竞争中始终立于不败之地的需要。当今各国间竞争的实质就是人才的竞争。而只有思想道德素质、科学文化素质和身心健康素质全面发展的大学生才能担当此历史重任。加强和改进大学生思想政治教育,根本目的是为中国特色社会主义事业源源不断地培养造就合格的建设者和可靠的接班人,而社会主义核心价值观,就为培养和造就中国特色社会主义事业的合格建设者和可靠接班人提出了新的更高要求。不断造就大批具有创新能力的高素质人才,这是我们能够在未来社会主义事业建设过程实现目标的必然要求。大学生是最富有生机、最富有活力,代表着国家和民族未来和希望的社会群体之一,大学生思想道德素质的明显提高,在全社会思想道德素质的明显提高中具有示范作用、辐射作用、推动作用,是全民族思想道德素质明显提高的重要方面,是全民族整体素质提高的重要基础。

高校必须不断地创新教育方式,积极探索大学生对社会主义核心价值体系认同的新方式和新途径。要重新审视当代大学的责任,确立21世纪大学的首要责任在于育人,塑造人的灵魂和精神。以社会主义核心价值体系来引领当代大学生核心价值观教育,使大学生成为社会主义核心价值体系的坚定信仰者、积极传播者和模范践行者。要不断引导大学生既积极吸收和借鉴人类优秀文明成果,又自觉鉴别和抵御各种腐朽落后的思想文化,使他们能够经受各种风浪的考验,努力成长为社会主义先进文化的继承者、弘扬者、实践者和创造者。只有大学生真正确立了社会主义核心价值观,才能肩负起振兴中华的历史使命,才能不断推动中国特色社会主义事业向前健康发展。

三、核心价值观教育是大学生政治社会化的必要途径

政治社会化促成了现代合格公民的形成。大学生最终是要走向社

会的,政治社会化对其来说十分重要。对大学生进行政治社会化,就是大学生在政治参与实践活动中逐步获取政治知识,提高政治参与能力,形成政治意识和政治立场的过程。政治社会化使大学生形成特有的政治观念,对其政治参与行为有决定性的影响。青年大学生的政治参与有积极的价值与功能,它能够影响政府的决策和行为。尽管青年大学生通过政治参与影响政府决策的作用是相对有限的,但它是对公共行政不可或缺的一种政治补充,是现代民主政治的一个基本特征。

青年大学生是国家的希望,是社会主义现代化建设事业的中坚力量,是一个国家持久成长的根本动力。大学生要关心国家、关心社会、关爱民生。如果大学生仅仅沉迷于市场经济的大潮,被金钱冲昏了头脑,则会消解一切关于人生的正确判断,我们的国家就会失去持久的发展动力。大学生只有"仰望星空",同时"脚踏实地",对国家有责任感,才能为国家建设做出贡献。

在改革开放前的一段时期内,我们社会一度呈现出泛政治化的特征,凡是不关心政治的人则会被视为不思进取,是一种"庸人哲学"。这样的做法压制了人性的发展,把人的发展桎梏于一个"框框"内,人呈现出畸形发展的态势。这种错误观念被改革开放的大旗纠正过来了。改革开放带来了民主政治的发展,政治体制改革和民主法治建设取得很大进展,为大学生的政治参与创造了良好的条件和氛围。

从总的方面来看,当代大学生的主流价值取向是健康向上的。他们政治参与意识日趋务实化、理性化,社会责任感较为强烈。但是,大学生在政治参与方面也存在着不成熟的现象。网络化的时代造成了大学生接受信息的速度和数量上都超过了他们的长者,大学生被这种信息带来的"现在感"充斥着,由此带来的负面影响则是大学生对一些历史事件缺乏了解、缺乏用历史的观点观察问题的能力,从而导致大学生判断能力的下降,对一些现象仅从表面出发,仅凭个人主观情感,最终做出错误的行为。

针对这种现象,对大学生进行核心价值观教育则是解决这个问题的有效途径。核心价值观教育使得大学生形成马克思主义的立场、观点和态度,大学生能够理性地看待问题,从而很好地实践政治参与。

四、核心价值观教育有助于大学生的全面发展

国家未来的发展需要的是意志坚定,具有强烈爱国情怀、思维理性、心理素质良好的大学生。但是现实中的大学生则不尽如人意。独生子女的身份养成了他们自我的个性,反映在价值观方面,主要表现为价值目标短期化、价值实现功利化、价值追求个体化和价值实现自我化等。一些大学生攀比之心严重,推崇高消费。一些大学生有着不同程度的心理健康问题,他们心理脆弱,受不了一丁点的打击,一旦受挫,就会意志消沉、一蹶不振。大学生素质的发展是极其不平衡的。

马克思主义以追求人类解放、实现人的自由而全面的发展为理想目标。开展大学生社会主义核心价值观教育,就是要为培养"全面发展"的人而不懈努力。在这里,大学生的全面发展具有丰富的内涵,包括文化、思想、道德方面的发展。对大学生进行社会主义核心价值观教育,就是要对大学生进行思想上的教育,清除大学生思想上的一些不良因子,使其树立正确的价值观,促进其身心健康发展,从而在思想觉悟、政治素质等方面达到较高的水平。只有思想价值观念正确、学习素质优秀的大学生,才是社会主义现代化建设全面发展的合格人才,大学生才能实现全面发展,国家的发展也就有了生力军。

五、核心价值观教育可适应当前社会背景发展的需要

当前,我国正处在一个思想大活跃、观念大碰撞、文化大交融的社会转型期,先进文化、有益文化、落后文化和腐朽文化同时并存,正确思想和错误思想、主流意识形态和非主流意识形态相互交织。在价值领域,一些人失去人生的目标和方向,内在心灵世界没有依归,出现了"价值真空"状态;不同时代的价值观并存,"价值多样"导致无所适存的现象比较突出;社会对人们的价值取向缺乏有说服力的分析和引导,从而出现"价值错位";社会的宣传舆论与人们的实际观念存在断裂,出现了"价值悬置"。价值真空、价值多样、价值错位和价值悬置,综合起来,又导致了

"价值虚无"的状况。社会转型期是价值观的反思、裂变、更新和塑造时期,这使得人们在价值观方面产生诸多迷茫、困惑和疑问,迫切需要以社会主义核心价值观加以强有力的引导。当代大学生价值观形成状况同样受到社会各种思想意识、价值观念的影响,高校大学生核心价值观教育的实际效果与建设中国特色社会主义事业的时代要求存在着一定差距。因此,大学生核心价值观教育必须走创新之路,才能适应大学生所处时代环境变化的需要。

教育环境是教育活动所依存的社会状况,包括社会的经济政治和文化状况。教育环境的变化必然引起教育理念、教育内容和教育方法的改变。当今中国高校大学生核心价值观教育的环境已发生了深刻的变化。这无疑给高校大学生核心价值观教育提出了严格的要求。传统的大学生价值观教育必须改革,走全面创新之路,才能够适应时代发展的需要。

六、核心价值观教育是大学生健康成长的前提

培养人才是高校的首要任务,也是教育的立身之本。高校培养的人才要适应社会的要求,就必须高度重视对大学生核心价值观的培养,因为任何人才良好知识结构的形成和创新能力的培养与发展都必须有一定的价值承担。高校教育一旦失去价值观教育这一核心,所培养的人才就不是真正的人才,最终将导致教育的失败。另外,决定一个人才的真正稳定的、内在的素质是其价值观,而不是表现于外在的知识、技术,也不是他所获得的学历和文凭。高校只有坚持用社会主义核心价值观教育广大学生,才能使其明辨是非、正确区分马克思主义的世界观、人生观、价值观和各种非马克思主义甚至是反马克思主义的世界观、人生观、价值观;才能使其排除干扰、驱除杂念,坚定信仰,模范践行社会主义核心价值观,才能为党和国家的事业做出应有的贡献。

七、核心价值观教育有助于大学生实现人生价值

(一)有助于大学生树立正确的劳动意识

马克思在《1844年经济学哲学手稿》中指出:"劳动这种生命活动、

这种生产生活本身对人来说不过是满足他的需要即维持肉体生存的需要的手段。而生产生活就是类生活。这是产生生命的生活。一个种的全部特性、种的类特性就在于生命活动的性质,而人的类特性恰恰就是自由的有意识的活动。生活本身仅仅成为生活的手段。"由此可以看出,人的类特性就在于自由自觉性。劳动,作为人的根本实践活动,创造了人,也造就了人的类本质。因此,劳动能力的强弱和劳动水平的高低,直接决定并且反映着人的自由自觉性的发展程度,劳动能力的全面发展,成为人的自由全面发展的根本。

大学生要树立劳动光荣的意识,在劳动实践中将内在价值转化为社会价值。社会的存在和发展,需要靠每一个社会成员脚踏实地的诚实劳动。社会主义核心价值观教育通过大学生的劳动观的教育,使大学生树立正确的劳动意识。

(二)有助于大学生树立正确的人生目的和崇高的人生目标

我国是社会主义国家,我党的最高纲领是实现共产主义。我们现阶段的目标是建设富强、民主、文明、和谐、美丽的社会主义现代化国家,为实现共产主义创造条件。所以,大学生个体的人生目标应该是为社会主义现代化建设和共产主义奋斗的。在人生价值实现上,既要注重个人对社会的贡献,也要注重社会对个人的满足。个人对社会的贡献与个人的满足往往是在同一过程中实现的。大学生个体要正确认识自己、悦纳自己,选择具体的奋斗目标,以公共利益为重,把个人利益放在第二位,全心全意为人民服务,自觉为社会、为他人做贡献,在合适的岗位上发挥自己的聪明才智,在平凡的工作中实现人生价值。社会主义核心价值观教育正是从国家、集体、个人的角度来教育、引导人们对祖国的忠诚、对集体的奉献精神、对自我道德的约束,从而有助于大学生树立正确的人生目的和崇高的人生目标。

(三)有助于大学生提高自身能力

改革创新精神是社会主义核心价值观教育的重要内容。社会在不断进步,大学生的价值观念也要及时更新。因为价值观念决定着价值目标的内涵。人生价值目标的实现,是一个不断创新的过程。创新就意味着不畏艰难、大胆进取,善于创造条件,抓住机会;创新意味着把住时代脉搏，为社会创造价值，也实现自身的价值。大学生在不断的创新中提高自身能力，获得发展。

(四)有助于构建大学校园和谐文化

社会主义核心价值观教育对于构建社会主义和谐社会具有十分重要的意义。而和谐文化是构建社会主义和谐社会的一个重要方面。西方文化对我国文化领域的渗透，大学作为各种前沿思潮汇集的聚集地，成为多元文化滋生的场所。校园文化对大学生有着重要的教育、凝聚和渗透的功能。高校校园文化对构建和谐社会文化具有十分重要的作用。因而，从建设社会主义和谐文化的角度讲，加强大学生社会主义核心价值观教育，对于促进和谐校园文化建设具有重要意义。

多元文化对大学生带来了很大的负面影响。大众传媒的兴盛使得包罗万象的信息呈现在大学生面前，各种低俗文化、消极文化混杂其中，对校园文化产生了较大的冲击和侵蚀。在低俗文化的冲击下，大学生崇高的精神追求被逐渐消解，社会责任感下降，丢失了人生的真正目标，迷失了自我，游戏人生、享乐主义、虚无主义等腐朽消极思想侵蚀着大学生的世界观、人生观和价值观。大学生理想信念的重构要靠校园文化来提供精神支撑。

第二章　当代大学生核心价值观培育的理念与现状研究

理念实际指的是指导行为的最基本、最核心的思想认识,这个基本的定义既体现了人在主观能动性的作用下对行为及其结果的理想性认识和理想性追求,同时也包括着对相应的正确行为方式的坚信和持守。当今历史条件发生了很大的变化,在这样的历史背景下,想要加强对大学生社会主义核心价值观的教育,就必须要加强对大学生理想信念教育的研究,用正确的理念指引大学生未来正确的前进方向。大学生核心价值观教育是一个过程,20世纪80年代以来,党和国家对大学生核心价值观教育高度重视,出台了一系列的方针政策。大学生核心价值观教育经过几十年的历史发展,取得了一些丰硕的成果。本章即对当代大学生核心价值观培育的理念与现状进行研究。

第一节　当代大学生核心价值观培育的理念

一、以人为本理念

以人为本,是指在大学生社会主义核心价值观教育中,高校各级领导干部和社会主义核心价值观教育工作者,在制定规章制度、日常管理和改进传统工作方法的同时,要坚持一切从大学生的合理需要、个性发展出发,调动和激发大学生学习和科研的积极性与创造性,以德智体美劳的全面发展为目的的一种理念。

(一)"以人为本"——大学生社会主义核心价值观教育的基本思路

1. 要充分尊重学生

尊重是沟通交流的基础。在大学生核心价值观教育工作中,树立以学生为本的理念,遵循大学生的成长成才规律和教育规律,善于引导,充分尊重大学生的主体地位和个性需求,融入人文关怀,尊重大学生的尊严、人格、价值和创造性,与他们真诚地沟通,理解、关心、帮助他们,给予他们信心和鼓励,使他们感受到温暖和希望,不断提高大学生核心价值观教育的亲和力、说服力,最大限度地发挥学生的主观能动性,充分激发他们的学习积极性和参与教育活动的热情,努力增强社会主义核心价值观教育的针对性和吸引力。

2. 解决学生的实际问题

解决大学生的思想问题首先要从解决大学生的实际问题出发,解决大学生在生活、学习方面面临的实际困难,正视那些弱势学生群体面临的实际困难,摸清每一位学生的具体情况,给他们以实际的帮助。

3. 全面调动学生的参与积极性

当前,从高校思想政治的教育模式来看,教师与学生之间的关系并不是主体与客体之间的关系,更准确地说,他们之间应该是一种主体与主体之间的关系。对于教师来说,他们是教授、传播知识的主体,而学生在教学过程中是一个积极主动的主体,在整个教育过程中是积极的参与者。在教学过程中,教师应该在平等的前提下与学生展开交流与沟通,鼓励与引导学生参与课程讨论或是相关的实践活动。也就是说,教师在教学过程中可以组织学生对一些社会活动进行讨论,说出自己对这一问题最真实的看法。在活动中,教师要充分尊重学生的意见,相信并依靠学生,让他们充分参与其中。除此之外,教师在课余时间还应该对学生的生活进行实际考察,对学生的思想有明确的把握,积极与学生进行交流,交换彼此的看法,提高学生参与的积极性。

第二章　当代大学生核心价值观培育的理念与现状研究

(二)大学生社会主义核心价值观教育中"以人为本"的具体体现

大学生社会主义核心价值观教育"以人为本"的"人本化"趋势,随着科学发展观在高校教育中的深入贯彻与实践,日益凸显为以学生为本,主要表现在以下几个方面。

1. 大学生是价值主体

大学生社会主义核心价值观教育以人为本体现为以大学生为价值之本。大学生社会主义核心价值观教育更加注重引导大学生正确认识和满足自身的需要,实现自身的价值。价值涉及主体的需要及其满足。马克思认为,"价值"这个普遍的概念是从人们对待满足他们需要的外界物的关系中产生的。在价值关系中,价值的主体需要获得满足,价值的客体正是这种满意的提供者,这是事物发展的一般规律,价值关系的常态。在对大学生进行社会主义核心价值观教育的过程中,我们应该将大学生作为这种价值关系的主体,在交易过程中要充分尊重大学生的个人需求,将满足他们的需求作为教育者的基本工作依据,这是做好大学生社会主义核心价值观教育工作,提高我国大学生思想政治素质的基本要求。大学生的需要和大学生的利益密切相关,需要是一种潜在利益,需要的满足是一种现实利益。大学生的需要主要表现为物质需要和精神需要。大学生社会主义核心价值观教育更加重视加强与大学生有关的政策和制度教育,引导大学生协调和处理好各种与自己相关的物质利益关系,维护自身的权益。除此之外,还要更加加强道德教育,增强大学生的道德意识,提高大学生的道德判断能力、道德选择能力和道德践履能力,满足大学生的道德发展需要;注重引导大学生认识和满足自身的精神需要,包括加强理想信念教育,引导和帮助大学生树立正确的人生理想,把握人生发展的正确方向,选择和走好人生发展的正确道路,满足大学生树立和实现人生远大志向的需要;加强心理健康教育,开展心理咨询活动,帮助大学生克服心理障碍,形成健全的人格,满足大学生的心理健康发展需要;加强情感教育,引导大学生正确认识和处理好交友、恋爱、婚姻等各种关系,形成高尚的情操,满足大学生情感发展的需要;还要开展各种丰富多彩的校园文化体育活动,满足大学生日益增长的精神文化需要。

2. 大学生是发展的主体

以人为本在大学生社会主义核心价值观教育中的体现就是"以生为本",具体来说,就是充分尊重大学生在社会主义核心价值观教育中的地位和作用,通过引导与激励的方式促进其主体意识的苏醒,增强社会主义核心价值观教育的效果。大学生社会主义核心价值观教育不仅要关注他们思想动态的变化,也要为他们的健康成长和全面发展负责,这种作用主要体现在以下三个方面。

(1)重视教育和引导大学生正确认识和处理好现实发展与持续发展的关系

大学生的可持续发展,是实现大学生人生发展最大价值的前提,也是实现社会可持续发展的最重要基础。大学生的可持续发展,就是要发现和挖掘大学生发展的巨大潜力,增强大学生自我持续发展的意识和能力,建立大学生发展的长效机制。大学生社会主义核心价值观教育应该从长远出发,注重大学生对社会关系的处理以及对社会实践认识的教育,将各种长远的、能够持续发展的因素结合在一起,只有这样才能彻底解决教育短视的行为,使大学生能够更好地适应社会的发展与情景的变化。在学习过程中,大学生也要不断适应学习型社会和学习型组织的基本要求,不断充实和更新自身的知识结构,增强持续发展的坚定意志,克服发展中面临的种种困难和障碍,实现自身的可持续发展。

(2)重视教育和引导大学生正确认识和处理好片面发展与全面发展的关系

大学生的综合素质是一个复杂的集合体,它是一个各种素质的集合概念,主要包括个人的思想道德水平和素质,科学文化水平和素质以及身心健康素质等。大学生的全面发展之所以是大学生素质提升的关键,也正是因为全面发展的综合性,一个人的提高并不是某一种能力的单独发展,而是多种素质的齐头并进。大学生社会主义核心价值观教育更加重视针对大学生德智体美素质发展失衡的现象,引导大学生克服发展的片面性,增强发展的全面性与协调性,实现健康发展。

(3)重视教育和引导大学生正确认识和处理好自发发展和自觉发展的关系

从现实状况来看,大学生的发展主要有两种形态,即自觉发展和自发发展。具体来说，就是学生本人缺乏自我发展的意识和概念，对大学生成长发展的规律没有明确的认识，在自己的成长与未来规划中没有目的，这种发展会使大学生在发展过程中遇到很多挫折，并容易产生放弃心理，从而影响社会主义核心价值观教育的效果。自觉发展是一种以自我为主导的发展模式，这种发展形态中，学生自身往往具有更好的自主意识，对自己未来的发展具有清晰的规划，遇到困难能够利用自己所学到的知识和掌握的方法去解决，他们能够更好地利用规律。大学生社会主义核心价值观教育十分重视引导大学生克服发展的盲目性，增强发展的自觉性，掌握和遵循人才成长发展的规律，不断健康成长。

3. 大学生是实践主体

大学生社会主义核心价值观教育"以人为本"首先体现为以大学生为实践之本。大学生的主要任务是学习，这是大学生在校期间作为实践主体的主要活动形式。大学生是学习的主体。大学生社会主义核心价值观教育越来越注重寓社会主义核心价值观教育于大学生学习活动之中，引导大学生明确学习目的和科学知识的价值；激励他们勤奋学习和系统掌握人类创造的全部科学文化成果，提高创新精神和实践能力，培养与所学专业密切相关的职业道德和职业精神；全面提升思想道德素质，为大学生的全面发展和毕业以后走向社会，推动社会实践活动奠定重要的思想基础；不断调动大学生学习的积极性、主动性和创造性，激发大学生刻苦学习、严谨治学的精神动力。大学生社会主义核心价值观教育还更加注重引导在校大学生积极参与社会实践活动，运用学习掌握的科学理论知识指导和推进社会实践活动，自觉走与实践、与工农相结合的青年知识分子成长道路，在社会实践中受教育、做贡献、长才干。

从根本上说，社会主义核心价值观教育就是一项针对人的工作，并没有具体条款和措施来约束，因此教育者可以最大限度地发挥自己的主动性，帮助大学生提高他们的思想政治素质和水平。作为一项以人为工作对象的工作，思想政治工作者应该明确自己的工作对象，并根据工作对象制定具有针对性的教育措施，将人作为思想政治工作的核心。在社会主义核心价值观教育工作中，我们要对教育的对象保持足够的尊重，不仅要强调理想的崇高性，调动人们参与为社会主义理想共同奋斗的情绪，还要尊重个人的意愿，尊重教育对象的个人理想与发展意愿，并帮助他们不断提升自己。

新时代,随着物质生活的提高和精神生活的丰富,人们的自主意识也开始增强,这种客观变化要求思想政治工作必须要从实际出发,从受教育者的角度出发,只有坚定不移地坚持群众路线,才能赢得人们的支持。在社会主义核心价值观教育实践中,社会主义核心价值观教育工作者一定要尊重客观规律,根据规律办事,不能凭自己的主观判断决策。我们应该清楚地认识到,只有对社会主义核心价值观教育的主体保持足够的尊重,才能赢得他们的信任与配合,才能让我国的社会主义核心价值观教育工作充满活力地向前发展,为伟大的社会主义建设事业培养一批又一批的人才。

二、立德树人理念

(一)确立立德树人理念的必要性

教育要坚持育人为本、德育为先,把立德树人作为教育的根本任务,加强爱国主义教育,深入开展理想信念教育,加强和改进学生思想政治工作,把社会主义核心价值体系融入国民教育体系,引导学生树立正确的世界观、人生观、价值观、荣辱观,努力培养德智体美劳全面发展的社会主义建设者和接班人。高等学校应认真贯彻落实这一指示,坚持立德树人。而所谓立德树人就是坚持加强高校德育建设。

德育从本质上来说,必须承载社会责任,这是德育得以存在的基础,即德育必须按照社会要求育人。因此,它的价值追求是促进人的发展。然而德育不可随意而为,它必须符合人的成长规律。所以德育的定义可表述为:德育是德育者按照一定阶级或社会的要求,运用适当的方法,依据受教育者自身发展的规律,有目的、有计划、有组织地把社会所推崇的品性规范和要求转化为个人品德的教育。

从人才学的研究中可以看出,高校德育是现代人才培养的一个重要内容。一个人之所以能够被称为"人才",至少要在五个方面具备较高的素质,分别是德、才、学、识、体。所谓德,实际上是指与人相处之时所具备的道德,这是社会认可人才的首要标准。离开了德,人才培养将失去方向,人才也不能为社会所认可。

社会主义的本质要求我国社会重视立德树人。我国所选择的制度是社会主义。这一社会制度决定了它的公民必须具备坚定的政治态度、高尚的社会道德水准。因此,我国高校思想政治教育的根本目的决定了高校必须把德育放在首位。

立德树人是社会主义市场经济的需要。社会主义市场经济的发展和改革开放的深入对大学生提出了更全面的要求。它不仅要求青少年学生掌握全新的技能,更要求青少年学生有坚定的政治方向、高尚的道德观念、严格的组织纪律和崇高的社会责任感。

(二)高校坚持立德树人理念的路径选择

1. 构建合理的德育目标

高校德育目标是一定时期内高校实施德育活动所要达到的预期结果,它既是高校德育的首要问题和核心问题,又是高校德育的出发点和归宿,它规定着德育的内容、方法和形式等。长期以来,我国十分重视高校德育目标的确定,特别强调高校德育要以大学生全面发展为目标。在新形势下,为了培养社会主义现代化的合格建设者和可靠接班人,构建科学合理的高校德育目标体系成为高校德育一个重要的内在要求。

德育目标可以分为总目标和具体目标,德育总目标和各个具体目标的集合构成高校德育目标体系。总目标和具体目标是辩证统一的关系,具体目标以总目标为指导,总目标依靠具体目标来体现。高校德育目标内容必须充分体现总目标的要求,其基本内容一般反映在具体目标之中。

2. 促进高校网络德育的发展

网络在大学生群体的生活之中占有很重要的位置,每一个大学生每天都至少要在网络上花费一个小时的时间。网络已经成为大学生学习、生活和交往的一个重要空间。在这种环境下,高校德育也要发生改变。在网络时代,高校德育应更加凸显理想信仰教育和价值教育的重要性和意义。

网络为高校德育开辟了新的空间,提供了新的方法和手段。网络化最大限度地实现高校德育社会化。传统的思想政治教育多局限在学校和相关的职能部门,社会的教育作用表现并不充分。互联网是一个现代交互式多媒体高速计算机信息网络系统,它有效地将分散在各地的信息系统融为一体。高校可以凭借网络突破时空的局限,增强教育的广泛性和时效性。大学生通过网络,随时可以了解世界各地正在发生的政治、经济、生活等各方面的大事,真正实现"足不出户能知天下大事",这种迅速、及时的传播速度有利于宣传网站及时传播健康、科学、正确的思想政治信息。网络资源共享性还可以使高校德育工作者从网上了解学生的真实思想动态,在网上发布正确的思想信息来教育引导学生,从而提高高校德育工作的时效性。

3. 加强思想政治理论课建设

思想政治理论课程是高等学校教育的重要组成部分,而社会主义核心价值观教育正是借助于思想政治理论课予以实现的。它在学校德育工作中起着重要的作用,它是高等学校德育的渠道。我国高等学校德育教学要取得实效,就必须加强思想政治理论课的建设,坚持学科建设、教材建设、课程建设和教师队伍建设的统一。

在今后一段时期内,思想政治理论学科建设所面临的主要任务是:加强马克思主义基础理论的研究和建设;重点解决思想政治教育的实效性问题,注意研究思想政治教育的特殊对象及其特点;必须大力培养青年学术带头人;对专业基础设施建设要加大投入,建立相应的信息数据库;推出高质量、高品位的研究成果;等等。

在社会主义核心价值观的教材建设过程中,必须进一步加强对高等学校社会主义核心价值观的教材编写的领导和管理,以确保教材的科学性、权威性、严肃性。必须对高等学校思政课教学大纲和教材的编写严格把关,必须将其纳入马克思主义以及社会主义核心价值体系理论研究和建设工程。

在课程建设上要突出基础理论知识,坚持马克思主义理论的基础地位,并要与时俱进,吸收其最新成果,为大学生解答当前社会存在的一些重大问题。具体地说,就是要把马克思主义、毛泽东思想和中国特色社会主义理论体系的内容和社会实践结合起来,以结合的内容丰富高校思想政治理论课,进一步加强社会主义核心价值观教育。

通过加强大学生核心价值观教育的教师队伍建设,使教师坚持正确的政治方向,加强思想道德修养,增强社会责任感,树立正确的价值观,不断完善知识结构，提高教育教学能力，从而成为坚定的马克思主义者、教书育人的表率和大学生健康成长的指导者与引路人。

三、自我教育理念

（一）"自我教育"的大学生社会主义核心价值观教育的基本思路

大学生要具备自我教育的能力，要求教育者在教育实践中要通过多种途径主动帮助和激发大学生主体能力的构建。大学生要实现自我教育，充分发挥主体的能力，可以从以下几个方面着手。

1. 要打好坚实的理论基础

理论的学习是大学生核心价值观教育中不可缺少的一环。理论教育法是核心价值观教育最主要、最基本的方法，也是大学生打好理论基础最直接的方法。大学生只有具备坚实的理论基础，才能以正确的理论指引自己的行为，也才能在现实中明辨是非，为自己找准努力的方向。在当代复杂多变的社会生活面前，人们比以往任何时候更加需要科学的思想和理论来指导自己进行正确的选择和决策，以便更加有效地认识环境。

2. 注重启发大学生自我教育意识

高校教育者要注重启发大学生的自我教育意识，引导他们通过自主的学习、自觉的参与以及反省、反思、自我思想改造等自我修养途径，不断提高自己的思想道德水平。

3. 树立成功的榜样是大学生自我教育的一个有效途径

榜样示范法是指通过具有典型、榜样意义的人或事的示范引导作用，教育人们提高思想认识、规范自身行为的方法。榜样教育具有形象、生动的特点，它是理论与实际的有机结合。大学生用榜样的力量激励自己，在心中树立成功的典范，为自己指明努力的方向，会产生更强的感染力和说服力，在自我教育中收到很好的效果。通过典型事迹可以使大学生看到榜样的成功之处,明确努力方向,从而努力奋斗,在改造客观世界的过程中全面提升自己的思想道德素质。

必须实事求是地选择对自己有影响力的典型,否则难以真正从思想到行动上得到认同,也起不到典型引导的作用。

4. 要创造有利于大学生进行自我教育的条件

应当通过各种渠道和形式对大学生的自我教育活动予以支持、引导和帮助,鼓励大学生开展他们热爱的、健康的、有益的、丰富多彩的各种活动,使他们在活动中自我教育,相互影响。

要引导他们开展批评和自我批评,在严格的自我批评和与人为善的相互批评过程中,教育自己、教育别人、相互借鉴、共同提高。要吸收大学生参加学校的民主管理,组织大学生参加社会实践活动,使他们在民主生活和社会实践中得到锻炼,增长知识和才干,增强主人翁精神和社会责任感。要有计划地组织民主讨论,引导他们在民主的气氛中各抒己见、交流思想,坚持真理、修正错误,集思广益、互得益彰。

(二)大学生社会主义核心价值观教育中"自我教育"的具体体现

自我教育是指个体在自我意识成长的基础上,在逐步社会化的过程中,将自身既作为教育的主体,又作为教育的客体,按照社会要求,结合自身的发展目标和发展需要,逐步审视自己,发挥自省机制——自我认识、自我评价、自我调控,最终达到自我完善,使接受的教育内容实现由道德规范的内在自觉到言语行为的外化自为的过程。自我教育不是单一的个人行为,其自我认识、自我评价等机制都是依存于一定的社会关系并在与他人和周围环境的比照下产生,从而具有社会性。

自我教育伴随人一生的发展,有广泛的外延,不仅包括狭义的学校教育中的自我教育,也包括学校教育之前和完成学校教育之后的自我教育,而大学生核心价值观教育中的自我教育属于狭义范畴,它是指在大学生核心价值观教育过程中,在大学生主体意识的基础上,以其自我意识为前提,通过主客体的分化,把自身作为教育对象,以社会主义思想政治素质及道德规范和主体自身发展的需要为客体,通过自我选择、自我内化、自我控制等过程,有意识地改造和提高学生个体认识的主体性,使学生自己成为社会所需要的人的一种高度内省的教育活动过程。其实质就是在大学生核心价值观教育过程中,充分发挥大学生的主体作用,使他们自觉地对自己的价值观进行自我认识、自我控制和自我矫正,最终树立起正确的价值观导向。

四、全面发展理念

人的全面发展问题,是一切工作的中心问题,如果这个问题解决好了,那么将对社会经济的发展起到很大的积极作用;如果这个问题解决不好,那么对我国社会经济的发展也会产生很大的阻碍作用。大学生社会主义核心价值观教育承载着培养社会主义合格建设者和可靠接班人的历史重任,是造福千家万户的民心工程,必须以人的全面发展作为其基本理念。

(一)"全面发展"的大学生社会主义核心价值观教育的基本思路

在大学生社会主义核心价值观教育中,我们讲全面发展教育,主要目的在于帮助大学生树立全面发展教育观,引导大学生思想道德素质和科学文化素质的协调发展。

1. 思想道德素质教育

思想道德素质是指个体通过接受一定的教育和参加社会实践活动,经过独立自主、积极理性的思考后形成一定社会或阶级所要求的思想观念和道德准则,并自主、自觉与自愿地做出相应行为的素质与能力。一般来说,大学生思想道德素质主要包括三个方面的内容,分别是思想素质、政治素质和道德素质。思想道德素质教育可以称得上是大学生素质教育的灵魂,高校是孕育人才的摇篮,而其培养出来的人才是我国实现中华民族伟大复兴的希望,这些大学生的思想道德素质如何直接与全面建成小康社会相关联,并决定着建成小康社会的最终目标的实现。在当前新的历史条件下,伴随着文化多元化和各种文化思潮的涌现,提高大学生思想道德是十分必要的,而这就必须依托思想道德素质教育。

思想素质教育的目标在于提高大学生的马克思主义理论素质,从而帮助大学生树立正确的人生观、价值观、世界观。根据这一目标,思想素质教育的内容包括以下几方面。

第一,马克思主义基本理论教育。促使大学生努力学习和全面掌握马克思列宁主义基本原理、毛泽东思想、邓小平理论、"三个代表"重要思想和科学发展观,使大学生具有扎实的马克思主义基本理论功底。

第二,马克思主义世界观和方法论教育。要深入开展马克思主义哲学教育、实事求是的思想路线教育、马克思主义认识路线教育和科学方法论教育,引导大学生树立科学的马克思主义世界观和方法论,培养他们自觉地运用马克思主义唯物辩证法的观点和方法认识世界、改造世界、解决实际问题的能力。

政治素质教育的目标在于提高大学生的政治意识和政治觉悟,使大学生的思想政治意识大大提高,从而树立正确的思想政治取向,坚持马克思主义,紧跟中国共产党的领导,拥护社会主义,形成有利于社会和人民的政治认同和政治行为。根据这一目标,政治素质的教育内容包括以下几方面。

第一,理想信念教育。引导大学生树立建设中国特色社会主义的共同理想和共产主义远大理想,激励他们为实现这一伟大理想而奋发向上、开拓进取。

第二,爱国主义教育。让大学生了解中华民族优秀历史文化传统,弘扬和培育中华民族伟大民族精神,增强民族自尊心、自信心和自豪感,激励他们把满腔爱国热忱投入到建设中国特色社会主义事业中去。

第三,民主法制教育。帮助大学生树立社会主义民主法制观念,明确作为一个国家公民所享受的权利和应尽的义务。教导他们自觉遵守国家法制法规,并勇于同一切违法乱纪的行为作斗争。

道德教育的最终目标是为了提高大学生的道德素质,使他们成为一个有道德的人,为将来成为一个合格的公民而做准备。根据这一教育目标,道德素质的教育内容主要包括以下几方面。

第一,公民基本道德规范教育。对大学生进行以"爱国守法、明礼诚信、团结友善、勤俭自强、敬业奉献"为主要内容的基本道德规范教育,使他们明确作为一个社会公民所应遵守的最起码道德。

第二,社会公德、职业道德和家庭美德教育。培养大学生以"文明礼貌、助人为乐、爱护公物、保护环境、遵纪守法"为主要内容的社会公德,以"爱岗敬业、诚实守信、办事公道、服务群众、奉献社会"为主要内容的

第二章 当代大学生核心价值观培育的理念与现状研究

职业道德以及以"尊老爱幼、男女平等、夫妻和睦、勤俭持家、邻里团结"为主要内容的家庭美德。

第三,社会主义和共产主义道德教育。在培养大学生公民道德的基础上,还要对他们进行社会主义人道主义教育和以为人民服务为核心、以集体主义为原则、以"五爱"为基本要求的社会主义道德教育,并在大学生先进分子当中提倡大公无私、先人后己的共产主义道德规范。

2. 科学文化素质教育

科学文化素质教育包括科学素质教育和人文素质教育两个方面,这两个方面又是紧密联系、相互渗透、不可分割的。科学文化素质教育的具体内容包括很多方面,从德育的角度来讲,大学生科学文化素质教育的重点在于培养两种精神——科学精神和人文精神。这两种精神是科学文化素质教育的核心。

科学精神激励着人们驱除愚昧、求实创新,不断推动社会的进步。无论是西方近代的文艺复兴,还是我国现代的五四运动,无不显示出科学精神的巨大作用和深刻影响。科学精神由于是在科学活动的过程中形成并发展起来的,因此,科学精神的内涵也随着科学活动的不断推进而不断得到充实和发展。在当代,科学精神有着新的时代内涵。科学精神的内涵很丰富,最基本的要求是求真务实、开拓创新。因此,对大学生科学精神的培养,重在培养以下几种精神。

第一,坚定不移的求真精神。科学研究是一种艰苦的工作,通向未知世界的道路绝对不是平坦大道,这条路上布满了荆棘,只有付出辛勤的汗水,矢志不渝,才会获得成功。

第二,尊重事实的务实精神。科学是老老实实的学问,来不得半点虚假和浮夸。只有尊重事实,从实际出发,以实践作为检验真理的唯一标准,才能正确认识客观世界,揭示事物的客观规律。

第三,勇于批判的怀疑精神。怀疑是一切科学创造活动的真正出发点。哥白尼从怀疑地心说而最终提出日心说,达尔文从怀疑上帝造人说而提出进化论,科学就是在不断怀疑批判前人学说的基础上获得进步和发展的。

第四,勇于开拓的创新精神。创新精神是科学得以创造和发展的精神动力和力量源泉。科学活动是从已知出发去探索未知从而发现和认识世界的,它在本质上是创造性的。提出新问题,解决新问题,得出新成果,是科学工作者的本职,也是衡量他们工作表现、价值大小的尺度。

人文精神不同于物质,它是一种内在的精神,在潜移默化中影响着整个社会的风尚和价值取向。可以说,人文精神是一个民族、一种文化的内在灵魂和生命,它在日常生活中无处不在,无论是在日常生活人们的言行举止中,还是人们的理想信仰,抑或是人们的价值取向、人格模式和审美情趣,这些都无处不散发着人文精神的光辉魅力。各类精神在特定的环境中经过聚焦凝合,经过岁月的积淀和进取精神的交织融合,最终形成了人文精神,它是时代文化精神的核心。当代大学生人文精神培养的基本内容是根据社会发展需要和目前大学生人文素质的现状来确定的,它主要包括独立人格教育、道德理念教育、人生态度教育和终极关怀教育四个方面。

第一,独立人格教育。独立人格是大学生人文精神培育的基础和前提。一个人只有首先在人格上具有独立性和自主性,不盲目地听从别人,有自己的意见和主张,才谈得上具有人文精神。畏畏缩缩、唯唯诺诺、趋炎附势,连人的尊严都丧失了,又怎么能谈得上具有人文精神呢?

第二,道德理念教育。一个人不仅要成为一个独立的人,而且还要成为一个有道德的人。要教育大学生爱人如己,推己及人,设身处地为他人着想;要"先天下之忧而忧,后天下之乐而乐",具有仁民爱物的胸怀;要热爱自然,保护环境,维护生态平衡。

第三,人生态度教育。在对人生的态度上,要教育大学生具有积极乐观的人生态度,自强不息,开拓进取。人的一生不可能是一帆风顺的,逆境和顺境总是交替出现,伴随人的一生。要教育大学生身处顺境时,不得意忘形,要居安思危;身处逆境时,不怨天尤人,要坚韧不拔,百折不挠,勇往直前。

第四,终极关怀教育。人文精神是现实性和超越性的统一。它既是一种现实关怀,体现现世性的精神追求;又是一种终极关怀,体现了人对超越有限、追求无限的一种渴望。

科学精神和人文精神是人类精神家园的两大支柱,二者之间是相互联系、相互渗透、相辅相成的。科学精神和人文精神都源于人们对至真、至善、至美的向往和追求,它们在本质上是一致的。科学精神的培育需要人文精神的辅助和支撑,人文精神的培育离不开科学精神的正确指导。离开人文精神的科学精神并不是真正意义上的科学精神,而离开了科学精神的人文精神也只是一种残缺的人文精神。因此,在高校德育

第二章 当代大学生核心价值观培育的理念与现状研究

中,必须将科学精神教育和人文精神教育有机结合,克服只重视科学精神教育而忽视人文精神教育或者只重视人文精神教育而忽视科学精神教育的错误倾向。

(二)大学生社会主义核心价值观教育中"全面发展"的具体体现

1. 体现在生活目标和价值观念中

社会上的每一个人都有自己的生活目标,这种生活目标不单纯是信念和理想,而是在一定人生观指导下,通过自己的努力争取可以实现的具体目标。通常情况下父母帮助子女选择人生目标时,较多从家庭和个人发展的方向考虑,学校、社会或其他社会组织则着重强调个人发展对社会的利益和社会的需要的满足。

对青年学生灌输生活目标和培养价值观念,帮助其树立先人后己、先公后私的精神,艰苦奋斗地献身社会主义建设,为人民的集体事业而努力工作,是人的社会化的重要内容,也是高校大学生思想道德教育的重要内容。

2. 体现在培养学生对社会角色的适应中

角色是戏剧、电影中的名词,指剧本中的人物。社会学借用这个概念作为研究社会结构的起点。培养学生对社会角色的适应,是大学生社会主义核心价值观教育的重要目标,因为大学生是马上要进入社会的独立个体,他们将会面临角色的转变并适应这一转变的问题。大学教育要帮助学生消除"角色差距",克服"角色冲突",使学生在以后的工作学习中能更快地适应自己的角色,从而更好地完成自己的工作,而全面发展视角下的大学生社会主义核心价值观教育能够帮助大学生更好地适应社会。

3. 体现在树立社会生活规范中

社会规范指人们社会行为的规矩,社会活动的准则。它是在社会互动过程中衍生出来的,对维持社会正常秩序的保障有重要的作用。社会规范是对社会关系的反映,也是社会关系的具体化,是人的社会化的另一个重要内容,体现了人类精神文明的进步状况。

社会规范的教育是社会主义核心价值观教育的重要内容之一。大学生社会主义核心价值观教育的根本目标是教育人、培养人,使当代大学生成为一名德智体全面发展的好学生,在以后走上工作岗位时是一名好员工。如我国开展讲文明、讲礼貌、讲道德、讲卫生、讲秩序及提倡心灵美、行为美、语言美和环境美的"五讲四美"活动,是精神文明建设的需要,是教导社会生活规范的需要,是强化大学生核心价值观教育效果的需要。

第二节 当代大学生核心价值观培育理念的创新

一、大学生核心价值观培育创新的必要性

(一)创新核心价值观培育契合了教育的复杂性

教育是人的教育,人具有社会性,人是复杂的,教育是人社会化、文明化的重要途径。教育发展中的各因素也是复杂的。大学生本身就有与众不同的特征,大学生在现代多元文化思潮的冲击下,价值观也是多元化的。大学生作为人,所具有的主观能动性决定了教育过程不可能永远严格地按照我们事先计划好的某种进程向前推进,也不存在有任何一种理论能够提供一种适用于所有情境下所有人发展的万能教育方法。理论教育工作者要以新情况、新问题为依据,创新核心价值观教育。

(二)教育改革要求教育创新

高等教育需要改革。高等教育自大众化以来,一直在进行着改革,在改革过程中,遇到了不少问题,社会现实的多种状况,使得高等教育改革政策和计划不可能有效地覆盖所有可能的具体情况,因此,教育改革的成功实施离不开教育创新。我国的高等教育改革是面向全社会的。

高等教育改革在面对实际社会过程中千变万化的具体情境,在抽象的和原则的政策指导下事先制订的改革计划,以及以政策和计划为依据对改革过程的监控,往往难以完全适应不同的具体情境,甚至有时会引起激烈的矛盾冲突,这就要求高等教育的创新。

(三)教育创新的价值要求教育进行创新

现代社会对人才的要求越来越高。在全世界范围内正在进行着一场前所未有的教育改革。教育创新的价值已经凸显。创新人才在社会中的价值日益受到重视。各种现代媒介的发展,为教育创新带来了资源优势。现代教育领域的趋势是现代科学体系的交叉融合,对学校教育理念以及相关教育制度也提出挑战。在这样的时代背景下,教育创新的价值是显而易见的。

(四)教育创新是推动教育改革发展的根本动力

人在教育过程中是发挥主观能动性的。实际上,教育过程是一个最需要发挥人的主观能动作用的过程。个体只有亲身参与教育,切身进行实践,才能够找到教育的最佳途径。教育理论只有转化为教育对象的行为,教育才是真正实践。而在教育实践中,教育创新是推动教育改革发展的根本动力。

二、大学生核心价值观培育的理念创新

(一)树立日常教育理念

在传统意义上,大学生社会主义核心价值观教育主要是指课堂教育的显性教育和校园文化的隐性教育。学校教育是传统核心价值观教育的主渠道。对学生价值观的教育培养,光靠课堂上和校园中的教育是远远不够的。为此,高校应树立大学生核心价值观的日常教育理念,加强与家长、社会的沟通,在校园之外对大学生进行核心价值观教育,在日常的点滴生活中对大学生进行核心价值观的教育。

(二)树立协调发展理念

1. 核心价值观培育要坚持体系性与层次性相协调

这主要是针对社会主义核心价值体系的四方面内容来说的。其中，马克思主义指导思想和中国特色社会主义共同理想处于整个体系的中心，决定了社会主义核心价值体系的根本性质和方向，爱国主义为核心的民族精神、改革创新为核心的时代精神和社会主义荣辱观处于体系的重要位置，为社会主义核心价值体系的建设提供重要的思想基础和精神支撑。这四方面的内容在结构上具有层次性，每一个部分都承担着各自不同的角色。社会主义核心价值体系不仅在结构上具有层次性，而且其内部各个要素共同构成了一个有机统一体。中国特色社会主义共同理想是马克思主义的理想信念与中国国情的具体结合；以爱国主义为核心的民族精神是中华民族的优良传统，以改革创新为核心的时代精神则是中华民族精神中适应现代性发展的体现；"八荣八耻"为主要内容的社会主义荣辱观，为全体社会成员指出了思想道德和行为选择中的基本准则，对于良好社会风尚的形成起到了价值导向性的作用。在大学生社会主义核心价值观教育中坚持体系性与层次性相协调的理念，就是既要从整体上把握社会主义核心价值体系四项基本内容的不可分割性，又要有层次地厘清各个组成部分的角色、地位以及它们之间的关系，使大学生能在宏观上确立起两个认识：一是坚持用马克思主义的立场、观点和方法来认识当代中国社会主义建设的实践，二是深刻理解高举中国特色社会主义伟大旗帜对于当代中国的深远意义，并在实践中坚持把弘扬民族精神、时代精神以及树立社会主义荣辱观作为思想和行动的支点，使大学生真正成为新一代的"四有"新人。

2. 核心价值观培育要坚持民族性与全球性相协调

经济全球化对我国的发展是有积极促进作用的。不同国家在进行着资本的互流、信息的传递、人员的交往、文化的交流，在这一价值观中，人们的价值观念和行为取向也在适应着经济全球化的浪潮。我们的发展要敞开国门。虽然全球化的观念深入人心，但是，民族国家仍是目前世界的主要行为体，国家和政府在全球经济和其他领域竞争中的作用不仅没有削弱反而有所加强,各国政府都在努力为自己的企业和国民创造更多的市场机会和生存空间。发达国家与发展中国家的价值理念还是存在很大冲突的。民族性依然是民族国家向前发展的重要精神力量。在价值观教育中坚持民族性与全球性相协调的理念,就是要使大学生认识到民族国家的发展与经济全球化的脚步是共同向前的。社会主义价值观教育协调发展的理念就是要使大学生具有全球眼光,同时对国家有奉献意识,使大学生在树立全球观念的同时更加增强爱国主义精神和对民族国家的责任意识。

3. 核心价值观培育要坚持价值主导与价值多元相协调

一方面,社会主义核心价值观教育要坚持马克思主义的价值主导地位,这对于凝聚社会思想、促进社会和谐与稳定具有重要意义。另一方面,多元化的社会思潮带来了大学生价值观念的多元化。这就产生了大学生价值观与我国社会主导价值观之间既存在着相一致的表现,也存在着相矛盾、相冲突甚至相对抗的一面。在社会主义核心价值体系下,我国社会主导价值观的价值取向上具有整体性,而个体的价值取向具有多元性。我们要做的,就是把这种整体性与多元性联系起来。坚持价值主导与价值多元相协调的理念,要求既重视大学生的主体地位及其个性发展,尊重其多样的价值选择;又要在价值观教育过程中以主导价值观引领多元价值观,把多元的自我价值追求与爱国、创造、奉献、共同社会理想的实现有机结合起来,把社会主导价值的实现作为总体的价值目标,把多元的价值追求作为走向主导价值实现的可操作途径。高校要开拓主导价值观的主渠道,敢于碰撞学生多样的思想观念和价值观念,使价值主导与价值多元相协调。

第三节 当代大学生核心价值观的现状

一、当代大学生群体的时代特点

随着时代的发展和客观环境的不断变革,当代大学生的群体、生理心理、行为趋向等方面均产生了不同程度的变化,体现着深深的时代烙印。时代的发展变化和学生群体特点的更新,给大学生核心价值观教育工作带来前所未有的挑战和机遇。这就要求我们要科学、理性、客观地去研究当代大学生的特点,并针对他们的特点,紧密结合实际,紧扣时代脉搏,积极探索大学生核心价值观教育的新途径、新方法和新模式。

(一)大学生在组成层次方面出现的新特点

从大学生群体的历史发展看,随着我国改革开放的深入发展以及社会主义现代化建设的深入和高等教育的跨越式发展,使得当代大学生在组成层次上出现一些新特点,具体来说主要表现在以下几方面。

1. 学生在数量上增多

自20世纪90年代后期以来,随着我国高等教育招生规模的不断扩大,在校生人数、毛入学率和生师比不断提高,高等教育从过去的精英教育进入大众教育阶段。

2. 学生的成长背景多样化

我国的改革开放不断推进和发展使得经济多样化,多种所有制、多种分配方式、多种利益关系并存,多种组织形式、多种生活方式、多种思想观念、多种社会阶层同在,这就使得学生的成长背景也多样化。

3. 构成成分多样

(1)年龄多样

2001年教育部关于普通高校招生有关规定取消了"未婚、年龄一般不超过25周岁"的限制。随之在大学生群体中出现了"已婚一族",出现了高龄、大龄学生。

(2)类型多样

继续教育、终身教育体系的建立和高校教育功能的拓展,在这种背景下,出现了网络学院、成人教育学院等高等教育新类型,使得高校中大学生群体的构成成分也越来越多样化。

4. 组织形式多样化

高校学生组织形式多样化主要有三方面的原因。

第二章 当代大学生核心价值观培育的理念与现状研究

第一,高校后勤社会化的发展,使得学生不再集中在学校内居住,校内外公寓逐渐成为大学生主要的组织形式。

第二,由于学生个性化的发展以及高校学生管理模式的创新,使得学生在校外自行租房也成为一个事实。

第三,由于招生规模的扩大化,使得高校出现异地校区、教学站点等,这在客观上也促进了学生组织形式的多样化发展。

(二)大学生在生理和心理方面出现的新特点

1. 大学生生理发展方面

人的生理发育速度,发展状况有其自身的阶段性。但是,这种阶段性并不是一成不变的,社会发展状况在很大程度上影响着人的生理发展状况。随着我国经济发展水平的不断提高,大学生的物质生活均能得到较好的满足,他们生理的成熟期已经前移,到了大学阶段,他们普遍已经度过了生理发展的疾风暴雨期,逐步进入了生长稳定期。

2. 大学生心理发展方面

(1)社会心理渐趋成熟

随着大学生各方面的发育成长,他们的社会交往面扩大了,愈来愈重视人际关系,以提高自己在社会关系中的地位。而随着独立性的增强,他们与家庭、同龄人以及教师的关系都发生了变化。

进入大学后,在他们与家庭的关系上,逐渐发生了质的变化。他们渴望独立,父母的榜样已不像童年时期那样绝对地、不加批判地被接受。随着知识、学历层次的提高和年龄的增长,他们在家庭中的独立性地位逐渐提高,行为的自主性越来越大,可以自主地支配自己的时间和朋友选择、交往方式等。

在与同龄人的交往上,其关系是获取信息、经验、友谊的很好形式,大学生希望自己可以像少年时期,有一种集体主义意识,有一种集体归属感。所以在大学中社团众多,各式各样,大学生参加社团活动和入团入党的要求强烈,以期求承担更多的社会义务和社会责任,渴望在一个团体中能体现自己的价值,体现自己在这个团体中的作用。

在大学生与教师的关系上,也发生了显著变化。大学生不再把学习分数看作同龄人之间取得尊重、声望、名誉的途径,而把学习理解为生活的准备。他们把教师看作师长和朋友,对教师的尊敬多于崇敬。师生关系从少儿时的"亲密型"转为"疏远型",把自己看作是有自学能力和自主性的学生。

(2)心理压力大,心理问题增多

当前我国社会的转型期现状造成大学生要承担更多的学习、工作、生活、情感等方面的压力。高校扩招导致就业更加激烈。在理想与现实、自尊与自卑、独立与依赖、交往与闭锁、个人意愿与家庭期望等诸多压力和冲突面前,心理承受力差的学生很容易产生各种心理问题。大学生群体的压力主要来自以下几个方面。

①来自社会的压力

随着高校的扩招,大学生人数的增多,大量农村剩余劳动力涌入城市,城市里大量下岗职工的出现,社会就业岗位数量的相对稳定,大学生就业问题变得更加严峻。大学生毕业后的出路是难上加难。热度不减的公务员、事业单位考试,往往是几千个人挤破头争一个岗位,每一个大学生心理都承受着巨大的压力。一些贫困生在毕业后还要偿还贷款,他们承担着经济上的巨大压力,极易导致心理上的不平衡。

②来自家庭的压力

家庭的社会地位、家庭的经济状况、家庭的教育环境造就了大学时代乃至影响终身的生活方式,会给大学生带来不同的前途命运。千千万万个普通家庭带着知识改变命运的期望把希望寄托于已经上了大学的孩子。可怜天下父母心,为了孩子,家长煞费苦心,省吃俭用,不惜一切代价。所有的家长都希望孩子能够出人头地。这给大学生造成了很大的思想负担和心理压力。还有就是单亲家庭的孩子容易产生心理问题。单亲家庭是由于父母离异、长期分居或有一个早逝形成的不完整家庭。单亲家庭的大学生往往表现出人格发展不完善,敏感、多疑、心理封闭、戒备心强,不能正确评价自己和家庭,情绪低落、情感淡薄、自卑、自尊心下降、行为退缩,不善于交往,人际关系简单。

③来自大学生自身的压力

第一,学习成绩优越感消失。一些大学生在进入大学校园后,曾经高中时代的"尖子生"地位没有了,在"高手如林"的大学里,面对来自五湖四海汇集于此的莘莘学子会突然失去自信,感到自己过去许多突出的地方此时已不是优点。并且,在大学校园里,竞争的内容已经不仅仅局

第二章 当代大学生核心价值观培育的理念与现状研究

限于学习成绩,眼界学识、文体特长、社交能力、组织才干等都成为衡量人才的比较内容。在这种情况下,大学生们很容易产生巨大的心理落差,自信心下降,渐渐感到自卑。

第二,攀比心态盛行。攀比是个体发现自身与参照个体发生偏差时产生负面情绪的心理过程,是罪恶源头之一,导致虚荣心膨胀、自卑感蔓延、精神兴奋直至犯罪,它是大学生中普遍存在的一个不良风气。在当下这个物质欲望横行的社会中,作为大学生的新一代,思想观念、生活质量空前地提升,而大学生作为一群特殊的消费团体应当备受人们、社会的关注。攀比是一种很不好的社会风气,这一现象不但加重了一些家庭的经济负担,造成巨大的浪费,也容易让学生分心,影响学业,养成奢侈攀比的不良习惯,不利于大学生的健康成长。

第三,人际关系压力。良好的人际交往能力和良好的人际关系是大学生走上社会可持续发展的必要条件,大学校园注定了在它的社会中流动着年龄段、智商、情商相对平衡的特殊群体,注定了这些大学生同样也要面临各种复杂的人际关系。

大学生都是来自五湖四海不同的地域,家庭条件的差别,在文化背景、价值观念不尽相同的情况下,同一时间走进同一校园、同一教室、同一宿舍,其为人处世的方式方法各不相同。这些差距导致了大学生人际关系的复杂。

第四,个人情感困惑。恋爱在人的成长中是一个重要的阶段,能否走好这一步对以后的人生经历有着关键的影响。大学生要处理好爱情与学业、友谊之间的关系。

大学校园应提倡友谊交往,男女同学之间互相学习,互相关心帮助,促进班集体相互团结,形成良好班风。男女同学之间的交往,应正确处理爱情与友谊的问题,首先不能认为男女同学之间相互接触只是爱情不是友谊,其他同学不能猜疑、起哄;另外也不要误把友情当爱情,轻率地变友谊为爱情,影响正常交往。

(三)大学生在行为取向方面出现的新特点

青年大学生的行为既具有人类行为的共同特征,又具有鲜明的自身特征。由于青年大学生心理上正处于走向成熟而又不完全成熟的过渡时期,在生活上处于正走向社会而又未正式进入社会的转折时期,他们的行为往往呈现出两重性的特点,具体表现为以下几个特征。

1. 独立性与依赖性

青年大学生人生经历相对顺利,生活压力相对不大,阅历匮乏,随着独立意识和自身能力的增强,他们崇尚独立思考,独立行动,不喜欢他人干涉自己的事情,但青年大学生又具有较强的依赖性,经济上依赖家庭,生活自理能力也有待提高,心理上不够成熟,遇到重大事情难以决断,需要家人和老师的帮助,因此,虽然青年大学生自我意识强烈,行为的独立特征明显,但他们在承担个人责任和社会责任的意识和能力上仍有较大的差距,行为的依赖性同样显著。

2. 理性和多样性

大学生作为受过完全中等教育的青年个体,十分注重个人行为的社会评价,善于对个人行为进行理性分析,他们希望把个人动机与社会要求有机统一,办事力求合情合理,但是,由于青年大学生的需要向着多层次发展,没有一个稳定的动机结构,大学生的情绪两极性比较强,而相对来说其意志力又较弱,使得大学生的行为具有突发性、随机性和多变性的特点,行为变化频率超出正常值。他们的多样性表现为以下几方面。

第一,大学生的兴趣转移快,行为彻底。

第二,他们容易受到周边环境影响,中断行为过程。

第三,大学生的行为方式多样,比较难以预测和把握。

第四,大学生的心理状态不稳定,一旦出现认知偏差,容易出现独来独往、我行我素的不合群行为。

3. 自主性和盲目性

大学生是青年中期,是自我意识发展的关键时期,他们在认识、情感、生理方面发生了深刻变化,把关注的重点更多转向自身,迫切要求形成自己独特的个性特点和理解方式,行为具有高度的自主性和能动性。但由于他们的社会经验相对不足,心理状态相对不稳,在行为目标、方式的选择和行为效果的评价上,缺乏深思熟虑和预测能力,因此,其行为具有一定的盲目性,会出现行为动机与行为效果相脱节的状况,一方面体现为行为自主性强,另一方面又可表现为行为效率低下。

第二章 当代大学生核心价值观培育的理念与现状研究

4. 开拓性和超现实性

大学生知识丰富,思想解放,思维敏捷,且好奇心强,善于接受新事物,不愿墨守成规,喜欢标新立异,在行为表现上敢于冒险,勇于探索,有较强的开拓性。但是,由于他们在自我评价的准确性和社会实践经验的有限性,其行为又往往具有超现实性的特征。具体表现为以下几方面。

第一,大学生的自我评价过高,人生目标设计理想化。

第二,虽然大学生的行为动机高尚,但是其行为能力有限,常常会心有余而力不足。

第三,大学生对社会复杂性认识不足,其行为目的与效果背离。

大学生行为特点的两重性,是我们辩证认识大学生行为特点与规律的出发点。一方面,大学生面对这些矛盾会产生焦虑和苦恼;另一方面,也促进大学生不断寻求方法,调节矛盾,解决问题,以获得矛盾的统一和自身全面的发展。一般来说,抱负越高的人,对自己要求严的人,自我意识的矛盾也越明显,大学生管理者要善于引导大学生,积极发挥能动性,正确处理各种矛盾,促进行为的正反馈。

随着知识经济时代的到来和我国市场经济体制不断完善,当代大学生的行为取向随之发生相应的变化,出现了许多新的特质和禀赋。正确认识教育对象和教育环境,既是加强和改进高校思想政治教育重要而紧迫的任务,也是增强学生工作实效性和针对性的需要。

二、当代大学生对社会主义核心价值观的认同状况

(一)部分大学生的马克思主义信仰产生动摇

"冷战"结束以来,国际形势虽然趋于缓和,但国际敌对势力对中国实施"和平演变"的阴谋从未停止,他们将"西化""分化"的目标锁定在中国,而且西化、分化的形式日益融合。西化中国的手段中暗含了分化中国的阴谋,分化中国的手段中又包含了西化中国的企图,呈现出互为手段、互相利用的状况。《中共中央国务院关于进一步加强和改进大学生思想政治教育的意见》指出:"大学生面临着大量西方文化思潮和价值观

念的冲击,某些腐朽没落的生活方式对大学生的影响不可低估……西方敌对势力通过潜移默化的手段宣传、灌输资产阶级的政治观、价值观、道德观等意识形态都将影响我国大学生的思想。"当代西方的各种主义、各种思潮、各种宗教、各种宣传在中国整个思想文化领域迅速扩展、蔓延。高校是文化的标志,是集合精英生产文化、传播文化的地方。作为思想文化建设的重要场所,作为新知识、新思想、新技术、新价值观的发源地和聚集地,高校历来是意识形态领域比较敏感的地方。当前国内外社会意识形态的多样化倾向不可避免地对大学生的思想产生不利的影响,进而对大学生的思想道德素质、心理素质等形成冲击。少数大学生思想上感到困惑、无所适从,信仰上出现迷茫、危机。大学生的社会意识、集体意识、群体意识大大减弱,社会责任感和集体主义观念开始让位于个人主义、功利主义;虽然大学生富有批判精神,但同时也有盲目反叛的心理,对我国传统文化进行批判,甚至主张全盘西化,搞资本主义,推行私有制,对马克思主义指导思想的信仰发生动摇,对社会主义存在渺茫论、怀疑论、破产论等模糊认识。

(二)当代大学生理想信念的基本状况

大学生要在今后的人生路上坚定对马克思主义的信仰、对社会主义的信念,对改革开放和现代化建设的信心、对党和政府的信任不断增强。总体来说,大学生的理想信念状况呈现以下这些特征。

首先,当代大学生的理想信念总体上呈现出正面发展的态势。大多数大学生能够具有比较坚定的正确的政治立场,他们的理想信念整体呈现出积极健康的特点。

其次,当代大学生的理想信念依然存在一些需要关注的问题。一是部分大学生政治思想观念淡化,理想模糊,信念不够坚定。在回答关于马克思主义是否与当前中国实际问题相契合的问题时,仍有一部分学生认为马克思主义一定程度上与当前中国实际相脱离。这表明仍有部分学生不信仰马克思主义,一部分大学生不是坚定的共产主义者。二是部分大学生理想信念存在着功利化倾向、迷失甚至扭曲的问题。关于人生志向的问题,经常思考的只有很少一部分,而绝大部分学生则认为人生可随遇而安,他们认为现实远重于理想。三是部分学生对社会发展规律存在模糊认识。对人类社会的历史规律(社会主义取代资本主义是否是

第二章 当代大学生核心价值观培育的理念与现状研究

人类社会发展的客观规律)表示认同的只有不到五分之一,而大多数人则并不认同当前的社会发展规律。

(三)当代大学生民族精神与时代精神的基本状况

民族精神和时代精神是中华民族得以生存与发展的力量之源,正是凭借这些强大的精神支撑,中国人民才有不断奋发进取,不断开拓创新的内在力量。要建设社会主义和谐文化,就需要对这些精神进行弘扬,要建设社会主义核心价值体系,就需要对这些精神进行弘扬。不仅如此,要加强当代大学生的价值观教育,就需要不断教育和培育这些民族精神与时代精神。

首先,在民族精神方面,当代大学生应当具有强烈的民族精神。一项有关"大学生对民族精神的理解与看法"的调查显示,民族精神在大学生心目中是比较高尚的自尊心与自豪感,这一精神在国家受辱或是面临一些比较有争议的国际问题时尤为突出。在面对这些形势,或面对这些问题时,他们的民族精神会被大大激发,所以说,在当代社会,面对一些涉及国家主权的国际问题时,中国人民与生俱来的民族精神绝不会受到一些来自国外敌对势力的影响。并且大学生认为近几年海外留学人员回来报效祖国是道德情操非常高尚的选择。

其次,在时代精神方面,当代大学生整体上能够保持积极向上的状态,但是也存在着一些不足。在民主法治意识方面,调查发现大学生具有比社会上普通群众较高的民主法治意识,但是也存在较大的提高空间,很多学生的观念需要从人治向法治转变。在节约意识方面,当代大学生有较高的共识,但是还会碍于面子而大手大脚地消费。在诚信问题上,当代大学生非常看重与人交往过程中的诚信品质,反对极度自私的极端个人主义观念,与此同时大学生还会坚持一些利己的观念。

(四)当代大学生社会主义荣辱观的基本状况

从当前我国大学生教育的道德表现来看,我国大学生非常重视国家和社会的道德观念建设,但是却并不想受到道德规范的制约。在集体观念和团队意识问题上,大多数大学生有为群体利益牺牲的道德意识。他们在潜意识之中却不愿意受到道德规范的约束和影响,认为这是一种压抑个性的手段和空洞无味的说教。

首先,在重视程度上,调查数据显示,当代大学生普遍关心道德建设状况,从学界的相关调查数据来看,大学生普遍认为社会道德水平下降对于整个社会发展具有阻碍作用,对整个民族素质同样有严重的恶劣影响,对人际关系同样也能产生负面作用。关于中华传统民族道德与市场经济关系问题,大多数大学生认为中华民族传统道德对于市场经济具有积极的作用,应大力宣传和提倡。关于为人处事最重要的品质问题,大学生给出的排序是正直、责任、诚实、宽容、礼貌、认真和无私。关于道德修养的问题,大部分大学生选择的是真诚。

其次是和社会规范一致。在道德品质与社会实践一致的问题上,当代大学生认为实践之中体现自己高尚道德品质是对待高尚道德应有的一种态度,但是同时也存在是非、善恶、对错混淆的情况。南京师大的调查显示,当代大学生所认可的助人为乐是在不损害自己利益的情况下。对待特大灾害之时,大学生的回答是尽自己所能帮助受灾群众,而在"见义应不应该勇为"的问题上,约有三分之一的大学生回答是先看事态发展,再决定是否出手,还有三分之一大学生的回答则是"尽量回避,少惹麻烦",只有约百分之十左右的大学生回答"挺身而出坚决制止"。

三、当代大学生核心价值观教育的经验与启示

(一)始终坚持大学生核心价值观教育的政治方向

自改革开放以来,大学生核心价值观教育紧紧把握政治需要,并以此为教育方向。十一届三中全会后,高校的思想政治工作逐步恢复到正常轨道。20世纪80年代以来,在进行经济政治体制改革的同时,我党也加紧了大学生的思想政治教育工作,并进行了几次调整。当时在青年学生中出现了崇拜西方文化、渴望西方式民主的倾向,在这种情况下,四项基本原则被提出,以指引中国发展方向,以规范、引领人民的思想动向。20世纪90年代,随着社会主义市场经济体制的确立,经济飞速发展,人们也充分认识到了社会主义的优越性,肯定并充分认识社会主义价值观,一些人开始以传统文化、民主意识、平民思想审时度势,注重从集体、社会角度反思个人需要、个人发展。大学生群体秉持着"集体和社

第二章　当代大学生核心价值观培育的理念与现状研究

会利益为主兼顾个人利益"取向,同时出现了价值观念多元化的趋向,有的学生甚至出现了"价值虚无、无所适从"的状况。面对这种情况,中共中央发布了《中共中央、国务院关于进一步加强和改进大学生思想政治教育的意见》,对大学生思想政治教育工作提出了更高的要求。意见强调加强和改进大学生思想政治教育是一项重大而紧迫的战略任务,进一步明确了思想政治教育的指导思想及基本原则,要求各级教育主管部门和高等院校要深入进行理想信念教育。这次会议的召开为新时期高等学校加强大学生核心价值观教育指明了正确方向。中共十八大报告明确提出"三个倡导",即"倡导富强、民主、文明、和谐,倡导自由、平等、公正、法治,倡导爱国、敬业、诚信、友善,积极培育社会主义核心价值观"。这个概括,实际上回答了我们要建设什么样的国家、建设什么样的社会、培育什么样的公民的重大问题。

教育以文化传递和价值导向为重要任务,以促进个体和社会共同发展为目的。我国高校的社会主义核心价值观教育所传递的文化必然是反映社会主义的文化,所导向的价值观必然是社会核心价值观所倡导的。在大学生核心价值观教育中,必须以坚定正确的政治方向为导向,强调大学生核心价值观教育中政治价值观的教育性。这种重要性在社会重大变革和转型时期更为突显。政治价值观在一个人的价值观系统中起统帅和保证作用。

(二)始终坚持以人为本的教育理念

大学生核心价值观教育须遵循大学生身心发展的规律,因此在实践和操作层面上要坚持与时俱进,不能走形式主义。一是坚持研究大学生核心价值观教育的内在规律,从实践层面上更有效地把教育内容、形式、目标结合起来;二是时刻保持警醒,防止个别利益团体为达到个人或团体的目的,把价值观教育沦为实现其目的的手段。

大学生核心价值观教育的目标主要表现在两个方面,从社会的角度看,是为了把大学生培养成符合社会要求的能为社会做出贡献的人,从个人角度来看,是为了帮助他们确立正确的人生观、价值观,使其健康成长。在大学生价值观培养过程中,要尊重个体发展的差异,使其对主导价值观认同的同时也会形成个体性的价值观。在这一方面,传统价值观教育还是有所欠缺的。改革开放以来,特别是社会主义市场经济体制改革以来,社会思想领域出现了多种价值观并存的局面,而在传统价值观教育中,往往只单纯地用主导价值观来教导大学生,而忽略了其他多种价值观对大学生的冲击和影响。我们在大学生中培育和践行社会主义核心价值观,是为了引导他们怎么去看待多种非马克思主义的价值观。因此,我们的教育理念应该从过去的老师讲授为主转化为师生之间对话交流的方式。

如果缺乏师生对话的价值观教育或者是一味使用灌输式的教育,就激发不起大学生们的学习兴趣。乏味的教育方法和单一的途径,阻碍了大学生的个体性、自主性、独立性的发展,与他们的实际生活脱节,更无助于他们的价值观培育,这就必然引起大学生的反感,使他们怀疑和抵触真正有意义的教育内容和形式,甚至对整个教育活动产生怀疑和远离。20岁左右的青年,正处于价值观形成的关键时期,也正是社会对其进行价值观教育的最佳时期。根据大学生价值观形成的规律,知与行是一对主要矛盾,大学生的价值认识、价值观念以及价值行为,也表现为知、情、意、行相关联的过程。学校通过价值观的知识和理论教育,主要能够实现学生对价值观知识、道理的认知,而真正要形成稳固的价值观念及正确的价值实践,还要经过一般意义上的价值情感的升华、价值意志的坚定,而后才是自觉的正确的价值行为。从对价值知识、理论的认知,到大学生自觉践行正确的价值行为,中间"情感"和"意志"阶段的过渡及实现,主要依凭实践过程。反复的价值实践和确认,才能形成稳定的价值观念,才会把正确的价值行为变为自觉。依据马克思主义的认识论和实践论,人们对客观世界的认识,无不来源于人们改造客观世界的实践过程,实践是认识的根本来源也是检验认识正确与否的唯一标准。因此,实践活动是大学生建立社会主义核心价值观的基本途径之一。在实践中,大学生们受教育、长见识、增才干,改造客观世界的同时,也改造了主观世界。大学生是接受价值观教育的主体,也是社会实践活动的主体。他们具有自主性、能动性、创造性。在社会实践过程中,学生能够体会到自我价值实现的成就感,从而进一步加强对社会主义核心价值观的认同和心理认知。因此,在大学生核心价值观教育过程中,要把发挥大学生主体性同加强对实践活动的指导有机结合起来。大学生核心价值观教育要遵循教育规律,发挥大学生的主体性,就是要把他们放到实践主体的位置,尊重他们的主体意识,发挥他们的能动性。同时发挥大学生主体作用,并不是撇开教育主体的指导,不能出现教育者缺位。离开

第二章　当代大学生核心价值观培育的理念与现状研究

教育者引导和评价的实践活动,大学生价值观实践教育的效果就会减弱,甚至还会出现相反结果。

在当今社会各种思潮涌动、价值冲突剧烈的情形下,大学生核心价值观教育的一个重要任务是培养他们对各种思潮和价值观的分析和辨别能力以及从中择善而从的能力。因而在实践和操作层面上需要与时俱进,需要坚持创新。关于价值观教育的方法和途径,我国学者刘济良在谈到国内价值观教育经验时,将国内使用的主要价值观教育方法概括为:说服教育法、榜样示范法、实际锻炼法、陶冶教育法、自我修养法、两难故事法、角色扮演法、价值澄清法和社会行动法。石海兵还加入了网络教育法。我国学者薛海鸣曾将新时期大学生核心价值观培育的基本途径归纳为:高校思想政治教育理论课、高校校园文化建设、大学生的心理素质、大学生的党团活动、大学生的社会实践、大学生的网络思想政治教育。

(三)始终坚持大学生核心价值观教育系统化

大学生核心价值观教育是一项系统工程,在实践和操作层面上都需要进一步完善和改进。我国以往的大学生核心价值观教育,涵盖在德育和思想政治教育中,因此在今后的研究活动中,还需要对教育内容、教育目标,实施的途径、方法进行改进和建设,使之更加完善和具有实效性。当代大学生核心价值观教育是一个现实意义极强的教育活动实践领域,需要家庭、学校和社会等的相互配合,需要综合、凝聚各个方面的力量来促使大学生的价值观朝教育者所期望的方向发展。可以说,大学生核心价值观教育具有系统性、复杂性、艰巨性,但现实中这种系统性表现得并不明显,综合力量的作用也没有得到很好发挥。同时,大学生核心价值观教育还需要科学的评价体系,这样可以起到激励、导向和调控作用。在大学生核心价值观教育的评价工作中,首先要明确评价目标,这样才能更好地制定评价方案,推进评价的进行;其次,要制定全面、科学、合理的评价标准,这一标准要能够得到广泛的认同;同时要制定周详的评价方案,评价方案要具备可操作性,不能规定过死,要有备选方案;组织实施评价环节中,要尽量运用技术手段,提高评价的科学性,减少评价的误差;总结评价成果时,要尽量做到客观公正、实事求是。

由于价值观教育本身具有的政治性、综合性、复杂性等特点,这无形中也增加了教育评价的难度。过去简单封闭的评价方式导致大学生重理论轻实践,造成知行不统一,不能促使大学生自觉调整价值观念来趋近于教育所倡导的价值观,所以,当前要加大大学生核心价值观教育的系统化建设。

第三章 当代大学生核心价值观培育的理论指导与原则研究

培育和践行社会主义核心价值观,贵在知行统一,而知是前提、是基础。我们做任何事情,先要做到"知",这是行动的前提。社会主义核心价值观要得到切实贯彻,也须从"知"入手,以形成最大限度的思想自觉。因此,本章主要对大学生核心价值观培育的理论指导和原则进行分析。

第一节 大学生核心价值观培育的理论指导研究

一、以马克思主义基本理论为指导思想

(一)毛泽东思想"为人民服务"

毛泽东思想是马克思主义理论在中国的创造性运用和发展,是经过实践证明的关于中国革命和建设的正确理论原则和经验总结,是我们党集体智慧的结晶。其中,毛泽东社会主义核心价值观的主要内容有以下几个方面。

1. 仁爱的道德观

道德是一种十分复杂的社会现象,渗透到社会生活的方方面面,对人们的社会生活起着积极的能动作用。道德随着社会生产力的发展和

人类历史文化的进步而不断前进。在现代中国,它是我们现代化建设的思想保证和精神支撑,道德是我们社会主义精神文明建设的重要部分,对于社会主义的发展方向起着重要作用。而毛泽东早期的道德观对我们社会主义文化建设起着重要的启蒙作用。

毛泽东对道德基本问题的论述首先是从"人性"出发的。人性问题历来是道德问题研究的重点。青年的毛泽东开始时由于受到了老师杨昌济的影响,起初接受的是唯心主义观点,但是在他初步接触了马克思主义学说之后,对自己以前的唯心主义人性论进行深刻的反思,在此基础之上阐明并发展了自己的马克思主义人性论,并将其作为自己的道德思想。

在毛泽东看来,人性归根结底是由人的社会性决定的,是具体的而不是抽象的人性。在阶级社会,人性也是由阶级所决定的,只有阶级的人性,没有超阶级的人性。他指出,抽象的人性论,实质上是封建阶级、资产阶级的人性论,而无产阶级的人性论是人民大众的人性论,是具体的人性论。无产阶级人性就是为人民大众的解放和幸福而奋斗,而不能抽象讲为了一切人性。当然,无产阶级人性包括解放个性,这对于解放中国,使革命取得成功至关重要。民族压迫和封建压迫残酷地束缚着中国人民的个性发展,新民主主义革命的任务就是解除压迫在人民身上的束缚,保障广大人民能够发挥个性。

毛泽东正是从马克思主义的具体的、阶级的、无产阶级的人性论出发,阐述了道德意义上的生死、善恶、动机、效果、五爱等内容。在对待生死方面,他认为为无产阶级革命、人民的幸福而死就是有意义的,就死得其所;反之,就死得没有意义,甚至会遗臭万年。他在《为人民服务》这篇文章中就深刻阐释了这个观点。在这篇经典的文献中,充分体现了马克思主义的生死观;在对待善恶方面,毛泽东早在青年时期就提出过善恶相对是有条件的、是能够随环境发生改变的观点。这就使得他之后能够很容易接受马克思主义善恶观。

毛泽东在接受马克思主义之后,用历史唯物主义的观点重新阐释了善恶观念的阶级性和相对性。他认为"不同阶级有不同的道德观,这就是我们的善恶论",他在读《西游记》第二十八回时的批语也反映了马克思主义的善恶观:"'千日行善,善犹不足;一日行恶,恶常有余。'乡愿思想也。孙悟空的思想与此相反,他是不信这些的。""他的行善即是除恶。

第三章　当代大学生核心价值观培育的理论指导与原则研究

他的除恶即是行善。"①这些话语生动地反映了毛泽东对孙悟空的善恶思想甚至无产阶级善恶思想的表述,对于无产阶级和革命者而言,行善必须除恶,除恶是行善的前提,只有铲除资产阶级、封建阶级及其残余,才能为广大人民的行善创造条件,才能建立新中国,建立符合广大人民意愿的国家。

2. 以平等为核心的正义观

正义是人类社会的永恒追求。毛泽东认为实现民族国家独立是建立正义的社会制度的必要前提,在为建立社会主义创造必要前提的新民主主义革命年代,毛泽东经常用"正义"一词区分战争的性质。他坚信中国人民一定能够取得胜利。其后他认为美帝国主义和一切反动派都是纸老虎,中华人民共和国成立后,毛泽东坚决支持世界被压迫民族的解放运动和各国人民的革命战争。他在《中国共产党第八次全国代表大会开幕词》中指出:"亚洲、非洲和拉丁美洲各国的民族独立解放运动,以及世界上一切国家的和平运动和正义斗争,我们都必须给以积极的支持。"毛泽东的正义观是内蕴于平等这个核心的,平等也是相对于特权来讲的。毛泽东一生最痛恨特权。他对新民主主义革命的理解是与反特权及反特权阶层紧密联系在一起的。社会主义制度建立后,他对维护自身既得利益的官僚主义特权现象深恶痛绝,时刻把对于人民群众而言的平等价值置于首要位置。毛泽东视域中的平等内涵是丰富的,主要体现在政治平等、经济平等、文化平等、社会平等(社会身份平等,男女平等,教育、卫生等理念和资源分配的平等)等方面。

3. 以"为人民服务"为核心的人民利益至上观

以毛泽东为代表的中国共产党人尊奉人民群众为"上帝",认为人民群众是社会物质财富和精神财富的创造者。毛泽东还通过对中国历史上历次农民起义的原因发展和结局的研究分析,得出了人民群众是历史发展真正动力的结论。因此,以毛泽东为代表的中国共产党人公开打出了"全心全意为人民服务"的旗帜,"以中国最广大人民的最大利益为出发点"。

---

① 毛泽东.毛泽东读文史古籍批语集[M].北京:中央文献出版社,1993:75.

(二)邓小平理论对社会主义核心价值观的独特贡献

作为中国改革开放的引路人和中国特色社会主义事业的总设计师,邓小平同志在中国精神文明建设的过程中发挥着十分重要的作用。其中有关社会主义核心价值观的重要思想越来越具有时代意义,主要体现在以下几个方面。

1. 强调物质价值,追求国家富强

马克思主义唯物史观认为,社会存在决定社会意识,物质生产是社会生存与发展的第一个前提和基础,物质生活决定整个社会生活、政治生活和精神生活。如果没有物质生产资料和物质生活资料,人类就谈不上生存与发展。邓小平同志从唯物史观的立场出发,提出要强调物质价值,他认为,一个国家领导者的业绩主要体现在他是否能够带领这个国家提高社会生产力,带领人民过上富裕的生活。没有生产力的发展,就没有人民物质文化生活的改善,更加没有国家领导者的坚固地位。

2. 强调精神价值,追求社会和谐发展

一个国家的繁荣与富强,除了为人民创造丰富的物质产品和经济基础之外,还应该为人民提供丰富多彩的文化产品,满足人民精神上的追求和享受。自改革开放以来,邓小平就十分注重精神产品的创造,为营造和谐有序的社会环境提供理念信仰支撑和道德基石。

首先,邓小平强调道德的重要作用。道德作为调节人与人、人与社会、人与自然之间关系的行为准则,关系着社会风气的改善,关系着社会主义市场经济的有序运行,关系着社会主义社会的精神文明建设。正是由于有这样的精神,共产党才获得了人民的支持和帮助。

其次,邓小平强调理想信念对社会和个人价值观的重要作用。理想信念是人们的精神支柱,远大的理想信念能够激发广大人民的工作、学习、生活热情,能够鼓舞人们的斗志。此外,邓小平还看到了理想信念具有强大的凝聚作用,"根据我长期从事政治和军事活动的经验,我认为,最重要的是人的团结,要团结就要有共同的理想和坚定的信念。我们过去几十年艰苦奋斗,就是靠用坚定的信念把人民团结起来,为人民自己

第三章　当代大学生核心价值观培育的理论指导与原则研究

的利益而奋斗。没有这样的信念,就没有凝聚力。"①

3. 强调人的价值,追求个人的幸福

共性需要具体化为个性,普遍需要表现为个别。同样,社会主义核心价值观不仅从国家社会的层面提出了价值目标,在公民层面也提出了要求。国家需要富强,社会需要和谐,人民更加需要幸福。如果缺少了全体公民道德素质的提升,那么国家富强、民族振兴、人民幸福的中国梦便是空中楼阁。邓小平在公民层面的个人价值的认识上提出了自己的看法。

在谈及个人利益与集体利益时,邓小平就说:"在社会主义制度之下,归根结底,个人利益和集体利益是统一的,局部利益和整体利益是统一的,暂时利益和长远利益是统一的。"②在谈及社会收入分配时,他强调我们必须重视个人利益,而不能否定个人利益,务必承认个人的价值。在处理集体和个人利益时,强调我们的国家、集体必须重视每个社会成员的价值,要以人民的幸福为价值旨归。他深刻地指出了实现个人价值的根本途径,我们必须不断地提升和发展生产力,才能提高国民收入,增强人民的幸福感。诚然,在追求生产力的过程中,难免会遇到各种各样的矛盾,影响个人价值的实现,例如先富与共富的关系问题。他提到允许一部分地区一部分工人农民通过自己的努力先富裕起来,然后带动其他地区和人民的共同富裕。总而言之,不论是先富还是共富,最终追求的是每个人的富裕和幸福。另外,在实现个人价值,追求个人幸福的同时,他还强调,不能忘记国家和集体。

在社会生产生活中,个人的主体地位我们无法否定,人民是这个国家的主人,人民的评价和需求具有不可动摇的地位。无论是社会收入的分配,还是一系列的社会治理措施,我们都必须倾听人民这个主体的诉求,要努力为人民实现个人价值创造条件,让他们有权利、有平台追求个人的幸福。

---

① 邓小平. 邓小平文选(第3卷)[M]. 北京:人民出版社,1993:190.
② 邓小平. 邓小平文选(第2卷)[M]. 北京:人民出版社,1994:175.

(三)历史新时期的社会主义核心价值观建设

1. 科学发展观是建设社会主义核心价值观的现实必要

党的十八大报告,从全面建成小康社会的宏伟目标出发,再次提出扎实推进社会主义文化强国建设的历史任务,强调"全面建成小康社会,实现中华民族伟大复兴,必须推动社会主义文化大发展大繁荣,兴起社会主义文化建设新高潮,提高国家文化软实力,发挥文化引领风尚、教育人民、服务社会、推动发展的作用"。而文化建设的首要任务,是加强社会主义核心价值体系建设。报告还从加强马克思主义指导思想地位、加强理想信念教育、大力弘扬民族精神和时代精神、积极培育社会主义核心价值观四个方面作出具体阐述。其中关于社会主义核心价值观,报告的表述为"倡导富强、民主、文明、和谐,倡导自由、平等、公正、法治,倡导爱国、敬业、诚信、友善,积极培育和践行社会主义核心价值观"。从中可以看出,社会主义核心价值观是扩大我国主流价值观的影响力,增强我国文化软实力的重要途径,是完善和提高国家治理体系和治理能力的重要内容,同样是丰富人民精神境界的重要方面。所以,培育和践行社会主义核心价值观离不开科学发展观的指导和引领。

科学发展观首先要求坚持以人为本。以人为本不仅是科学发展观的核心,也是社会主义的价值本质,是社会主义区别于其他任何社会的根本标志。脱离"以人为本"去建设社会主义现代化,社会主义现代化会走入误区;脱离"以人为本"去构建社会主义核心价值观,就会被资产阶级所提倡的价值口号所迷惑。

科学发展观要求全面的发展。科学发展观的第一要义是发展,核心是以人为本,基本要求是全面协调可持续,根本方法是统筹兼顾。以人为本,要求我们在社会主义现代化建设的过程中,要始终把实现好、维护好、发展好最广大人民的根本利益作为党和国家一切工作的出发点和落脚点,尊重人民的主体地位,发挥人民的首创精神,保障人民的各项权益,走共同富裕道路,促进人的全面发展,做到发展为了人民、发展依靠人民、发展成果由人民共享。

科学发展观要求协调发展。所谓的协调发展,就是指不同部分地区行业保持发展规模、发展速度等方面的比例适当、结构合理,能够相互促

第三章 当代大学生核心价值观培育的理论指导与原则研究

进、共同发展,协调发展要求我们做到五个统筹,促进生产力与生产关系、经济基础和上层建筑相协调,推进城乡同步发展。这种协调发展的要求内在地包含了社会主义核心价值观所追求的社会最高价值:和谐、公平、民主、法治等。

此外,科学发展观还要求可持续发展,这是科学发展观的本质要求。可持续发展就是要求我们在发展的同时,要做到人与自然的和谐发展,实现经济飞跃与人口、资源、环境的相互协调,要求我们的经济发展道路必须沿着高科技、少污染、低消耗的路线行走。科学发展观遵循着代际关系的原则,为我们践行和培育社会主义核心价值观提供了可资参考的历史视域。

2. 中国梦引导社会主义核心价值观的建设

党的十八大召开后,习近平总书记就提出把"中国梦"作为重要的执政指导思想和执政理念。此外习总书记还在《顺应时代前进潮流 促进世界和平发展——在莫斯科国际关系学院的演讲》中道出了中国梦的基本内涵:"实现中华民族伟大复兴,是近代以来中国人民最伟大的梦想,我们称之为'中国梦',基本内涵是实现国家富强、民族振兴、人民幸福。"无疑,国家富强、民族振兴、人民幸福和社会主义核心价值观所倡导的价值取向具有高度的一致性,社会主义核心价值观从国家、社会、个人三个层面提出了要求,正是我们实现中国梦的价值导向和价值引领。中国梦承载着厚重的价值意蕴,社会主义核心价值观涵括的价值追求描绘出伟大梦想的总体风貌。借以"三个倡导"为主要内容和重要依托,社会主义核心价值观的价值取向更为鲜明,实现中国梦的价值目标更为凸显。发轫于此,两者的价值追求与实践选择在新的高度实现了统一。

中国梦是国家富强之梦,需要从国家层面和战略高度提供与之相适应的价值理念作为支撑。社会主义核心价值观大力倡导"富强、民主、文明、和谐",能够在新的历史起点上,深入贯彻党在社会主义初级阶段的基本理论、基本路线、基本纲领,能够清晰描绘当代中国未来发展轨迹。这不仅是坚持和发展中国特色社会主义的内在要求,也是国家层面的价值目标与国家富强之梦的内在统一,充分反映出社会主义核心价值观与实现中国梦的深度融合。

中国梦是民族振兴之梦,需要塑造全社会共同价值追求与之相衔接并形成整体价值目标。社会主义核心价值观大力倡导"自由、平等、公正、法治",着力于持久推动社会主义和谐社会建设,明确政策制度、法律法规、社会治理的基本要求,形成人们日常生产生活的基本遵循,充分激活社会发展的内生动力,增强人们的认同感和归属感,积聚实现中华民族伟大复兴的源源动力。用"自由、平等、公正、法治"来充实民族振兴之梦,既是社会主义核心价值观融入社会生活的集中体现,也是以中国梦推动民族振兴和社会发展的真实写照。

中国梦是人民幸福之梦,需要确立公民道德价值与之相匹配并完善社会基本道德准则。社会主义核心价值观大力倡导"爱国、敬业、诚信、友善",致力于推进社会主义道德评价体系建设,完善社会公德、职业道德、家庭美德、个人品德的基本内容,树立道德底线意识和道德行为标杆,明确个人层面的价值准则,释放公民道德建设正能量,从而构建起实现中国梦的精神领地。用"爱国、敬业、诚信、友善"来打开人民幸福之梦,不仅追寻着中华民族世代相传的崇高道德境界,而且促进了中国梦与建设社会主义精神家园的有机融合。

二、以中华传统文化为文化根基

(一)传统文化的内涵

中国传统文化就是指中华民族在进入现代社会以前的长期历史发展中形成为传统的文化,对人们的思想行为起着规范作用的观念、价值和知识体系,是在中国历史上具有一定稳定结构的共同精神、心理状态、思维方式、价值取向。文化和传统两者是紧密相连,不可分割的,离开了文化就不知道从何处去寻找传统;没有传统,也就不能形成特有的民族文化,在这里主要讲的是过去的文化,也就是传统文化,即为历代存在过的种种物质的、制度的和精神的文化实体和文化意识。一个民族的生活习俗、文章诗赋、传统观念等,这也就是通常所说的文化遗产。文化的时代性和民族性在传统文化身上得到了明显的体现,各个不同的时代、各个不同的民族形成了自己特有的传统文化。

第三章　当代大学生核心价值观培育的理论指导与原则研究

(二)中国传统文化的鲜明特色

1. 务实性

中国自古以来是农业大国,亿万从事农业生产的农民构成中国社会的国民主体。农民长期的"一分耕耘一分收获"的农耕实践影响到国民性格的形成,养成了脚踏实地的求是务实精神。孔子主张"学而时习之","每事问","知之为知之,不知为不知",这是求是务实精神在学习方法和学习态度上的反映。老子认为"知人者智,自知者明",庄子主张"析万物之理",这是道家对人对事的求是务实精神的具体反映。中国传统史学坚持"不为亲者讳,不为尊者讳",不畏权势、秉笔直书的传统,也是中国传统文化求是务实精神的体现。中国古典文学中一以贯之的现实主义传统,也与中国人立足现实、求是务实的精神密不可分。可见,求是务实精神在民族性格心理中已打下了深深的烙印。中国人的性格朴实无华,立身行事讲究脚踏实地、循序渐进,鄙视华而不实的作风,这种实事求是的精神是中国传统文化精神和中华民族素质中优秀的一面,曾引导中国人在世界古代文明中创造了辉煌的农业文明和世界上最辉煌的中古文化。但是也必须看到,在这种求是务实精神中,也包含着某些消极的因素:传统文化中求是务实精神的经济基础是小农经济的简单再生产,它往往以经验主义为基础,偏重实惠和眼前功利,忽略精密严谨的思维,这种"实用—经验理性",使中国人不太注重纯科学性的玄思,扼制了中国人对自然奥秘的好奇心和对自然科学的研究愿望。中国传统文化求是务实精神的短视特点和思维的偏向,是小农经济局限性的必然反映和结果,是造成近代中国科技文化落后的主要原因之一。

2. 伦理性

伦理道德是中国文化的精髓与根本,也是中华传统文化优于其他各国文化的地方。伦理道德是指人们在社会生活中的行为规范,它在调解人与人之间的关系、实现人的价值方面具有极其重要的作用。人类社会要和谐,各民族要和睦相处,无一不需要道德的力量来支持。中华传统文化关于道德的论述涵盖了人类生活的方方面面,全面而透彻。从中国哲学的"天命无常,唯德是辅"和中国古代史学的"寓褒贬,别善恶",到中国古代文学的"文以载道"和中国古代教育的"教之道,德为先",中华传统文化处处闪耀着伦理道德思想的光芒。

崇尚伦理道德是中国封建社会调和人际关系的准则,更是维系整个社会大厦的精神支柱,以人为本的伦理道德受到历朝统治者大力倡导,也得到民众的重视。伦理道德在中国威力强大和影响深远,是其他民族文化所不能比拟的。如果说欧洲长期以来曾是神学统治天下,那中国则是伦理道德主宰天下。伦理道德渗透于整个中国社会方方面面。中国文化的伦理道德正是为适应家国一体的宗法社会需要而形成。宗法制社会结构以血缘为宗法组织的基石,家族或宗族的存在与巩固,离不开以血缘关系为纽带的长幼尊卑秩序。传统伦理道德的一个重要功能就是维护这种尊卑秩序,以家庭为本位的宗法集体主义文化使家族走向国家,以血缘纽带维系奴隶制度或封建制度,形成一种"家国同构""家国一体"的体制格局。

关于道德修养,中国文化强调"厚德载物",即以宽厚之德包容万物。中国文化是对道德问题阐述最全面、最透彻的人类文化,其思想涉及人类道德的方方面面。倡导博爱精神。从孔子的"人不独亲其亲,不独子其子,使老有所终,壮有所用,幼有所长,鳏寡孤独废疾者皆有所养",到孟子的"老吾老,以及人之老;幼吾幼,以及人之幼",都是这一思想的体现。倡导"节欲""制欲",克制自己的欲望。关于人的物欲与情欲,古代先哲们有比较多、比较深透的论述。孔子说:"富与贵,是人之所欲也","贫与贱,是人之所恶也"。荀子认为,人性"生而好利",因为好利而不可避免地要争斗,"争则乱,乱则穷"。这就需要节欲,无欲则刚。孔子提倡的安贫乐道就是典型的"节欲"思想。

关于为人处世,中国文化论述得很深透。首先,强调人与人之间要相互关爱,即孔子所说的"仁者爱人"。在孔子看来,"人而不仁,如礼何?人而不仁,如乐何?"其次,强调换位思考,倡导设身处地替别人着想。孔子说:"己所不欲,勿施于人","己欲立而立人,己欲达而达人"。一个人如果能够做到推己及人,将心比心,就会爱己及人。"仁者爱人"是社会稳定、人际和谐的道德基础,而换位思考是实现"仁者爱人"的催化剂。

伦理道德思想是中国文化的核心与精髓,因此,人们常常以"仁、义、礼、智、信"作为中国文化的代名词。所谓"仁",就是以慈善之心对待他人。其核心就是关爱、呵护与尊重。唐太宗仁德布于四海,就是对仁的最好阐释。所谓"义",主要是指人的行为要合乎道义。古人讲"舍生取

第三章 当代大学生核心价值观培育的理论指导与原则研究

义",是指为了道义可以献出生命。如关羽的"义薄云天"就是义的最好解释。所谓"礼",是指对别人的尊重,以及人的行为准则和规范。所谓"智",是指通晓天地之道、深明人世之理的才能,也就是知。所谓"信",是指人的言论应当是诚实的、真实的、不虚伪。这五个方面是对人在德才方面的基本要求。总起来讲,中国文化关于伦理道德的论述十分系统和完备,其中尤以"仁、义、礼、智、信"五种最基本的道德规范影响最为深远,备受世界各国道德学家所推崇。

3. 人文性

中华传统文化的人文性,是中华传统文化绵延数千年而依然充满活力的重要因素。中华传统文化主要以思考人自身的存在为出发点,以人为中心,天地人合而为一。可以说,人文性的特征造就了中华传统文化。相对于世界上其他民族来说,中华民族是摆脱神学束缚最早的民族。因此,中华文化闪耀着熠熠生辉的人文精神。

中华传统文化的人文性表现在强调人与自然和谐相处的"天人合一"观念。自古以来,中国都是以农为本、"靠天吃饭"。人以土为本,以水为命,顺天时,因地利,靠人和,这是中国农业文化的特点。人与自然的和谐相处,是人类文明顺利发展的基石。强调人与自然和谐相处的"天人合一"思想,是中华文明的精髓。这种思想既是中国传统文化的基本精神,也是中国古典哲学的核心。它在中华文明的起源、形成和发展过程中具有重要意义。

其次表现为重人生、轻鬼神的思想。同世界上任何一个民族一样,在中国远古时期,也产生过原始的宗教以及对天命鬼神的崇拜。但在殷周之际,中国人的宗教观念产生了重要变化,这就是从西周开始的疑"天"思潮以及"敬德保民"的思想观念。周统治者通过对殷王朝灭亡的经验教训的总结看到,"民心"比"天命"重要,而要得到"民心",就要施行"德政"。因此,他们提出了"敬德保民"的思想。可见,周人对天人关系,不再像殷人那样完全听命于天,而是在天神思想笼罩下,尽人事以待天命。而到春秋时期,子产就说过:"天道远,人道迩。"孔子曾教导他的弟子说:"敬鬼神而远之,可谓知矣。"又说"未知生,焉知死","未能事人,焉能事鬼"。所以孔子自己"不语怪、力、乱、神"。这些都体现出这位儒家圣人的非宗教倾向。

中国文化一贯注重现世的人生,真实生命的价值。人一直居于核心地位,而神的地位不能与人相比。这种重现世人生,排斥、轻视鬼神的思想,促进了中国文化的发展。

(三)传统文化与社会主义核心价值观的关系

中华文明绵延数千年,具有独特的价值体系。我们提倡和弘扬社会主义核心价值观,必须从中汲取丰富营养,否则就不会有生命力和影响力。总体来看,中华优秀传统文化与社会主义核心价值观一脉相通,即它为社会主义核心价值观的建设提供来自传统的价值力量。

1. 中华传统文化为人们提供精神慰藉

一个民族如果没有共同的价值期待和精神归依的处所,它的人民就会陷于精神流浪的窘境。它或者被其他民族所同化,或者很快就淹没在历史的长河中,变成一堆瓦砾、一片荒冢。民族文化正像人的家园一样,是生于斯、长于斯的人共同的守护,为他们提供安宁、温暖和慰藉。

精神文明建设最主要的任务就是为社会公民营造一个可以信赖的精神家园,在其中,人们可以相互托付。中华传统文化非常重视这个精神的守护,它有着所有人都可以追求的精神境界和道德理想。同时,精神文明建设的本意中就有要求,要"继承发扬优良传统而又充分体现时代精神、立足本国而又面向世界的精神文明建设"。中华文化血脉中那种高远、精妙的精神内容,那种从理性自觉做起而达至人生最高处的精神追求,都是我们建设精神家园的丰富滋养。

2. 中华传统文化激励中国人民更好地坚持中国特色和中国道路

今天的中国是历史的中国的延续和发展。讲清楚每个国家和民族的历史传统、文化积淀、基本国情不同,其发展道路必然有着自己的特色;讲清楚中华文化积淀着中华民族最深沉的精神追求是中华民族生生不息、发展壮大的丰厚滋养;讲清楚中华优秀传统文化是中华民族的突出优势,是我们最深厚的文化软实力;讲清楚中国特色社会主义植根于中华文化沃土、反映中国人民的意愿、适应中国和时代发展进步要求,有着深厚历史渊源和广泛现实基础。

第三章 当代大学生核心价值观培育的理论指导与原则研究

3. 中华传统文化有助于推动软实力建设

文化软实力,是一个国家综合国力的重要内容。国家的富强、民族的兴盛,不是仅仅在经济数字上的优势,最为重要的是,这个国家和民族的基本文化素养是否符合现代文明的要求,是否具有独特的文化优势。优秀传统文化的继承和弘扬是建设社会主义先进文化的一项重要任务。中华传统文化是推进先进文化建设所依靠的最丰富的思想宝库。在人类文明发展史上,它的伦理精神、思想方法、社会制度和生活方式都曾有深远的影响。现在,仍然有很大一部分人从这个思想宝库中撷取智慧,创造出先进的文化成果。

4. 中华传统文化有助于塑造中国良好的国际形象

要从文化理念和价值观的层面消除西方国家和周边国家对中国的误解、误读,帮助它们正确地认识中国、看待中国。这就要求我们大力宣传几千年来兼爱非攻、亲仁善邻、以和为贵、和而不同、协和万邦的理念,以及中国奉行的与邻为善、以邻为伴的周边外交方针,向世界人民全面、正确地传递中国基本的文化精神和价值追求,以此表明中国人从骨子里没有侵略别国的文化基因。

5. 中华传统文化为社会主义核心价值观提供道义支持

所谓道义支持,就是要为社会秩序和制度的普遍原则和核心价值进行规范研究,理论论证与合法性论证,对这些规则的可行性和效力进行证明。社会主义核心价值观不仅为中国道路和中国力量指明了社会主义的方向,且它要成为中国特色的社会主义实践,那就必须从中国的具体实践场域中汲取独具特点的道义支持和有效论证。

中华传统文化正是论证社会主义核心价值观得以成立和走向完善的民族给养。只有这样,我们所倡导的核心价值观才会获得认同、形成为社会普遍价值,进而社会主义核心价值观念才能成为这个时代的普遍精神代表,成为维护社会秩序、实现社会和谐,给人们以自由和希望的基础和根据。

6. 中华传统文化引领社会风尚

传统真、善、美的理想追求对公民品格的启发有着独特的优势。中华传统文化的价值引导是深入日常生活领域的,从生命价值教育、信仰信念教育到道德品格教育都体现出深厚的影响力。儒家"重义轻利"的价值取向也可以发挥它的特殊作用。当今,功利主义、过度的竞争意识带来一些人对民族之义、国家之义、社会集体整体利益的漠视,社会上"黄、赌、毒"现象沉滓泛起,这些都危害社会公共生活,并且其危害大有扩散之势。普通民众在经济发展中有了一定的福利,积累了一定的财富。对于大多数家庭来说,温饱已经不是问题,关键是提升消费层次、提高生活品味,他们还没有形成有益的财富观、成功观。因此,传统适度消费的观念仍然具有警示作用,对消费主义、享乐主义的流行有遏制作用。传统价值理想中要求谨记人生不朽的三大标准,即"立德、立功、立言"。它不是要人汲汲于蝇头小利、个人之私,而要有关乎生死、永恒的大我精神。针对时弊,传统文化的理性价值是值得人们认真借鉴的。

第二节 大学生核心价值观培育的原则研究

一、大学生核心价值观培育原则的特征

大学生核心价值观培育原则具有显著的特征,概括来说主要包括以下几方面。

(一)整体性

大学生核心价值观培育原则体系的整体性特征表现在以下三方面。

第一,大学生核心价值观培育原则是以大学生核心价值观培育规律作为客观依据而构建起来的,各原则之间具有紧密的内在逻辑联系,相互作用、相互补益而构成一个整体。

第二,大学生核心价值观培育原则体系具有"1+1>2"的整体功能。大学生核心价值观培育原则体系虽然由上述三个层次的众多具体原则所组成,但这些原则相互关联,不可分割,在运用原则时不能顾此失彼,而应当统筹兼顾,综合运用。

第三,大学生核心价值观培育原则体系的各个层次之间和各具体原

第三章 当代大学生核心价值观培育的理论指导与原则研究

则之间相互依赖,相互作用。第一层次原则对第二、第三层次原则具有规范、指导作用,下一层次原则在某种意义上讲是上一层次原则的具体化,又对上一层次原则产生一定的影响。如果对此认识不足,就有可能造成对大学生核心价值观培育原则把握和运用的偏误。

(二)辩证性

核心价值观教育原则体系是以辩证唯物主义和历史唯物主义为理论指导对核心价值观教育客观规律主观认识的产物。大学生核心价值观培育是一个不断发展的过程,新事物、新情况、新问题层出不穷,每个人都不可能穷尽真理认识的历史长河,加之不同个人的认识能力、认识水平又有差异,因而人们对大学生核心价值观培育规律和原则的认识又具有相对性。大学生核心价值观培育原则之间既有区别又有联系,对各个原则的认识也不能绝对化,要看到它们之间的相容性、交叉性、衔接性。大学生核心价值观培育原则是核心价值观教育系统内在的本质关系的抽象,只有深刻理解核心价值观教育过程中的各种关系,所确定的原则才能较为符合实际。

(三)层次性

大学生核心价值观培育原则体系是按照由整体到局部、由一般到个别、分层次有序排列的,每个层次的原则都是在一定的范围内和条件下起作用,都有自己特殊的功能和意义。

(四)动态性

大学生核心价值观培育原则是一个多层次的动态体系,不是孤立静止僵死不变的。这主要表现在以下几方面。

第一,随着人们社会实践的发展,大学生核心价值观培育的新经验将得到不断总结,新规律将会不断被认知,反映这些规律的新原则也就出现了。

第二,即使是核心价值观教育的同一原则,其内涵也会随着实践的发展而不断丰富。

第三,大学生核心价值观培育原则的运用也是随着时间、地点、条件的不同而不同。

总之,只有在动态中认识、把握和运用大学生核心价值观培育的原则,才有可能避免认识上的僵化、实践工作中的机械,从而使大学生核心价值观培育生机勃勃,卓有成效。

二、大学生核心价值观培育的原则构成

大学生社会主义核心价值观教育作为一项非常复杂的系统工程,要保证教育的方向性和有效性,就必须促进大学生对当代中国社会主义核心价值观的内化和认同,必须遵循一定的原则。概括来说,这些原则主要包括以下几方面。

(一)科学性原则

在开展大学生核心价值观培育的过程中,要严格遵循科学性原则,科学性原则指的是要做好各相关的工作,这也是高校发展的核心,是高校追求价值的基本,是高校教育研究、培养学生、学习文化和意识形态教育工作的基本行事原则。

社会主义核心价值观融入高校建设是一个系统的发展工程,要将各项工作能够达到理想的效果,就必须要坚持科学性原则,进而要求我们在日常的工作中做到以下几点。

第一,要遵循高等教育和意识形态教育规律。教育属于社会的一种行为,特别是高校开展社会主义核心价值观教育的过程中,要采取以人为本的理念,不能单纯地进行灌输,同时要探索清楚高校师生的心理发展情况,高校师生日常关注的问题,要借助传统媒体与新媒体相互结合的手段,分层次、分群体地选择教育模式,进而增强教育的有效性。

第二,要遵循校园文化建设的各项规律,同时要有一些治理的手段,加强人文、内涵的建设,减少外在各种硬件的建设,制定一些适合长久发展的计划,少一些立竿见影的短期效应。

第三,在高校的建设过程中,要深入融入社会主义核心价值观理念,在此过程中,要注重统筹兼顾的理念,分清楚主次、协调开展,注重内外结合的工作方法,同时也不能太注重表象发展,也不能是为了应付而只注重形式,最终引起广大师生阳奉阴违甚至是反感。

第三章 当代大学生核心价值观培育的理论指导与原则研究

(二)方向性原则

所谓方向性原则就是大学生社会主义核心价值体系教育始终把坚持和巩固马克思主义在意识形态领域的指导地位,作为大学生社会主义核心价值体系教育的基础和根本前提,明确社会主义和共产主义方向,与中国共产党的纲领与宗旨保持一致。马克思主义是我国的立国之本,只有坚持马克思主义的指导地位,才能保证我国文化的社会主义性质,才能保证中国特色社会主义道路建设的顺利进行。

坚持方向性原则是大学生社会主义核心价值体系教育工作者必须遵守的第一原则,有组织就不能没纪律,站在讲台上面对大学生进行社会主义核心价值体系教育,教育者的角色第一纪律就是遵守方向性原则。具体要求有以下两个方面。

第一,坚持方向性原则就是要坚持马克思主义信仰,以马克思主义为指导,在整个教育过程中,灌输马克思主义理论,并在马克思主义的正确指导下,积极推进核心价值观的教育工作。在马克思主义理论的基础上阐释和拓展民族精神、时代精神、共同理想以及社会主义荣辱观;用马克思主义的方法分析大学生社会主义核心价值体系教育中面临的理论问题和现实困境,用马克思主义的立场分辨真伪、澄清是非。作为社会主义的中国,明确国家性质,毋庸置疑地拥护走社会主义道路,坚持中国共产党的领导,能够在此基础上运用科学的辩证的方法对待各种社会思潮,旗帜鲜明地抵制错误思想的影响,构建社会主义先进文化。

第二,在坚持方向性的同时,要注意与文化多样性相结合。马克思主义是我们立党立国的根本指导思想,是社会主义意识形态的灵魂。大学生社会主义核心价值体系教育以马克思主义为指导,是唯一正确的选择。一方面,处于时代前沿的大学生,他们的世界观、人生观、价值观处于形成的关键时期,他们对新奇的思想、观念有着高度的敏感,也最容易受到各种各样不同思想、观念的影响。另一方面,在全球化时期,西方发达国家千方百计地向发展中国家灌输资本主义的政治制度、价值观和文化思想,社会思潮斑斓多彩。同时,我国处在社会主义初级阶段,各项制度都不怎么完善,加上改革开放以来各种文化思潮的涌现,出现了宣扬不同利益要求的各阶层的思想动态。在各种文化冲突、意识形态冲突更加广泛、频繁和激烈的情况下,如果否定马克思主义在大学生社会主义核心价值体系教育的主导地位,放弃马克思主义主导方向,思想意识形态领域就会产生"病变"的价值观,大学就会迷失办学方向,大学生精神文化建设就会陷入无序混乱状态。

(三)主体性原则

坚持以学生为本,要遵循主体性原则。主体性原则是指在大学生社会主义核心价值体系教育实施过程中,要将大学生置于主体的地位,尊重大学生的主体地位,充分发挥大学生主体作用,经由激发受教育者自我教育的主动性促进大学生社会主义核心价值体系教育目标的实现。大学生核心价值观培育主体性原则内涵主要包含三个层面:一是大学生是能动地认识并影响教育者及其教育的主体,二是大学生是自我教育的主体,三是大学生是具有创造性的主体。

坚持主体性原则的依据主要有两个。第一,是遵循教育规律的客观要求。大学生既是受教育者,又是能够自我教育者。这就一方面要求教育者根据教育目标,有计划、有目的地对受教育者进行教育。另一方面又要激发受教育者的自我教育潜力,用社会主义核心价值体系理论引发受教育者实现内在的知、情、意、行变化过程,从而使大学生形成坚定的信仰。教师所传授的社会主义核心价值体系知识都必须经过大学生的积极主动分析与理解,并在理解的基础上把外在的知识变为内在的情感。而且,只有那些大学生认同的观念才会纳入其认知结构。在情感的培养上,与大学生的情感体验与自身发展需要相符合的知识才会对大学生的信仰和人生选择有积极意义,从而促进观念的内化以转变为行为。如果大学生从情感上厌恶反对,即使通过惩罚强制的措施,也只会使其表面接受而心里厌恶。而大学生观念意志的培养更加需要大学生的主体自觉性,只有确立更高远的人生目标,才能有效调控情感,使观念付诸实践。从这个过程来看,大学生对社会主义核心价值体系认识的发展,情感意志的提升,行为习惯的养成都离不开大学生的主体自觉。如果不坚持主体原则,这种内化的过程难以完成,思想转化就更加难以实现。第二,是履行"以人为本"的要求。"以人为本"是马克思主义价值论的基本观点,也是科学发展观的核心,"以人为本"的理念运用到大学生社会主义核心价值体系教育活动中就是要坚持"以学生为本"。"以学生为本"视域下的大学生社会主义核心价值体系教育,要以促进学生的全面

第三章　当代大学生核心价值观培育的理论指导与原则研究

发展为目的,尊重学生的主体地位,理解学生、关心学生。大学生社会主义核心价值观教育的对象是学生,学生的本质是人,有自己独立的思想、观点和认识,也有自己独立的立场,因而社会主义核心价值观教育务必要以人为本,尊重学生、关心学生,让学生能够发挥主动性和能动性,从而促进个人自我完善和个人价值的实现,这正是实现大学生社会主义核心价值体系教育成功的关键所在。

坚持主体性原则,必须进一步明确教育者和受教育者在教育活动中的角色地位,正确认识和把握教育者和受教育者相互作用的规律,能够为大学生社会主义核心价值观教育助一臂之力。需要注意的是,第一,在进行价值观教育活动时,要重视教育者的作用。第二,充分尊重受教育者的主体性。第三,协调主体与客体之间的和谐互动关系。

(四)系统性原则

将社会主义核心价值观融入高校的建设中去,是一个复杂的系统性工程,在此过程中,会涉及高校的各个方面,主要包括高校校园文化、精神文化、制度文化、行为文化、物质文化以及网络文化这六个方面。因此,从系统的角度来看,社会主义核心价值观要想融入高校中,其中包括若干个子系统,他们之间相互连接,组成一个网状的系统。

高校内各级行政部门、二级院校以及教师、干部和学生群体,都是高校校园文化系统发展的要素。要将社会主义核心价值观深入地融入高校的文化建设中去,就要结合系统性原则,将其深入地融入到校园的各个方面、各个环节以及各个部门中,进而积极地推进、协调一致发展。在这个过程中,要做到以下几个方面。

第一,高校应当制定出相应的计划来,计划如何将社会主义核心价值观融入高校的建设中去,并出台各项文件,将其纳入高校的整体发展中。

第二,高校在推进社会主义核心价值观的过程中,要设立相关的工作委员会,继而能够协调各项工作的进行,同时要明确各相关部门间的工作职责与任务,将工作扎实推进。

第三,要调动全校的所有教师、各级工作人员,同时要调动学生也参与到工作中去。对于不同的群体要做出不同的要求,进而出台不同的制度方法来解决,最大限度地将广大的师生结合起来,形成"众人拾柴火焰高"的工作局面,将社会主义核心价值观深刻地融入广大师生的思想认识和实践行动中。

(五)创新性原则

新时期以来,改革创新已成为我国社会主义核心的时代精神。创新精神和能力的高低不仅影响着大学生个人的生存与成长,同时也决定着一个国家的未来和发展。任何一个没有创新精神和创新能力的国家,都必然无法适应日益激烈的竞争环境。因此,在社会主义核心价值观教育的过程中,要充分利用改革创新为核心的时代精神,引导大学生在问题的解决过程中坚持创新精神,培养创新意识,提高创新能力。

创新性原则主要是指大学生社会主义核心价值观教育中教育内容的"新"和教育方法的"新"。"我国目前正处于经济全球化、国内市场化、网络信息化和文化多元化的社会大变革大转型时期,大学生的价值观呈现多元化的特征。"然而在这种背景下,大学生的价值观教育却不尽如人意。这种现状追根溯源是教育的相对滞后所造成的,因而要满足时代发展对学生提出的种种新要求,教育就应不断去创新。

教育内容是教育的重要载体,在以往的价值观教育中,常常发现本应与时俱进的教学内容,却如一潭死水,几十年都不变,如此落后陈旧的材料对于信息化时代的当代大学生,毫无吸引力,更不用提对社会核心价值体系的认同和接受。因而要增强学生对教育的认同,对社会主义核心价值观的认同,就必须将其内容进行更新。一方面可将马克思主义中国化的最新理论和实践成果融入其中,另一方面也要把社会生活中最新的热点和焦点问题充实其中,给学生以新的信息刺激,激发其学习兴趣,进而从思想上真正接受社会主义核心价值观的教育。教学方法是教育的重要手段,随着新科技大发展,人们在享受这种便利的同时,思想也越来越现代化。因而在价值观教育的过程中,如果仅采用传统的讲授模式,就无法满足学生的心理需求。所以教学方法必须"新",必须多样化,使教育更加生动和直观,进而增强对学生的吸引力。

(六)生活化原则

坚持生活化原则,就是指社会主义核心价值体系教育要以生活为本源,在生活中进行教育,引导人们改善生活,提高生活质量,过美好的

第三章 当代大学生核心价值观培育的理论指导与原则研究

生活。

所谓生活,既包括人为了生存进行的各种活动,也直接指向人们的衣、食、住、行、文化等方面的情况。在马克思主义哲学中,生活是一个包容性很强的概念,包括物质生产、物质生活、个人生活、国家生活、日常生活、政治生活、实践生活、社会生活等。

人与生活是不可分割的整体。首先,人是生活的主体、生活的核心,一种生活如果抛弃人就不能称之为生活。其次,人是生活中的人,人只有通过生活才能展示出生命的潜能和勃勃生机,使人性得到发挥和丰富。从这个方面来说,生活是人赖以形成和发展的基础。生活的过程就是生成人的过程,人与生活浑然一体。对于人而言,生活是直观而真实的。

美国教育家杜威提出了"教育即生活"的观点,我国教育家陶行知则提出"生活即教育",他认为"生活即教育,用生活来教育,为生活而教育"。把这个问题放在价值观教育的问题上,也就是价值观教育生活化。

价值观教育生活化,就是以现代生活为中心,充分开发具有价值引导功能的现代生活资源,从主体的现实生活、现实存在、现实活动出发,采取感情的、实践的方式,促进主体价值观体系的自主构建,把生活作为教育的起点,同时也作为教育的归宿。

坚持价值观教育的生活化。从生活出发、在生活中进行再回到生活,使价值观教育贯穿在人的所有生活之中,转变那种在计划预定的地点与时间里传授思想理论的传统教育方式,实现贯穿生活各个方面各个细节的教育,才能使人们过道德的生活,将自己的认识、体验、感悟化在生活之中,发展道德理性与道德感悟的能力。

在社会主义核心价值体系教育活动中坚持生活化原则,应当正视并鲜明地强调现实生活中不同意识形态的分化与对立,直面社会生活的变化对社会主义意识形态提出的挑战与问题,以更好地实现社会主义意识形态在现实生活中的主导地位。

大学生是一个具有较高文化素质的群体,其生活水准的提高不仅要求有很高水平的物质文化生活条件,还有精神文化生活水准。社会主义核心价值体系教育的生活化,客观上要求不断推进经济建设、政治建设、文化建设和社会建设的协调发展成果进入校园,让广大在校大学生了解我国社会主义改革和建设的进程,培养其对社会主义建设事业的信心。有此现实基础上,大学生更加容易在其观念中确立社会主义核心价值体系的指导地位。

(七)长期性原则

长期性原则是指大学生社会主义核心价值体系教育要有连续性,持续不断地进行。从哲学角度看,世界的无限性决定了人对世界认识的无限性,由于主客观等方面的原因,人对世界的认识又是反复的,在反复中不断深化的,人的认识活动具有反复性和无限性。因此,大学生社会主义核心价值体系教育要坚持长期性原则,这要从校内、校外两个领域来贯彻。

在校内领域看,高校开设的核心价值观教育课程承载着大学生社会主义核心价值体系教育的任务,在大学不同年级都设置着不同的核心价值观教育课。从课程表上看,这些课程占据了大学生相当多的受教育时间。问题在于,在校内坚持大学生社会主义核心价值体系教育的长期性原则,不仅仅是要求每一学期都要有大学生社会主义核心价值体系教育课程,更关键的是各门课程要有内在的连贯性,要根据科学规律在每个不同的阶段有重点地进行恰当的马克思主义信仰教育,内容要环环相扣并且丰富多彩,只有这样,大学生才可能在有限时间里接受到连续的、稳定的、多样的、有效的社会主义核心价值体系教育。

从校外领域看,对于大学生来说,刚刚离开学校进入社会的那个时期非常关键,他的思想观念必然会随着社会和生活的变化而发生一定的变化。贯彻大学生社会主义核心价值体系教育的长期性原则就是要认识到其教育过程是一个循环往复的、无限的过程,全社会都要树立终身教育的理念。具体来说,政府相关部门有必要成立各种正式组织和非正式的组织,为进入社会的个人提供多样化的、便利的进一步学习、交流、巩固、践行社会主义核心价值体系的平台,在这些平台上不仅要提供与主流价值观相一致的精神主餐大菜,也要提供各种口味的风味精神小食,营造亲切、温馨的可以自由交流、自由分享各对社会主义核心价值体系体会的社会大环境,这样的组织、机制或活动可以使得大学生即使在离开学校之后,社会主义核心价值体系教育也还能够进行。

(八)教学相长原则

在社会主义核心价值体系教育中贯彻教学相长原则,这里的"教"和

第三章 当代大学生核心价值观培育的理论指导与原则研究

"学"不是局限于学校教学和课堂教学,而是包括任意教学情境和教育过程;教和学的双方也不是特指教师和学生,而是泛指大学生社会主义核心价值体系教育活动中的教育者和受教育者。

在大学生社会主义核心价值体系教育中,教育者角色通常情况下是由学校教师、年长一代、为社会发展进步做出了突出贡献的先进模范人物以及各种宣传组织机构承担,对大学生进行各种形式的社会主义核心价值体系教育。教育者通常都具有一定的职位、职务、模范事迹或年龄方面的资格和资历。然而,在信息社会,教育者的权威受到挑战。特别是在道德领域、价值观领域,作为"教育者"本身并不能保证其道德认知和道德实践的合一性、其价值观信仰的彻底性。教育者要能够在教育活动中得到认可,树立起自己作为教育者的威信,确立并巩固自己作为教育者的主导地位,完成教育任务,实现教育目标,必须将施教于人的活动与自己的学习活动统一起来,实现教育者的"教学相长"。

贯彻教学相长原则,一方面,教育者要依据教育情境的要求,从受教育者角度思考有关教育实施的具体内容建构问题、具体教育方式和教育手段问题等;从受教育者反馈信息中发现自身的不足,通过学习和反思,提高自身理论素养和人格修养。另一方面,学习是无止境的,道德修养更需要穷其一生而时有所悟。追求有意义的生活,是人永恒的生命活动过程。

只有坚持内在省察、反观自我之心灵、注重身体与心灵的一体化,将知识的获得和生命的直接体验融合为一体,不断地把这种内化的知识运用于生活实践之中,以知行合一的态度应对社会人事,才能够获得身心境界的不断提升。

贯彻教学相长原则,要求教育者具备"小学生"或"空杯"心态。教育者在知人不足的前提下,更要知己不足。只有在这样的前提下,教育者才能放下身段,将受教育者一些重要的观点收纳进自己的知识框之中。

教学相长原则还要求教育者能够具备职业责任感和教育使命感,对自己所学的理论和所拥有的见识进行反思。教学相长原则本身就包含着教师的反思批判精神,大胆怀疑,小心求证,教导学生以开放的态度接受他人的见识或者批评,助人又助己。

(九)实事求是原则

在进行大学生社会主义核心价值观教育时,关于实践的教育显得尤为重要。实践教育就是通过实践将理论转化成实际,将一些原则要求变成具体的操作,同时可以将实践融入原有的理论中,从而产生新的理论。因此大学生社会主义核心价值观的教育不能仅停留在书面或口头上,而要回归现实之中,用事实去充实并检验社会主义核心价值观理论。这就要求我们在社会主义核心价值观教育过程中必须遵循实事求是原则。

实事求是,是马克思主义的思想路线,指的是从实际对象出发,探求事物内部联系及其规律性,认识事物的本质。简言之,就是一切从实际出发。它是做好一切工作的根本,是高校做好价值观教育工作的基本原则。这也要求我们在社会主义核心价值观教育的过程中,一定要从实际出发,从事实出发,针对有关社会实际情况对当代大学生价值观的影响进行深入分析。

任何一个价值观的形成都离不开其得以产生的社会背景,同样,当代大学生的价值观形成也有着其深刻的社会因素。社会主义市场经济的确立和发展是其形成的重要根源。本着实事求是和客观分析的态度不难发现,我国当代大学生的价值观虽存在其合理的一面,但也受市场经济的一些负面影响,也暴露出了一系列问题。对于当前大学生价值观现状及反映出的种种问题,我们不能一概而论,要坚持一分为二的原则分析其背后产生的真正原因,保证价值观教育的合理性。

传统的教育模式往往是对学生进行知识的大量灌输或理论说教,并不能引起学生内心的认知冲突,究其原因无外乎是对学生直接经验的忽视与脱离。因而坚持实事求是原则,就是要调动学生的积极性和主动性,通过角色体验、情境体验等方式,让学生们成为社会成长的主动者。只有这样,社会主义核心价值观对于当代大学生再不是那种高高在上的理论,而是一种与现实生活密切相关,与现实生活中的事实又相符合的价值观。这将极大地缩小学生与社会主义价值观间的心灵距离,进而增强社会主义核心价值观的吸引力和亲和力。

(十)开放性原则

随着当今世界各个国家文化的不断融合,使世界变得越来越开放。我国在坚持社会主义核心价值观的同时,运用马克思主义的主要思想来探索和发展,其本身就具有很强的开放性,同时继承了马克思主义和毛泽东思想,在中国特色社会主义理论体系的基础上,吸收各种外来的

第三章　当代大学生核心价值观培育的理论指导与原则研究

西方文化思想,形成了我国所特有的"自由、民主、平等、文明、和谐、法治"的社会因素,深刻体现出了我国思想的"开放性"特质。

我国的高等教育,本身就是一个不断向西方文化学习的过程。现代意义上的大学也逐渐成了开放的大学,对于现代的高校也必然成为开放的高校。

早在20世纪80年代,邓小平就曾经提出"教育要面向现代化、面向世界、面向未来"。在这一思想的指导下,我国高校校园文化逐渐呈现出开放的状态,同时在与外国的文化进行交流的过程中,我国校园文化也不断体现出新的活力。

我国高校文化建设的过程中,要将社会主义核心价值观融入其中,这就需要我们做到以下几点。

第一,要坚持一元文化指导与多元文化并存的准则,这样既坚持了马克思主义统领高校校园文化建设的价值,同时也确立了社会主义核心价值观的主体地位。要将多元文化传承下去,就需要与现代文化相互结合,同时要尊重多类文化的并存,形成高校校园文化发展繁荣的有效局面。

第二,各高校要通过各种渠道来向学生传播对外开放的政策,各大政府和社会中的友人要进行支持与帮助,充分利用社会中的资源来促进社会主义核心价值观在高校中的发展。各高校要借鉴一些世界知名高校的思想教育、道德教育、公民教育等各个方面的经验,为我国高校所用,进而深入地贯彻到我国的高校健康发展中去。

(十一)自主选择与积极引导相结合的原则

"多元化"已成为当今社会发展的主流趋势,在该思潮的影响下,当代大学生的价值取向也普遍呈现出"多元化"趋向,因而学生的需求更具个性化,学生的主体性比以往任何时候都更为突出。基于这样的现状,对当代大学生的核心价值观教育就应遵循"学生自主选择与教师积极引导相结合原则",一方面充分体现学生作为学习者的主体性地位,另一方面可最大程度发挥教师教学的主导性教育功能。

具体说来,在社会主义核心价值观教育的过程中,首先应尊重并认可学生自身的选择,借助教师等多方面的引导教育进而帮助学生发现并澄清自身价值观现状,再通过对社会多层次和多角度的分析与了解,从而让学生自觉、自立地选择正确的社会价值观。因而在对大学生教育的过程中,分析、批判和质疑的能力显得极为关键,只有具备价值观"好"与"坏"的分析辨别能力,才能让学生在纷繁复杂的社会环境中不至于迷失自我,能做到自觉摒弃错误的价值观,坚持正确、积极向上的价值观,避免随波逐流、盲目跟随,或者是陷入迷茫,迷失自我。在实际的教学过程中,也不可一味地进行强硬教育,教育方法也应体现多样化,要以学生直接的感官感受和社会现状为基础,通过团体讨论、网站交流等形式,让学生真正参与交流、表达观点,并在多种观点的交流和碰撞中发现各种价值的利与弊,学会对当代价值观进行辨证的认识和思考。

(十二)正面引导与反面教育相结合的原则

正面引导,是指用马克思列宁主义、毛泽东思想、邓小平理论、"三个代表"和科学发展观等重要思想来教育大学生,通过各种形式的正面宣传教育,使其树立科学、崇高的价值观。例如通过八荣八耻的正面教育,让学生学会处理国际、集体和个人间的关系,并谨记劳动光荣、懒惰可耻,积极进取光荣、损人利己可耻等内容。反面教育,是指通过对反面事件或错误思潮的分析和批判,开展大学生社会主义价值观教育的工作。心理学相关研究显示,反面材料更为容易引起学生的关注。因而给学生提供一些反面案例,让学生自行去比较和鉴别,不仅能扩展学生的学术视野,更易促进学生对社会主义核心价值观的认同和内化,从而以自觉自愿的形式在实践中加以运用。因此,在大学生社会主义核心价值观教育工作中,既要坚持正面的引导,对学生进行系统的马克思主义理论教育,又要结合一些反面事例,引起学生更多的共鸣,从而使价值观教育效果更为显著。

第四章 当代大学生核心价值观培育的动因与内容研究

核心价值观教育是当代大学生思想政治教育的重要问题,其内容包含了中国特色社会主义社会在政治、经济、文化等方面的价值追求,对于引领当代大学生的价值观发展具有积极的意义。党的十九大明确指出,新时代要加强思想道德建设,"要提高人民思想觉悟、道德水准、文明素养,提高全社会文明程度。广泛开展理想信念教育,深化中国特色社会主义和中国梦宣传教育,弘扬民族精神和时代精神,加强爱国主义、集体主义、社会主义教育,引导人们树立正确的历史观、民族观、国家观、文化观。"以十九大相关理论为指导,本章将主要对当代大学生核心价值观培育的动因与内容进行研究。

第一节 大学生核心价值观培育的动因研究

一、我国社会的变化亟待核心价值观教育

(一)当前思想文化的多样特征与主流观念的关系

马克思主义认为,任何一个时代的统治思想,始终都不过是统治阶级的思想。社会主义核心价值观是社会主义意识形态在价值观方面的本质体现。坚持社会主义核心价值观,首先必须坚持马克思主义在意识形态领域的指导地位,这是我们立党立国的根本指导思想。如果动摇马克思主义的指导地位,就会动摇中国特色社会主义的理论根基,动摇全

党全国人民团结一致走中国特色社会主义道路的决心和信心。

党的十一届三中全会以后,我党坚定不移地推进改革开放和现代化建设,积极推动经济发展和社会进步,为促进社会和谐进行了不懈的努力。随着改革开放的深入,我国的"三个文明"建设都在不断地加强。但不能忽视的是,我国社会人民日益增长的物质文化需求同落后的社会生产力之间的矛盾日益突出,统筹兼顾各方面利益的任务艰巨而繁重。

我国一直坚持马克思主义在社会主义意识形态中的指导地位。在社会主义现代化建设的过程中,全国人民在实践中不断创新与发展马克思主义。可以说,当前社会意识形态的主流是积极向上、健康进步的。但是改革开放以后,中国开始与世界各国进行政治、经济、文化等各方面的交流。在我们了解、借鉴、吸收各国文化的精华时,不可避免地会接触到西方资本主义文化与价值观念。各种非马克思主义、反马克思主义的意识形态在中国传播开来。各种封建迷信残余、邪教思想和落后保守的观念沉渣泛起,影响着社会的安定团结。总之,当前社会各种思想文化相互交融、相互激荡。我国面临着激烈的国际文化竞争,面临着西方资本主义国家传播资本主义意识形态,散布"马克思主义过时论"等在思想文化方面的扩张和渗透压力。

目前,我国社会总体上是和谐的,但是也存在不少影响社会和谐的矛盾和问题。任何社会都不可能没有矛盾,人类社会总是在矛盾中运动发展与进步的。不能因为在社会主义发展的进程中暂时出现的问题而否定马克思主义,否定社会主义道路。面对当前社会出现的问题,我们要更加积极主动地去正视矛盾、化解矛盾,最大限度地促进社会和谐。在当代开放的社会环境下,人们的思想变得越来越具有独立性、选择性、多变性和差异性。这本是无可厚非的,但多样化的思想文化不应当削弱马克思主义的指导地位,而应当坚持主导性与包容性的统一。既尊重差异、包含多样,又坚持马克思主义的一元指导,用社会主义核心价值体系引领多样化的价值观,抵制各种错误和腐朽思想的影响。

(二)我国社会经济基础变化对共产主义崇高理想的影响

改革开放之后,我国鼓励和支持非公有制的发展,其他经济成分也迅猛发展,形成了以社会主义公有制为主,多种经济形式并存的所有制

第四章　当代大学生核心价值观培育的动因与内容研究

结构。从计划经济向社会主义市场经济的转轨,社会经济结构的变化必然导致分配方式与利益格局的重组。改革前吃大锅饭以及平均主义现象严重,挫伤了广大劳动者的积极性。改革后实行市场经济,利益主体的多元化要求分配方式的多元化,导致了利益关系的多元化以及人们在利益上的冲突。而且,社会经济结构变动的过程中也会不可避免地产生因社会结构失衡而出现各种社会问题。这一系列的问题反映到人们的头脑中来,势必引起人们价值观的变化和冲突。

理想决定行动,有共同理想才有共同步调。随着我国经济和社会发生的深刻变化,不可避免地出现价值观取向多样化,多重价值观相互碰撞的现象。在这个关键的时刻,人们容易在理想、信念、价值追求与人生意义等方面产生困惑、迷茫、焦虑和无所适从。社会主义市场经济对人们的价值判断和选择具有双重效应。一方面,人们摒弃了因循守旧、不思进取、得过且过的旧观念,变得勇于创新、积极进取,使得竞争、风险、公平、效益等观念深入人心;另一方面,受商品经济的影响,人们的价值观也出现偏差,如金钱至上、诚信缺失、唯利是图、责任感淡漠等。社会出现的各种社会问题加重了人们的不安全感,也加深了对社会主义道路的质疑。

改革带动了利益重组,产生了利益上的差异与冲突。利益冲突的客观存在必然会使整个社会存在价值观的冲突,这些都给确立中国特色的社会主义共同理想提出了迫切的要求。自1848年以来,中国人的共同理想一直都是建立一个富强的东方国家,这一共同理想在社会主义时期转变成为建设中国特色社会主义社会。

回顾历史,正是由于我们党始终坚持以发展着的马克思主义指导社会主义新的实践,坚持走社会主义道路,才能够团结和带领全国各族人民夺取一个又一个辉煌胜利。所以说,坚持社会主义的共同理想、走社会主义道路是历史的必然。当前,中国社会处于理想实现的关键时期,同时也是热点难点问题及群体性事件增多、经济容易失调、社会秩序与伦理道德需要完善及重建的重要时期。在这个关键的时刻,坚持马克思主义的指导思想,坚持不懈地走社会主义道路尤为重要。要用共同理想凝聚信念,在全社会形成拥护社会主义的共识,形成全民族奋发向上的精神力量和团结和睦的精神纽带,推进我们建设社会主义伟大事业的顺利进行。

二、我国的国际环境要求加强大学生价值观教育

(一)经济与思想的全球化对我国社会的影响

1. 经济全球化的形成及影响

经济全球化的浪潮已经席卷全世界,正在推倒各国的经济壁垒,并逐渐在全球范围内使各个国家前所未有地联系在一起,成为一个相互依存、共同发展的利益共同体。任何一个国家都不能脱离世界而独善其身。经济全球化主要表现在生产、贸易、投资、金融以及技术的全球化。随着经济全球化的进一步深入发展,生产要素在各国之间可以广泛而迅速地流动,国与国之间的经贸联系因企业的跨国经营和国际间电子化交易的迅速拓展而日益密切,成为不可分割的整体。在这种情况下,每个国家或者地区经济运行情况的变化,都将直接或间接地影响全球经济,产生多米诺骨牌效应。

我们应当正确看待经济全球化的影响。一方面,经济全球化对世界经济的整体发展起到了积极的作用。

第一,利用国际分工提高了社会劳动生产率,生产出更多的使用价值。

第二,借助国际市场与现代科学技术,有利于管理水平的提高。

第三,有利于生产要素的合理配置与充分利用。

第四,有利于提升经济发展的规模效应。

第五,有利于发展中国家抓住机遇,引进先进技术与资金投入,开拓国际市场,发挥后发优势。

另一方面,经济全球化也给世界的发展带来了消极影响。首先,在现代国际分工体系不公平的大背景下,发达国家从中受益,发展中国家深受剥削,加剧了世界资源配置与经济发展的不平衡。南北差距扩大,贫富分化加剧。其次,各国经济相互依赖,一国的经济波动与震荡会波及其他国家甚至全世界,形成经济危机的全球化趋势并产生"一荣俱荣,一损俱损"的关联效应。再次,经济全球化对发展中国家的创新能力及创新精神提出了挑战。可以说,经济全球化是一把双刃剑,它为各国的

第四章 当代大学生核心价值观培育的动因与内容研究

经济发展带来新的机会,提供公平的竞争环境与发展平台,形成新的经济增长推动力。但与此同时,它在世界范围内产生了新的不平衡。经济全球化的迅猛发展,不仅能导致国际经济的市场整合、利益分化,而且能导致不同经济制度与不同文明、不同价值体系之间的碰撞与影响、同化。任何国家和地区,一旦融入世界经济体系,都不可避免地受到来自世界市场的各种影响。随着中国改革开放的深入发展与社会主义市场经济体制的建立与逐渐完善,中国不可避免地加入到这个体系当中,与别国一起进行公平竞争。随着经济全球化趋势的加快,它必然会对参与其中的国家经济、政治、文化、社会生活等各个领域产生影响,妨碍资本、技术与产品的跨国界流通的障碍不断地消除,不同文化、不同价值观与不同的生活方式不断地流入,这也使我国面临着不同文化的冲击与渗透,并在相互的冲突与撞击中形成新的世界公认的文化,进而改变本民族的生活方式、价值观念与文化特性。

2. 西方社会思潮的传入及影响

传入我国的西方社会思潮种类繁多,但从根本上来说,西方社会思潮都是为西方社会服务,为资产阶级服务的。因此,西方社会思潮与社会主义国家的核心价值体系有着本质的不同,并在一定程度上对社会主义核心价值体系有一定的危害和影响。

比如,极端个人主义思潮是在经济全球化的过程中,伴随着中国市场经济的建立和发展,掺杂在形形色色的西方社会思潮中涌入中国的。在改革开放的过程中,极端个人主义开始在我国逐渐泛滥起来。个人主义或极端个人主义并不是西方特有的社会思潮,而是一种在东西方、古代和现代都存在的人性特征。在中国古代就有关于人性善恶的辩论,具体来说就是集体主义和个人主义的纷争。在私有制消除以前,这种思想在中国也一直都存在。同样,在私有制占主体地位的西方,个人主义或极端个人主义更是始终存在的。在资本主义社会里,追求利润的最大化是资本的唯一属性,反映在人与人的关系上,就是最大限度地保护自己的利益,因而极端个人主义思想在资本主义社会里也得到了最大的发展。

在当代的中国,在经济全球化的背景下,资本主义的这一思想逐渐传入中国,加上中国的封建主义思想仍有残存,中国正处在建立社会主义市场经济的社会转型时期,在建立社会主义市场经济的过程中,由于我国的经济体制发生了深刻的变化,利益格局发生了深刻的调整,因而这种社会思潮在中国仍有较大的市场。在这种条件下,个人与社会的关系在某些人看来是模糊不清的,因而有些人就不能正确处理个人与社会的关系,这就引起了极端个人主义思想的复苏。这种思想对构建社会主义核心价值体系,对树立社会主义荣辱观都有着消极影响。极端个人主义不可避免地导致拜金主义、享乐主义。以这样的观点为世界观的人主张金钱万能、金钱至上。在他们眼里,金钱能够使之得到任何想要的东西,全然不顾法律、道德、是非、荣耻的约束。他们主张及时行乐,得过且过,只对自己负责,全然不顾自己的社会责任和义务。极端个人主义是资产阶级自私自利的世界观、人生观在生活方式上的表现,是社会主义核心价值体系建设过程中的一个巨大障碍。

(二)意识形态斗争是一个长期存在的问题

1. 意识形态上的和平演变从未停止

在经济全球化及改革开放的大环境下,各种假马克思主义、非马克思主义、反马克思主义的思潮及拜金主义、个人主义、自由主义以及西方腐朽的思想观念不可避免地传入我国,尤其是西方国家企图利用"普世价值"对我国进行"和平演变"而达到颠覆社会主义制度的目的。

西方资本主义国家把社会主义的存在与发展看作对资本主义制度的最大威胁。一直以来这些国家企图通过各种遏制政策颠覆社会主义国家。在冷战结束以后,西方资本主义国家逐渐意识到,与其运用战争的方法,不如用和平的方法使社会主义国家发生一种隐性的变化并使之从内部解体,从而达到战胜社会主义国家的目的。于是,以杜勒斯、凯南为代表的西方政治家提出了"和平演变"社会主义国家的策略。

以美国为首的西方资本主义国家对中国这个最大的社会主义国家的和平演变也一直未停止过,尤其是改革开放以来中国经济的飞速发展,使西方国家将中国视为最大的威胁与挑战。西方资本主义国家通过在宣传上鼓吹资本主义优越性及"中国威胁论",妄图西化和分化中国,在经济上通过实施制裁、施压的手段来遏制中国的发展,企图通过市场化、私有化、指导思想多元化以及多党制度来将中国的社会主义制度演变为资本主义制度。尤其是近几年来,美国利用"人权外交"的策略来干

第四章　当代大学生核心价值观培育的动因与内容研究

涉我国的西藏问题等。

和平演变的目的不是要把中国变成发达的资本主义国家,而是希望中国变成西方国家的附庸,成为落后并受他们剥削与控制的资本主义国家,以达到继续实行霸权政治,获得垄断资本利润的好处。

2. 国际政治格局斗争是根本

总的来说,世界政治格局发展的趋势是从两极化向多极化的发展。具体来说,国际政治格局不是一成不变的,而是随着经济的发展与科技的进步时刻变化的。

20世纪90年代至今,世界格局朝着多极化的方向曲折发展。两极格局终结以后,世界各国之间的竞争主要表现为综合国力的竞争。各大国之间的关系也在冷战结束后重新调整和定位。各种政治力量也面临重新洗牌和分化组合。尤其是中国的崛起、欧盟的建立以及日本、俄罗斯经济的复苏,世界格局形成了一个美国超级大国,中、日、俄、欧多个强国"一超多强"的局面。五大国(或者国家集团)突出的经济地位使它们之间的关系成为影响世界经济与政治秩序的主要因素。

在这个时期,左右国际社会发展的还有旧的思维模式。冷战已经结束,但是冷战思维下的霸权主义与强权政治依然严重威胁着世界的和平与稳定。以美国为首的西方国家奉行"新干涉主义"政策,鼓吹"人权高于主权""人权无国界"等价值观,凭借强大的经济与军事实力肆意对其他弱小国家与地区的内政事务进行干涉,并支持民族分裂主义,扩大民族矛盾。在反恐问题上,也实行双重标准,并随意扩大反恐范围以为侵犯其他国家主权提供理论依据,目的是为了推行其在全球范围内的霸权主义与单边政策扫清障碍。在这种思维的指导下,发达国家固守国际经济旧秩序。

(三)多元文化过程中的社会道德问题

到目前为止,我国思想道德建设的总体态势是好的。党的基本理论、路线、纲领、政策、经验等进一步深入人心,爱国主义、集体主义等价值观念进一步推广。但是也要看到,伴随着改革开放的深入、市场经济的发展,我国的经济体制发生了深刻变革,社会结构发生了深刻变动,给我国社会带来了各种各样的矛盾和问题。

1. 我国当前面临的社会道德困境

当前,在"文化全球化"的大背景下,多样的文化观念和价值选择给我国社会的发展注入了活力,带来了生机。但是多元化的价值观念、道德规范也强烈地冲击着传统落后的思想观念,有利于讲究实效、发扬科学民主和平等竞争等价值观念的形成。同时,由于市场经济的自发性和盲目性,也产生了一些不利于人们的精神发展的消极现象,主要表现为拜金主义、享乐主义的滋长和蔓延。

2. 社会主义核心价值观对我国道德建设具有支撑作用

多元文化的发展,使社会在一定程度上出现了一些不利于和谐社会发展的价值取向。在目前多元文化的影响下,全体社会成员的思想道德素质参差不齐、层次不一。人们没有共同的理想信念,没有良好的道德规范,没有一种普遍遵循的行为标准,就没有办法协调好不同利益主体之间的相互关系,规范人们的日常行为,提升人们的精神境界,实现社会和谐。

道德,是衡量人们行为是否具有正当性的观念标准。一个社会一般有社会公认的道德规范,从而维系社会和谐的纽带,培养人们的道义责任感和明辨是非的能力。一个民族的社会道德标准,是从全社会具有道德责任感的所有社会成员的普遍共识中得来的。这些所有社会成员的社会责任感和普遍共识能为社会发展营造一种和谐的氛围,这种社会道德规范,能长期维系一个民族的存在和发展,是人们长期共同价值取向的深化积淀,是一种核心的价值观念。

思想道德不是脱离历史发展的抽象观念,而是社会经济基础的反映。思想道德要符合我国的基本国情,即我国还处于社会主义初级阶段,多种所有制经济和多种分配方式并存。同时,随着全球化的发展、多元文化的融合,使人们的思想观念、道德意识、价值取向发生深刻的变动。多元文化的涌入,使得人们的道德意识越来越薄弱,并且在现阶段还出现了道德失范现象,人们的思想发生混乱。

社会的正常运转和健康发展,不仅需要健全的法治来约束,更需要有一个优秀的道德体系来维护。当前,我国价值观及精神文明建设等方面存在的现实问题,在一定程度上对和谐社会和和谐文化的构建产生了影响。如何在包容多样中增进思想共识,在尊重差异中扩大社会认同,团结不同阶层、不同层次水平的人们共同前进,就成为当前一个极其重要的理论与实践问题。社会主义核心价值观有助于规范人们的思想道德意识,有利于引导全社会形成共同的道德规范。

改革开放促使人们的价值取向、道德观念、文化生活也日益多样化。我们必须用社会主义核心价值观来引领多样化的社会思潮,提倡多样化、弘扬时代精神、始终坚持正确导向、普及先进文化、主张社会正气。与此同时,也要承认差异,包容多样,尊重个性,以"和而不同"的思想指导社会主义的文化建设,在尊重差异中扩大社会认同,在包容多样中形成思想共识。

第二节 大学生核心价值观培育的内容研究

一、马克思主义信仰教育

马克思主义信仰是对科学真理的尊崇与信服,是对扎根于现实世界、符合客观发展规律的未来理想社会的向往和追求。马克思主义信仰是科学的、崇高的、健全的信仰。

(一)大学生进行马克思主义信仰教育的意义

对大学生进行马克思主义信仰教育主要有以下几个方面意义。

第一,马克思主义信仰教育可以帮助大学生正确认识中国特色社会主义实践,提高大学生建设中国特色社会主义事业的信心。改革开放以来,中国共产党人与时俱进地将马克思主义基本原理同我国的具体实际相结合,深刻认识、科学回答了"什么是社会主义""怎样建设社会主义""建设什么样的党""怎样建设党""实现什么样的发展""怎样发展"等重大理论和实践问题,形成了中国特色社会主义理论体系,开辟了中国特色社会主义道路。改革开放以来,社会主义事业蒸蒸日上,人民当家作主的地位得到不断提升,民主权利日益得到保障,民生状况得到明显改善。小康社会的基本实现充分展现出马克思主义指导下人民幸福指数的提升,充分证实了马克思主义的正确性和中国特色社会主义事业的长久生命力。马克思主义信仰教育就是要让大学生深刻认识到中国走社会主义道路是历史的选择，社会主义走向共产主义是历史的必然趋势，提升大学生对建设中国特色社会主义事业的信心，为中国特色社会主义事业的进一步发展贡献自己的才华。

第二，马克思主义信仰教育可以帮助大学生抵御西方不良社会思潮，坚定其共产主义信念。"青年兴，则国家兴；青年强，则国家强。"青年大学生是未来的新生力量，谁拥有青年，谁就拥有未来。随着经济全球化的深入发展，文化与政治、经济和科技相互交融，各种思想文化相互激荡。与此同时，西方一些国家以其强大的经济基础为后盾，借助现代化的网络等信息传播手段加强对他国青年意识形态、价值观念的渗透和影响。如"人权高于主权""全球民主化论"的错误思潮，在一定程度上冲击着大学生，影响着他们科学信仰的确立和正确价值观的形成。马克思主义信仰教育就是要让大学生学会用马克思主义的立场、观点和方法分析、评价和批判西方社会思潮，看清西方社会思潮的本质，解开青年大学生思想谜团、抵御西方不良社会思潮，使青年大学生正确认识资本主义社会、认清西方宣扬的所谓人权、民主、自由的本质，提高政治鉴别力和政治敏锐性、坚定共产主义信念。

第三，马克思主义信仰教育是培育共产主义新人、培养社会主义事业合格建设者和接班人的必然要求。大学生是民族和国家的希望。我国是社会主义国家，必须坚持马克思主义在意识形态领域的指导地位。大学生作为社会主义和共产主义的实践者，只有具备坚定的马克思主义信仰，才能认清共产主义实现的长期性，正确看待社会主义事业发展过程中的曲折，坚定共产主义胜利的必然性，增强自身的使命感和责任心，最大限度地调动其情感投入到社会主义建设的伟大实践中。

（二）大学生进行马克思主义信仰教育的途径

1. 提高对大学生马克思主义信仰教育的科学性

为提高马克思主义信仰教育的科学性和有效性，具体应做到以下几点。

第一，必须注重培养大学生运用马克思主义立场、观点、方法分析问题、解决问题的能力。当前各种思潮的不断涌现，西方意识形态通过各

第四章　当代大学生核心价值观培育的动因与内容研究

种渠道不断渗透,如何使学生深刻认识各种思潮的实质进而分清主流和支流,就一定要注重对学生运用马克思主义立场、观点、方法分析问题、解决问题能力的培养。通过对学生能力的培养,可以使学生能够在坚持科学立场的前提下对事物进行科学的分析,进而得出科学的结论,实现马克思主义立场、观点、方法实践性功能的有效发挥;同时也使学生在分析问题、解决问题的过程中,增强对马克思主义立场、观点、方法科学性、真知性的感悟和认知,不断提高马克思主义的信仰度。

第二,必须不断更新马克思主义信仰教育的内容,加入时代性的经典内容,改进马克思主义信仰教育的方法。随着改革开放和现代化建设的顺利推进,我国的经济结构有了较大的变化,经济成分的多元化和分配方式的多样化,这两者都对传统的马克思主义理论提出了一定的挑战。要坚定大学生的马克思主义信仰,就必须与时俱进地充实马克思主义信仰教育的内容,使大学生在现实社会中所体会的与理论的讲解相吻合。在方法上应多采取"研讨式""辩论式""案例分析"等互动式的方法和手段,把灌输融入活动或情境之中,借助文学、艺术、美学等形象化教育方式,将严肃的主题以生动形象、喜闻乐见的方式表现出来,从而使大学生在润物无声的熏陶中接受教育,使其近距离地感悟新理论、理解新观点、掌握新思想,提高马克思主义信仰教育的感染力和吸引力。

第三,对学生进行思想教育必须与其心理发展水平相适应。作为思想政治理论课教师要针对学生心理认知系统(包括感知、记忆、思维)和意向系统(情感、意志、动机)发展的阶段性特征(如思维活跃、情感丰富等)科学设计教学内容,使马克思主义理论的讲解、传授符合大学生的心理发展需求,促使学生观念由"要我学、要我信"向"我要学、我要信"的转变,努力实现大学生马克思主义认知深化和马克思主义情感增强的有机统一,为马克思主义信仰的坚定性提供认知、情感、意志上的保证。

2. 加强马克思主义信仰教育队伍能力

提高马克思主义信仰教育队伍的能力可以充分发挥其在马克思主义信仰教育中的主体性、创造性和权威性,可从以下几方面入手。

第一,扎实的马克思主义理论功底。这是高校马克思主义信仰教育队伍业务素质的基本要求,是对大学生进行信仰教育能够取得成功的基础。只有具备扎实的马克思主义理论功底,教育工作者在从事教育工作之时才能正确地为大学生答疑解惑,教育工作才能搞得有声有色。扎实的马克思主义理论功底,首先就表现为熟练掌握马克思主义的基本理论知识。要对马克思主义有全面的认识,要做到既通晓基本原理,又把握科学体系,还应掌握马克思主义立场的基本精神。还表现在要能够正确掌握理论的科学体系和精神实质以及立场、观点、方法,并用以解决实际问题。理论功底扎实才能有所创新,不断提高由理论体系向教学体系转换的能力;理论功底扎实才能把握精神实质,不断提高研究和回答现实问题的能力,从而凸显马克思主义的科学性和实践性,提升马克思主义信仰教育的有效性。

第二,坚定教育队伍的马克思主义信仰。坚定不移地信仰马克思主义,在实践中集中体现在始终如一地坚持社会主义方向。信仰马克思主义,就是相信马克思主义揭示的社会历史发展的必然趋势,坚定不移地坚持社会主义方向。信仰坚定的理论教育队伍必须具有较强的政治鉴别力和政治敏锐性,在复杂多变的现实生活中,能从政治的角度高度观察、分析问题,保持政治上的清醒和坚定,深刻领会和认真贯彻党的基本理论、基本路线和基本纲领,明确在重大政治问题上应坚持什么、反对什么,始终如一地坚持社会主义方向。唯有如此,才能正确引导学生坚持社会主义方向,否则,就可能不自觉地用一些错误的观点误导学生,使理论教育偏离马克思主义方向。

第三,良好的师德师风形象。马克思主义信仰教育者的为人师表主要表现在知识的渊博上以及道德的高尚和作风的优良上。优良的师德师风可以实现其知识魅力与人格魅力的有机统一,增强马克思信仰教育的有效度。如信仰教育工作者的严谨治学态度,可让学生感受学识的魅力;其和蔼可亲,可缩短与学生交流的心理距离;其诲人不倦,可催化学生的敬师之情;其言行一致,可提供良好的榜样示范。

3. 注重加强对大学生进行中国特色社会主义的实践教育

实践是检验真理的有效途径,大学生对马克思主义信仰的认知和情感体验只有经过实践的锻造,在生活中亲身经历过后才能有效形成认知、情感和意志的合力,才能进一步内化为实践的原动力。因此,要让信仰教育植根于现实、生动的社会实践活动和具体的情境之中,组织和促使大学生投身其中,深化信仰体验。另外,加强大学生的马克思主义信仰教育还必须将理论学习与参加社会实践统一起来,在对中国特色社会主义理论和成就进行积极宣传的同时,要让大学生也积极投身于其中,

第四章 当代大学生核心价值观培育的动因与内容研究

从自身做起,从平凡之事做起。这样他们才能接触社会、了解国情、体察民意,充分认识到党的路线、方针、政策的正确性、科学性、合理性,体会到自己肩负的历史使命和责任,从而深刻地理解和掌握马克思主义,深化对马克思主义信仰科学性和实践性的体验,进而坚定马克思主义信仰,矢志不渝地为共产主义奋斗终生。

4. 加强对网络领地的占领

第一,充分利用网络优势,实现高科技与高境界的有机结合。网络技术可以集文字、图像、声音、视频为一体,声情并茂、视听兼备、感染力强,使大学生在立体的、动态的、活泼的氛围中接受教育。在对大学生进行马克思主义信仰教育时,可将马克思主义的教学内容编成生动形象的程序、软件等,实现马克思主义教学内容的数字化、丰富化,实现高科技与高境界的完美结合,增强大学生学习马克思主义理论的兴趣,提高马克思主义信仰教育的辐射力、吸引力和感召力。

第二,加强建设马克思主义主题网站,提高网上与网下的互动交流频率。为增强马克思主义主题网站的吸引度和影响力,主题网站的建设力求做到:内容方面既要有中国特色社会主义理论体系这一主旋律的唱响,又要有大学生所关注的社会热点问题的伴奏,做到理论阐释现实,现实印证理论,让马克思主义理论的光芒在实践中得到更好的闪耀;建设主体既要有院系党委(党总支),又要有思想政治理论课教师的积极参与,还要有相关学生社团的自我管理,进而实现来自不同主体、不同视角、不同声音的良好互动,在互动中增强大学生的政治敏锐性和政治鉴别力,提升马克思主义信仰教育的有效性;在链接方面,可充分发挥超链接在资源共享方面的优势,实现与兄弟院校主题网站的链接,扩大马克思主义信仰教育的覆盖面,增强马克思主义信仰教育的网上战斗力和影响力。

二、理想信念教育

(一)对大学生开展理想信念教育的必要性

当前,一些大学生不同程度地存在政治信仰迷茫、理想信念模糊、价值取向扭曲等问题,在思想政治教育中用中国特色社会主义共同理想教育大学生,是解决这些问题的有效途径。

1. 引导大学生树立中国特色社会主义共同理想是国家发展的需要

改革开放四十多年来,社会主义市场经济不断深入发展,我国经济发展的各部分都日益多元化,这就不可避免地导致了社会意识多样化,因此,树立一个能够代表广大人民根本利益,为社会各个阶层广泛认可和接受,能有效凝聚各个方面智慧和力量的共同理想就成为当下国家发展的迫切需求。一个人有了崇高的理想信念,就能排除万难,自强不息地执着奋斗;一个民族、一个国家有了共同理想,就能齐心协力,励精图治。因此,要实现国家的发展进步,就必须引导大学生树立中国特色的社会主义共同理想,激励他们为国家发展贡献自己的力量。此外,邓小平提出:"科学技术是第一生产力。"这句话明确指出了科学技术对于经济发展的重要意义。大学生是我国众多人口中有机会接受高等教育的少数成员,他们正是科学技术的掌握者和运用者。未来的几十年正值我国现代化建设承前启后的关键阶段,大学生正是这一阶段的建设者和创造者。因此,未来国家的发展战略能否实现,国家的经济能否持续增长,主要取决于大学生的思想政治素质能否引领他们将自己的聪明才智贡献于中国特色社会主义事业。而科学、崇高的理想正是指引人生前进方向和道路的明灯。青年时期是人生中最有热情追求理想的时期,大学生在这一阶段树立了中国特色社会主义共同理想,一般都可信守终生。这样,在社会主义共同理想的指引下,人生的每一阶段都为这样的理想所激励,在工作的每一岗位都为这样的理想而奋斗,个人理想实现的过程也就是国家富强民主文明和谐美丽程度提升的过程。

2. 引导大学生树立中国特色社会主义共同理想是时代进步的要求

中国特色社会主义是中国未来发展的前进方向,它决定了在社会主义现代化和全面建设小康社会进程中"举什么旗、走什么路"的大问题。中国特色社会主义的建设要求我们坚定不移地坚持解放思想、改革开放、科学发展和社会和谐的道路不动摇,为全面建设小康社会而奋斗。时代的召唤确定了大学生的使命和责任,需要大学生从现在开始,进一

第四章 当代大学生核心价值观培育的动因与内容研究

步树立中国特色社会主义的理想和信念。

3. 引导大学生树立中国特色社会主义共同理想是个人发展的需要

人是一种群居动物,人的一切活动都是在社会的范围内进行的。个人成长的条件、发展的机会、肩负的责任都是同社会的发展紧密联系在一起的。个人的发展只有同国家和社会的整体发展目标相结合,才能获得更大的发展空间。中国特色的社会主义道路是中华民族的历史选择,是国家和民族的未来走向,大学生作为中华民族的一分子,也必然受到这一旗帜的指引。因此,大学生只有把自己的个人理想同全体社会成员的共同理想相契合,才有可能实现自己的个人理想。在我国现阶段,坚持走中国特色社会主义道路,实现中华民族的伟大复兴是广大人民不懈追求的共同理想。大学生只有把个人发展与这一共同理想有机结合起来,才能找准自己的人生定位,实现自己的人生价值。

(二)理想信念教育的途径

1. 坚持用马克思主义中国化最新成果武装大学生头脑

在价值观念多样化的今天,教会大学生用马克思主义的立场、观点、方法认识国情、认识世界,是引导大学生树立中国特色社会主义共同理想的基本前提。实现中华民族的伟大复兴是全国人民共同的伟大事业,要使当代大学生自觉将这一共同理想作为自己的追求目标,就必须用马克思主义中国化的最新成果武装他们的头脑。有了这个科学思想武器,就能使当代大学生正确认识资本主义社会基本矛盾及其发展的历史趋势,认识社会主义事业的长期性、艰巨性、复杂性和社会主义制度的强大生命力。

2. 把共同理想教育融入高校教育的全过程,贯穿到各项工作中

(1)在思想政治教育中开展全方位的理想信念教育

理想信念是在人的社会生活的各项活动中逐渐树立的。因此,要把共同理想教育渗透到大学生思想政治教育的方方面面。思想政治教育者要让学生在了解现实的基础上探索历史,更要让学生在了解国内情况

的同时放眼世界;要组织大学生积极参与社会实践,让他们在实践中感受中国特色社会主义理论的科学性和先进性,感受中国特色社会主义道路的无比正确性。

(2)将理想信念教育与其他学科教育相结合

第一,将理想信念教育与形势政策教育、国情教育相结合。在大学教育中,要深入开展形势政策教育、国情教育、革命传统教育、改革开放教育、国防教育,组织大学生学习中国近现代史特别是党领导人民进行革命、建设、改革的历史,在历史教育的熏陶中坚定大学生对中国特色社会主义的信心和信念。

第二,将理想信念教育与科学教育相结合。教育引导人民群众掌握科学方法,崇尚科学精神,捋清唯物论与唯心论、科学与迷信、文明与愚昧的区别,增强他们识别和抵制各种唯心主义、封建迷信及伪科学的能力,使其理想信念牢固地树立在科学的基础上。

3. 引导学生加深"四个正确认识"

(1)正确认识中国特色和国际比较

在全球化和中国改革开放的大背景下,中国与世界时时处于互动之中,大学生总是习惯性地寻求在二者之间进行比较。在这种比较过程中,如果失去正确的立场、观点和方法,往往会得出模糊甚至错误的结论。当代大学生许多思想上的问题便是因此而产生的。必须正视这些问题和回答这些问题,而不能回避这些问题。要引导学生在国际比较中正确认识中国特色和中国优势,教育引导他们强化民族自信。

(2)正确认识世界和中国发展大势

尽管人类社会的历史发展充满了曲折性,但总体的方向是前进和上升的。那些"社会主义过时论""共产主义渺茫论"的提倡者,归根结底是抱有一种意识形态的偏见。我们只有引领学生客观地了解世界、了解国情,看清发展大势,把握历史规律,让他们学会敢于面对问题并勤于思辨问题,在这个过程中扬弃错误的观点,树立正确的观点,才能最终坚定社会主义乃至共产主义的理想信念。

(3)正确认识时代责任和历史使命

以实现国家富强、民族振兴、人民幸福为基本内涵的中国梦,顺应了当代中国发展的大势、全国各族人民创造美好未来的热切期盼以及世界发展进步的潮流,描绘了中华民族走向未来的宏伟图景,反映了全体中

第四章 当代大学生核心价值观培育的动因与内容研究

华儿女梦寐以求的共同心愿,展示了中国为人类文明做出更大贡献的意愿。当代大学生应当用中国梦激扬青春梦,为自己"点亮理想的灯、照亮前行的路"。当代大学生应当正确认识中国梦,正确认识时代赋予自己的责任与历史使命,在坚定自信、增强自觉与奋力自强中去谱写自己的美好人生。

(4)正确认识远大抱负和脚踏实地

大学生要早日立下人生大志,成就伟大事业。梦就在自己的前方,路就在自己的脚下。一个人从寻梦、追梦到筑梦、圆梦,是一个充满艰辛和汗水的过程,对此一定要有正确的认识。只有以一种自强不息的奋斗精神,脚踏实地地将自己的远大抱负变成实际行动,才会成就自己的梦想。"梦想从学习开始,事业靠本领成就。"只有让勤奋学习与增长本领成为青春飞扬与搏击的动力,只有锤炼出一种坚强的意志和品格,只有培养出一种奋勇争先的积极进取精神,只有历练出一种不怕失败的过强心理素质,只有保持一种乐观向上的人生态度,才能勇敢面对梦想实现过程中的千辛万苦。

三、爱国主义教育

(一)当前爱国主义理念上存在的一些误区

在经济全球化的不断冲击中,中西方文化不断合璧,一些人对爱国主义的认识与理解上存在一定程度上的困惑,也成为爱国主义面临的当代挑战,这种困惑主要分为以下几个方面。

1. 对国家和民族的前途信心不足

相比于西方发达国家,中国的经济、文化相对落后,导致很多人悲观失望,对国家和民族的前途信心不足,原因主要有以下有五个方面。

第一,他们过高地估计了我国敌对势力的实力,没有理性地认识到我国人民战胜敌人的信心和实力。

第二,他们不了解世界形势,不理解人类社会发展的必然规律是社会主义必然取代资本主义。

第三,他们只看到我国经济、政治、文化建设存在的困难,没有看到我们抵御风险的能力,没有看到国际力量对我们内政和外交的大力支持,没有看到中华民族日益繁荣昌盛的趋势已势不可挡。

第四,他们自身缺乏创新、吃苦和奉献的精神,遇到一点问题就退缩,止步不前,没继承好中华民族的优良道德,于是对国家和民族的前途信心不足甚至产生怀疑。

第五,他们看到了一些民族的劣根性,就夸大其词,以偏概全地否定整个民族,而没有通过纵横对比去发现中华民族的优点和优越性。

2. 爱国主义价值取向在多元化进程中趋向于现实化和庸俗化

价值取向是人们在一定价值观的支配引导下,对某一事物和现象所作出的具体选择或追求。随着中国实施改革开放和加入 WTO 以来,中西文化的交流和碰撞日益频繁化,各种价值观也相互影响着。文化的多元化给人们的爱国价值取向带来了新的挑战,价值取向多元化已成为不容置疑的事实。

有人坚持忠于整个国家、为民服务的价值观,这种价值观是爱国主义的主流;有人认为爱国先爱人,他们会比以往任何时候都关注同胞的生命、生存和生活状态;有人持有享受与奉献并存的爱国方式;有人持有虚无主义的价值取向,认为爱国与否无所谓,不会对自己的生活产生任何影响。

爱国主义价值取向多元化本是必然趋势,但是其中的现实化和庸俗化倾向也定然会引起我们的重视与警惕。

有人爱国会讲条件,在面对国家安全利益事件时,他们首先会考虑的是切身利益。比较典型的是与国外勾结损害祖国利益的不法分子,为了获得一点蝇头小利,他们不惜出卖中国的军事国情,给中国人民带来了很大伤害。

(二)大学生进行爱国主义教育的途径

1. 学校方面

(1)营造爱国主义教育氛围

第一,学生校园文化活动丰富多彩,是进行爱国主义教育的重要手

第四章 当代大学生核心价值观培育的动因与内容研究

段。校园文化,象征着校园精神。积极向上的校园文化建设,可以在校园内形成浓厚的爱国主义氛围,学生置身其中,耳濡目染,长此以往会潜移默化地受到很好的教育。

第二,学校要加强爱国主义礼仪制度建设。爱国主义礼仪制度是激发学生的爱国情怀,弘扬爱国主义精神的重要手段。学校应坚持在每周周一、开学、毕业典礼及有重大活动时,举行全校学生升国旗、唱国歌活动,帮助同学们树立爱国主义意识。

第三,学校要善于运用各种媒体,营造爱国主义氛围,对学生进行间接的爱国主义教育。学校要合理运用好报刊、广播、电视、橱窗、板报、互联网等传播手段,开辟爱国主义教育专栏,大力宣传中华民族的光荣传统和奋斗历史,利用历史和现实中的爱国英雄人物和先进事迹对学生进行爱国主义教育,形成爱国主义教育的浓郁氛围,引起学生强烈的共鸣感。

第四,学校要通过开展各种各样的爱国主义教育活动,比如讲座、主题班会、党团组织活动、红歌比赛、演讲赛、辩论赛来增强学生的爱国主义信念。

第五,学校要经常组织学生参观爱国主义教育基地,使学生亲临其境地受到爱国主义教育,如结合重要的节日、纪念日,组织学生参观、瞻仰活动,并让学生写下感想;结合一定的教育主题,组织学生走出校园进行社会考察和社会实践,并在此基础上开展征文比赛、主题演讲会、专题讲座、知识竞赛等教育活动。通过活动,来激发学生们的爱国热忱,树立自己对于国家和民族的责任感。

(2)强化课堂主渠道的作用

课堂是学生获取知识和信息的主要场所,也是学校进行爱国主义教育的主渠道。学校可通过相关课程教育,帮助学生认识和理解爱国主义,让他们认识到"在当代中国,爱国主义与和谐社会在本质上是统一的",并培养当代学生们对伟大祖国的无比热爱之情,激发他们对国家、民族和社会的强烈责任感、自豪感与历史使命感,自觉抵制危害国家利益的行为,为中华民族的伟大复兴和繁荣昌盛奉献自己的力量。同时,课堂教育应帮助学生们明确他们本该拥有的权利和应承担的责任,让他们意识到国家与每个人息息相关,引导他们自觉地把个人的成长、成才与国家的现状、发展联系在一起,进而让学生们树立正确的人生观、价值观、道德观。

(3)在社会实践中升华爱国主义情感

爱国主义不是空洞冗长的说教,而是学生们知、情、意、行的统一体。为了培养学生的爱国热情,必须让学生进行爱国主义实践,比如,学校可以多开展一些青年志愿者活动、社会实践调查活动、科技创新竞赛以及智力支农支边活动等,去丰富学生的知识和社会阅历。这不仅增强学生的社会使命感和责任感,更会帮助他们把报国之志转化为投身爱国主义的实际行动中。

2. 社会途径

(1)大众传媒教育

报刊、广播、电视、橱窗、板报、互联网是宣传爱国主义教育的很好途径,为开办各种爱国主义教育活动提供有力的支持,因为它们是舆论氛围的制造者,是党的各项路线方针的传播者,是先进文化的辐射者。如今,我们生活在媒体的世界里,我们足不出户就可以了解时事政治,任何耳朵听的、眼见的、感受到的大众传媒力量都会对人们的爱国主义产生不可忽视的作用。所以,我们一定要合理利用大众传媒的优点,对广大公民进行理论传播和事实引导,从而进行爱国主义教育。

(2)生活环境教育

爱国主义教育必须坚持生活化的原则和方法。环境对于爱国主义教育有着非常重要的作用,所以我们要高度重视环境对人们爱国主义精神的影响,让人们时常而真切地感受到爱国主义教育的熏陶,从而潜移默化地受到影响。另外,我们也要积极发挥各大传播媒体和影视戏剧作品等对我们生活环境的作用。由于报刊、电视、广播、互联网等各大传播媒体和影视戏剧作品,具有很强的渗透力和影响力,是进行培育和践行爱国主义教育的有效方法。各大传播媒体要把教育的内容融于人们的生活中,让人们在娱乐轻松的同时,也获得思想上和道德上的感化,比如,有很多爱国公益广告,有"你的一言一行,都代表着中国形象,谦和有礼,遵守规则,让世界见证华夏礼仪之邦",也有"用善意传递给世界温暖,让世界感受什么是中国温度",以此来强化人们的爱国意识,培养民族认同感。

(3)特殊时机教育

我们要抓住各种特殊时机,比如纪念九·一八、纪念抗战胜利等,这些特殊时机教育事件感染性强,代表性强,说服力强,能有效地指导人们的爱国行为,对于爱国主义教育有着非常明显而深刻的作用。

四、个人修养教育

做事先做人,一个人为人处世,首先要修德。人而无德,行之不远。因此,在对大学生进行思想政治教育时,个人修养教育应作为其中的重点内容。

(一)大学生感恩教育

感恩教育,就是使学生养成感恩的意识和习惯,使其对他人、对社会、对自然常怀感激之心和致谢之情,并将学会感恩内化为个人个性品质的一部分。感恩教育是一种情感教育,又是一种道德教育,更是一种以人性唤起人性的人性教育。

1. 感恩教育的内容

(1)对父母的感恩

母爱似海,父爱如山,父母的恩情深沉、厚重、广博。从咿呀学语到长大成人,父母给予了我们无微不至的照顾,他们的爱倾注于我们每一个成长瞬间。感恩父母的养育之恩、教育之恩在中外感恩文化中占有根本性地位,而我国传统文化更是重视"亲亲"的封建伦理,重视孝道。对父母养育之恩的感激是道德实践的基点,只有认识到父母对我们的恩情并真切回报,才能发展到对他人、国家和社会等方面的感恩。

(2)对学校和老师的感恩

尊师重教也是重要的道德规范和行为要求,它关系到一个国家建设发展,关系到个人的幸福生活。尤其是在知识经济时代,教师的引导对一个人的成长、成才至关重要,由此,感恩教师应成为大学生感恩教育的重要内容。

(3)对社会和他人帮助的感恩

个体成长于社会之中,无时无刻不与他人发生联系,感恩教育的内容设置应该将此涵盖在内。我们应感激每一个来自他人的善举,感谢他们在自己及他人遭遇困难时能够伸出援助之手,提供无私的帮助,正是由于这些善举的存在,社会才更加美好。当代大学生的生活与社会关系紧密,培养这种对社会和他人的感恩之心,具有良好的社会氛围。

(4)对党和国家再造的感恩

祖国给予了我们成长的条件和基础,国家的长足发展为个体的发展及价值的实现提供了良好的环境。党为我们谋幸福,为我们创造幸福和谐的生活条件。

新时代的大学生,生活幸福美好,所以,应将党和国家的恩情牢记心间,树立报国之志,为祖国的繁荣富强贡献力量。

2. 感恩教育过程中应该注意的问题

第一,感恩教育是全员过程。感恩教育关系到亲情、社会、国家、自然等多个方面。所以,家庭、社会等都应承担起相应的责任,形成协调一致的教育网络。这样大学生才能处处感受温暖,心间时时充满感激。

第二,感恩教育要注意发挥教师的示范作用。身教会有更大的感染力和说服力,教师在教书育人过程中要注重发挥自身的示范作用。教师应加强自身素质修养,为学生树立做人的典范,尤其是在感恩方面,要负担起对自己父母、对社会、对国家和党、对自然的责任,并在教育教学过程中关爱每一个学生,特别是对那些学习有困难或有不良品行的学生,用真诚感动他们,激发他们的感恩之心。

第三,感恩教育应讲究方式方法。感恩教育不仅是一种认识活动,同时也是一种情感活动。它要求教师在教育过程中做到以理服人、以情感人、情理交融、感人心灵,让学生在不知不觉中受到教育,使其知、情、意、行在情理交融中实现自我更新,自我完善。

(二)大学生诚信教育

1. 大学生诚信危机的表现

在当前大学校园里,不诚信的现象层出不穷。大学生群体暴露出诚信危机,主要表现在以下几个方面。

第一,考试作弊者较多,论文剽窃现象严重。一些学生放松了应考的思想警惕,不是积极备考,而是想方设法在考试中找捷径,甚至以作弊的方式来对待考试,有的学生还因考试作弊而被学校通报批评。而论文剽窃主要体现在平时的作业、期末论文及毕业论文中,学生自己不愿潜心钻研,将下载的论文直接改名变成自己的,或只做稍微改动就上交的行为是一种不诚信的行为,是一种自欺欺人的行为。一些学生在心理上

第四章　当代大学生核心价值观培育的动因与内容研究

也认为自己的这种行为是不正确的,但鉴于大环境使然,也就随波逐流。高中那种刻苦学习、拼搏向上、实事求是的态度,在大学完全被湮没,一定程度上留下的是投机取巧,相互欺骗的行为和作风。

第二,制造虚假履历。大学生功利思想日益滋生,入党、评优等方面的动机不纯。或者大学生为了能够找到更好的工作,过分夸大自己的优点,掩饰自己的缺点,甚至是编造履历以获得用人单位的青睐,这些行为都是一种欺骗对方的行为,应引以为戒。

第三,拖欠学费和助学贷款。在大学中拖欠学费,不能按时还贷款也是一个常见现象。有的甚至在贫困生助学贷款中弄虚作假,学校对这些材料无法辨真伪,因此,会将一些浑水摸鱼的学生列入贫困生。

第四,网络中的不诚信。虚拟网络的发展,使当代大学生能更广泛、更快捷地获得知识,极大地改变着大学生的学习、生活习惯以及与外界环境交往的方式,同时,也带来了不少消极的影响和问题。网络的存在,形成了一个与现实社会不同的"虚拟社会"。在"虚拟社会"中,传统道德关于诚信的制约机制被弱化。大学生作为网络的主要应用主体,能否正确使用网络,从一定意义上讲,取决于大学生个人的诚信品质。

2. 加强对大学生的诚信教育

第一,开展诚信教育,切实提高大学生诚信素质。在大学校园中,首先要加强诚信宣传,端正学生的观念认识。加强对学校中存在的不诚信现象的批判,树立良好道德模范,使学生向先进看齐。

第二,对剽窃者既严厉批评,也要提供改过自新的机会,本着教育的目的与学生对话,避免其自尊心受到过分的伤害,走向极端。在学校里端正了学生的认识,才能使其步入社会之后,能够以更加高尚的品格为人处世,受到更多人的尊重,这样,事业及人生路才能更加顺畅。在教育过程中要深入学生内心,将学生心中的疙瘩、疑惑解决掉,使学生从心中真正认识到问题的存在。此外,学校其他部门要通力合作,深化教育效果,做到全面育人。

第三,通过网络思想政治教育,树立学生良好品质。网络信息纷繁复杂,对学生影响不容忽视,在加强学生网络教育时要着重加强学生诚信教育,使学生在畅游网络时,既不对他人造成不必要的影响,也不受网络虚假信息、网络诈骗等的影响。

第四,建立健全诚信评价机制。诚信评价机制要有系统的方法和标准,如将大学生考试舞弊次数、逃课次数、信用卡违约次数等加入评价体系,运用这些标准来规范学生行为,使其在日常的学习和生活中潜移默化接受诚信道德观念的约束。

诚信问题不容小觑,尤其是在社会主义市场经济大潮中,这种品质是立身之本,遵守契约、遵守法治是开展一切活动的根本,所以大学生要将诚信问题视为自身发展的重要问题,在长久的生活中,逐渐磨炼自身的这种品质。

(三)大学生修身教育

1. 我国传统文化中对修身的论述

(1)重德与养性

道德问题一直是中国传统文化的主要内容。人们重德、敬德,注重德性修养,并把人的德性修养看得高于一切,认为人之所以贵于万物,就在于人有道德。

对于德,不同的流派有不同的认识,儒家认为德的核心是"仁",人与人之间的基本道德规范就是和谐相爱,互帮互助,"己欲立而立人""己所不欲,勿施于人"等,这些都是对做人的规范。道家主张清净无为即为德,更注重人本真个性的保持,认为"得其天性谓之德"。墨家主张"兼相爱、交相利"即为"德",墨家的"德"带有很强的功利主义色彩,认为人与人之间的相处要互相有利,这样关系才能长久。后世传入中国的佛学则主张多行善,多做有益于他人的事情,即积善行德,最终才能够达到美好的彼岸世界。

道德规范的约束力、规范作用的发挥,还需要靠人的践行,即在生活中不断"养性",儒家强调"重行"和"反思",注重对道德的实际践行,道德规范只有在不断的践行中才能成为德行,才能成为德性的一部分。孔子注重将德性修养与济世联系在一起,躬行道德规范的同时,要"修己以敬""修己以安人""修己以安百姓"。宋代朱熹也很强调"行"的重要性,但他更重视知的重要性,并认为知是行的前提。清代思想家颜元在道德修养方面也提出重"践履"、重"习行",主张"德性以用而见其醇驳",这是以行为("习行")之效("用")作为检验"德性"之"醇驳"的客观标准的观点,接近于"实践是检验真理的标准"的思想,在思想史上是很有价值的。

第四章　当代大学生核心价值观培育的动因与内容研究

儒家"养性"的主要方法是"内省""反思"。孔子曰:"见贤思齐焉,见不贤而内自省也。"强调见到贤人要向他看齐,就要学习他身上的优点,看到不贤之人也要认真反思一下自己身上是否也有那样的缺点。同时孔子强调"吾日三省吾身",认为反省要保持经常性,只有这样才能深入反思自身缺点,改正自己身上的不良品行。

儒家"内省"透视出人之为人的高度责任心。人应该对自己进行约束,使自己的行为符合道德规范,通过对优良品行的学习和对不良品行的抵制,使自身形成良好道德品质。

(2)重生与修身

自原始社会以来,人类就对生、死、神灵等问题进行了思考,只是由于生产力水平低下以及人的认识能力有限,在对这些问题的认识上还存在扭曲,将自然现象归于神、鬼神的意志,人类处于一种对生存状况无法掌控的状态。

随着原始社会的瓦解,中国进入奴隶制时期。那时候,生产力水平得到提高,生产工具得到改造,人们开始认识到劳动的价值,认识到自身的作用,对鬼神的崇拜程度也随之降低。虽然在进行重大活动之前,仍然会观察天象,听取天的旨意,但将天的意志和人的意志融合起来了。《尚书·皋陶谟》有"天聪明自我民聪明,天明畏自我民明畏"的句子,意思是说,上天从人的好恶和角度实施奖惩。至春秋战国时期,文化思潮云涌,百家争鸣,各学派对人、国家发展等问题进行了深入思考,其中不乏一些有价值的见解。但比较而言,儒家的"重生"观念与"修身"精神影响最大,且源远流长。

古代的"重生"观对儒家有很大影响。这种思想首先体现为"人贵于物"的思想,《孝经》引孔子的话说:"天地之性人为贵"。据《论语》记载,"厩焚,子退朝,问:伤人乎?不问马"。意思是说,当马棚失火了,孔子并没有问马是否有问题,而是问人是否受到了伤害,这在重畜轻人(五个奴隶抵一匹马加一束丝)的时代实际上是对人的尊重,是对人价值的一种肯定。孔子还极力反对活人殉葬,体现出儒家的重生观念。

道家也注重"养生",但道家更强调根据生命发展规律,达到保养生命、延年益寿的目的。儒家的"重生""修身"是积极入世的表现,儒家更加强调保养好生命去实现自己的人生价值和社会抱负,更好地去修身、齐家、治国、平天下,在国家和社会需要时,他们宁愿舍生取义。

儒家的生死观念是其修身思想的一个高度集中的体现,强调生要有价值,死要死得其所,其中包含着为国家民族利益而献身的精神。正因为有这样的生命观和价值观,所以,在儒家教化中,注重民族气节、民族精神的培育。

中国传统文化一直重视人的生命价值,重视身心的修养,我们应该积极汲取这些思想中的精华,把修身和养性并重。

(3) 重学与教化

中国古代思想家特别重视学习与教化。《论语》开篇语即为:"学而时习之,不亦说乎?"孔子的学习思想十分丰富,对我国的教育发展做出了卓越贡献。这些思想包括:一是虚心好学,"三人行,必有我师"反映出孔子愿意向身边的人虚心请教,"敏而好学,不耻下问"也是孔子爱好学习,具有探究精神的反映。二是孔子主张以学为乐,认为"知之者不如好之者,好之者不如乐之者",真正以学为乐的人才能够对学习保持浓厚的兴趣,才能够博学。三是孔子认为学习应有的态度是"知之为知之,不知为不知",只有实事求是,才能保持谦逊的态度,才能够使自己不断进取。四是孔子主张学思结合,认为"学而不思则罔,思而不学则殆",学习和思考要结合起来,思必须以学为基础,学习后必须要进行一定的思考。孔子在强调乐学、博学的基础上,注重学习态度的培养和学习方法的修正。不主张死读书、读死书。孔子之后,孟子继承了孔子的教育思想,并且更加重视教育的作用,认为教育是人区别于物,是贤与不肖相区别的原因,教育使人的天性得以发挥,对人具有重要的熏陶作用,教育使伦理纲常很好地延续下去。教育是社会秩序建立的基础和基石。孟子主张循序渐进的教育方式,对学生教育要扎扎实实,逐步推进。此外,孟子认为学习要专心致志,不为外物打扰,只有这样,才能够学有所成。

2. 修身教育对道德形成、发展规律的借鉴

(1) 道德认识的提高

道德认识主要是指人们对个人同社会和他人的关系,以及对一定社会或阶级用以调节这种关系的理论、原则和规范等的了解和掌握。从层次上看,道德认识可以划分为感性认识和理性认识;从内容上看,无论是感性认识还是理性认识,都是为了要掌握道德观念和范畴以及根据一定的道德原则和规范,对社会现实道德关系和行为的道德价值进行评价。

道德认识是学生形成和发展自身品德的认识基础。道德认识能够帮助学生形成道德的义务感,增强学生对善恶的辨别能力,提升学生的

第四章　当代大学生核心价值观培育的动因与内容研究

良知感。道德认识的形成主要是指道德观念、道德信念及道德评价能力的形成。道德观念是一个人对是非的基本判断,是对什么该做,什么不该做,社会提倡什么和批判什么的基本认识。只有树立正确的观念,才能形成良好的道德认识。道德观念的培育不仅在于明确社会规范,深入领会道德行为准则的要求,更重要的是能够将这些规范、规则进行内化,形成自身的道德需要。

道德信念是在道德认识基础上产生的,是道德认识的深化,道德认识只是一瞬间或一时间的观念,还不稳定,只有道德认识转化为道德信念,才能够具有稳定性和行为推动性。道德信念是对某种人生观及行为原则的笃信,是道德情感与道德意志的统一,在道德品质中居于主导和核心的地位。道德信念的形成是一个长期的过程,非朝夕之间所能完成。所以,在引导学生道德信念的过程中,要认清学生的内在道德坚持,剖析其处于内心深处的人生观、价值观,端正其道德认识,增强其道德情感,使其形成坚定的道德信念。一要加强学生对道德理论的学习,使其对自身道德品质形成清晰的认识,增强其道德践行的自觉意识。二要将理论积极付诸实践,将学生的道德理论知识在实际中得到应用,使道德认识及道德情感得到巩固与发展。

道德评价是对道德行为做出的肯定或否定的判断,道德评价能力的发展是道德认识形成的主要标志。道德评价在日常生活中经常发生,甚至于人无时无刻不在进行着是非分析、道德判断,不断修正着自己原有的道德认知,道德评价对自身行为具有调节作用,正确的道德评价能够促使自身道德行为的养成与巩固。

个体品德发展在大学阶段虽然趋于稳定、趋于成熟,但仍具有可塑性、可变性等特点,大学生思想道德观念仍较易受到外界因素的影响,学生中思想堕落、道德观念模糊的现象还时有存在,这些问题的存在说明大学生的道德观念还有待提高。因此,在教育过程中更要因材施教,提高学生的道德认识。要坚持正面教育和鼓励教育相结合,坚定学生向先进看齐的意志和信念。

(2)道德意志的锻炼

道德意志是完成道德行为的坚持力,它是在道德认识和道德情感的支配下,克服困难和干扰,笃行道德规范的一种精神力量。在道德意志的支配下,人们的道德行为才能够坚持下去。在践行道德的过程中,会有诸多顾虑,如是否会给自身带来麻烦,是否会引来他人的评论、亲友的埋怨等,尤其是在歪风邪气中,要经受住错误舆论的非难,要坚持正确的做法,遵守道德的约束是需要莫大勇气的,所以,不论是和自己内心的顾虑做斗争,还是和环境抗争,都需要道德意志。这是一种顽强的力量,能够帮助一个人克服各种阻碍和制约。正确引导学生的道德意志锻炼要做到以下几点。

第一,严格要求创造优秀班集体。因为一个优秀的班集体对学生道德意志的发展起着非常重要的作用。教育者要确定集体奋斗目标,组织和培养优秀班干部,并有计划地开展活动,制造正确的舆论,培养优良的班风,以形成一个坚强的扶正祛邪的班集体。同时,教育者在班集体活动中,要有意识地让学生在集体生活中磨炼自己的道德意志,如要求学生要严格遵守纪律,刻苦学习,勤勉上进,努力完成学习任务,等等。

第二,培养学生的自我约束能力。教育者应针对学生的意志特点,培养他们的自我意识,使他们在行为上能自我认识、自我约束、自我克制,促进自制力与坚持力的发展。

第三,根据学生的个性差异,因材施教。培养学生的道德意志应有针对性,要针对学生意志上的特点和个性差异,采取不同的锻炼措施。

(3)道德情感的培养

道德情感是基于道德认识而产生的人类特有的一种高级情感,这种情感是对道德关系和道德行为进行认识和评价的基础上形成的爱好或憎恶的情感态度。道德情感是形成道德行为的催化剂,道德认识对人的行为的推动作用是有限的,道德情感的推动作用是巨大的,情感是一种稳定的、高级的具有巨大能量的推动力量,这种力量能够促使学生履行其应有的道德义务。学生道德情感的培养要注意三个方面。

第一,要创设良好的环境,包括班级环境、宿舍环境、校园环境等,良好的环境具有潜移默化的影响作用,能够激发学生相应的道德情感,如班级荣誉感等。

第二,在培养的方式上,要注重引发学生的感情共鸣。教师要以身作则,为人师表,以情动人,做学生的良师益友,在讲述和评价道德行为时,应带有明显的情感倾向性,尤其在奖惩、褒贬时,应该态度鲜明,以激起学生的共鸣。师生情感的共鸣,能在学生情感上产生一种直接感染力量。

第三,要激发学生对榜样的敬慕之情。要多宣传先进、弘扬典型,鼓励学生多接近优秀教职员工和优秀学生,引导学生去体验进行每一次道

第四章 当代大学生核心价值观培育的动因与内容研究

德活动所获得的愉悦和满足,以发展他们深厚的道德情感。

(4)道德行为的培养

在对学生进行道德行为的培养时要做到以下几方面。

第一,要注重学生道德行为方式和技能的掌握,使其深入把握学生行为准则,深刻理解道德行为情境等。同时要注重学生道德智力水平的培养,使其对道德问题进行自主抉择。

第二,培养学生的道德行为习惯,通过提供榜样,或在生活实际中进行引导,批评、纠正其坏习惯,提高其与坏习惯做斗争的勇气和决心。

第五章 当代大学生核心价值观培育的目标与模式研究

社会主义核心价值观教育是高校开展思想教育,提高当代青年学生思想政治觉悟和道德素质的重要手段,在我国社会主义和谐社会建设中发挥着重要的作用。高校社会主义核心价值观教育需要精心的规划和设计,科学确定社会主义核心价值观教育的目标,明确社会主义核心价值观教育的方向,保证社会主义核心价值观教育朝着既定目标发展。此外,高校开展社会主义核心价值观教育,要依据一定的模式,遵循一定的途径。要积极培育和践行社会主义核心价值观教育,就需要在高校采取先进的教育观念,利用新型的教育模式,丰富教学手段,优化教学效果。本章即对当代大学生核心价值观培育的目标与模式进行研究。

第一节 当代大学生核心价值观培育的目标

一、大学生核心价值观目标的立足点

(一)要体现党的教育方针

思想政治教育目标作为一定社会对思想政治教育活动预期结果的设计,总要体现在这个社会中占统治地位阶级的要求,大学生核心价值观作为思想教育的重要内容,要体现党的教育方针。高等学校是培养高素质人才的重要基地和摇篮,肩负着培养社会主义事业接班人的重任。培养社会主义建设者和接班人是我们党的根本教育方针。因此,高等学

第五章 当代大学生核心价值观培育的目标与模式研究

校必须坚持社会主义办学方向,加强大学生核心价值观,努力培养造就具有社会主义思想觉悟和良好道德修养、掌握现代化建设所需要的丰富知识和扎实本领的优秀人才。

(二)要满足社会发展的需要

人的本质是社会关系的总和,脱离一定生产力和生产关系的抽象的人是不存在的,人的发展不能离开社会的发展。大学生核心价值观是社会实践活动的重要组成部分,它既是社会发展的产物,也是促进社会进一步发展的条件。确立和调整大学生核心价值观,必须适应和满足一定的社会发展需要。我们在构建大学生核心价值观目标时,既要立足现实,从实际出发,又要超越现实,面向未来,适应未来社会发展的需要,只有这样,大学生核心价值观目标才能得到科学的制定和有效的实施。

(三)既要体现整体性,又要注重层次性

确定大学生核心价值观目标,必须注意目标体系的整体协调,既要有世界观、人生观、价值观方面的要求,也要有民族精神、基本道德规范、人文素养、科学精神、健康体质等方面的要求,同时还要注意目标体系的层次性,既要有立足于大学生实际的普适性目标,又要引导大学生不断追求更高的目标,使他们中的坚定分子树立共产主义远大理想,确立马克思主义坚定信念。

(四)要体现大学生自身发展的需要

大学生核心价值观是培养和塑造大学生的活动,其活动都直接作用于大学生,正确认识和分析大学生的主体特点和需要是目标设定的起点和基础。大学生核心价值观目标的设定只有符合大学生的特点和需要,才能更有效地促进大学生身心的全面和谐发展。如果忽视大学生的特点,忽视大学生的需要,大学生核心价值观就容易沦为空洞的说教。因此,大学生核心价值观目标的设定,既要满足社会发展的客观需要,又要体现大学生的主体特点和需要。只有当目标建立在社会发展与大学生发展的客观现实基础上,才能真正引导人们积极从事教育实践活动。一般来说,大学生正处于青年发展的中期阶段,处于人生中生理机能最旺盛的时期,他们精力充沛,活动力强,思想敏锐,敢于追求真理,勇于探

索,主体意识和参与意识较强,这些身心条件不仅为大学生灵敏地反映现实社会状况,形成某种思想认识并外化为行为打下了良好的生理基础,而且使得大学生在知行之间的转化速度及行为的强度上,都明显优于其他年龄阶段的群体。同时,由于大学生社会阅历浅,心理发展的趋向还不稳定、不成熟,使得大学生在情感、意志、自我意识等方面往往处于不平衡发展状态,容易和社会现实发生矛盾冲突,加上强烈的聚群性特点以及受到群体压力的影响,使得他们常常出现从众行为,形成某种思想共振,产生狂热情绪和冲动行为,容易把一些社会现象看作社会的本质。总之,他们正在逐步走向成熟而又未完全成熟,具有很强的可塑性。正确认识大学生的身心特点,并以此作为大学生核心价值观目标构建的依据之一,大学生核心价值观教育才能取得良好的效果。

在构建大学生核心价值观目标时,还必须考虑大学生的合理利益和要求。大学生阶段是人的需要发展的高峰时期,对社会的各种需求随着生理和心理发展的逐步成熟而急剧增长,他们对衣食住行呈现出比其他年龄的人更丰富和强烈的要求。在设定大学生核心价值观时应考虑大学生在发展过程中的合理需求,关照他们的工作、学习和生活世界,关心他们生存发展的能力,并体现在具体目标中。只有这样,大学生核心价值观目标才能被大学生真正接受,才会自觉地把社会要求内化为自身的思想观点、理想信念,然后外化为行为,形成行为习惯,进而达到社会需要和个人发展需要的辩证统一。

二、明确大学生核心价值观教育目标的意义

(一)方向性意义

目标,就是方向。核心价值观教育目标,就是培养人们在思想、政治、道德素质上应该达到的规格,明确要培养具有什么样的政治思想和道德素质的人。核心价值观教育目标就是核心价值观教育者和受教育者都应努力的方向。核心价值观教育目标,对教育者而言,是实际工作的指标;对受教育者而言,是思想素质和道德水平所应达到的程度。如果核心价值观教育工作脱离目标,就不仅会造成大量人力、物力、财力的浪费,而且会导致工作结果完全朝背离我们所需要的方向发展,甚至从

第五章　当代大学生核心价值观培育的目标与模式研究

反面阻碍我们的事业发展,阻碍工作对象思想品德的提高,阻碍全社会良好风气的形成,带来严重的危害和损失。

(二)推动性意义

明确当代核心价值观教育目标能够推动核心价值观教育活动的展开。核心价值观教育的目标是核心价值观教育活动开展的预期结果,让教育主体和教育客体看到了教育的结果及其价值所在,从而产生实现这一结果的强大动力。在社会实践活动中,人们总是为一定的目标而努力。目标也因此具有激励人们积极开展实践活动的作用。核心价值观教育目标对于教育者和受教育者都具有激励作用。对教育者而言,目标达成表明其工作有效,因而得到社会的褒奖和肯定,从而激励教育者继续努力。对受教育者而言,目标达成意味着其思想素质和道德水平达到社会的要求,其成为社会需要的人,得到社会的认同和接纳,从而激发受教育者更主动地接受核心价值观教育。因此,在核心价值观教育活动中,科学、具体和可行的目标可以提高教育者和受教育者两个方面的积极性,发挥他们积极参加核心价值观教育的主动性。

(三)检验性意义

效果检验是高校核心价值观教育的重要环节。要保证检验的客观性,就必须依赖一个统一的客观标准,这个标准就是核心价值观教育目标。因为,核心价值观教育目标包含对教育者、受教育者、教育内容等方面的具体要求和规定,反映了党和政府对核心价值观教育的总体要求。所以,依据核心价值观教育目标对教育者进行评价则更具客观性和公正性。

(四)应变性意义

在党的创立时期,需要大力宣传马克思列宁主义,对工人等人民群众进行启蒙教育,于是就开办工人夜校、工人俱乐部以及出版马列主义刊物等;到了抗日战争时期,思想政治工作目标产生了变化,要求彻底清算王明路线、统一全党全军思想,于是便进行了整风运动,为我党树立了理论联系实际、密切联系群众、批评与自我批评三大优良作风,使党的思想政治工作理论和实践都有一个很大的发展。

三、大学生核心价值观教育的具体目标

（一）培育大学生的价值观内核

要以马克思主义理论作为当代大学生核心价值观的灵魂，以及前进的动力，马克思主义是我们党的根本指导思想，是全党全国人民团结奋进的共同思想基础。社会主义核心价值体系的灵魂是马克思主义指导思想，是在马克思主义所制定的严格体系所决定的，是近代中国社会历史发展的必然，也是中国长期发展的历史选择。因此，确立马克思主义信仰理所应当成为大学生核心价值观教育的最重要目标。一定程度上说，马克思主义理论教育的成效结果会直接影响大学生的思想政治教育成败。高校是知识的传播地，是传承文明、创新的重要基地。在坚持马克思主义发展，用马克思主义最新成果指导青年大学生成长和成才的过程中，起到了不可替代的作用。

（二）提升大学生的政治素质

1. 政治素质的内涵

政治素质是反映一个人的政治态度、政治观点、政治理论、价值观念和思想方法等方面的基本品质的总称。政治素质是人的社会文化素质的一部分，其中涉及人们对政治思想、人生理念以及搁置标准和道德观念的认识问题。对于教育而言，要将政治素质放在人的素质结构中的主要位置，对人的其他方面素质的形成起到导向的作用。在培养大学生政治素质的过程中，要有一定的政治信念，政治信念是支撑大学生政治素质培养的关键。当代大学生只有坚持中国特色社会主义的信念，才能更好地学习、克服日常学习中的各种困难，成为对社会有用的人。

同时，大学生还要有一定的政治观念，政治观念是一个人拥有正确政治观念的灵魂，进而通过这些政治观念可以对世界进行改造，运用科学的理论来武装人们的头脑，牢固树立起为人民服务的思想，为党和人民的事业贡献出一切。如今的社会中，各种思想不断涌现，对于很多青年大学生来讲，首先是要保持一个清醒的头脑，要有正确的政治方向。

第五章 当代大学生核心价值观培育的目标与模式研究

要走中国特色社会主义道路,同时要有坚定的政治立场,政治立场是如何处理问题和办事情的政治基点,是大学生政治素质的重要组成部分。大学生只有政治立场坚定,才能在遇到错综复杂的新问题、新情况、新矛盾时,保持正确的抉择。在大学生的素质结构中,政治素质占据了领头作用。大学生不仅拥有健康的体魄,同时还拥有丰富的科学文化知识、优良的审美情操以及能够熟练运用各种劳动技能,这些都属于成才的基本条件,但是这些还不足以使大学生成为一个对社会有用的人才,主要还在于他们的政治方向与政治素质。

各高校在人才培养的过程中,不仅要教会学生知识技能,同时还要培养学生的素质以及能力,但是最根本的还是要让他们具有坚定的政治方向,走上正确的政治道路,进而更好地为人民服务。由此可以看出,提高大学生的政治素质有很重要的现实意义。

2. 大学生应具备的政治素质

(1)坚定的理想信念

大学生要实现人生的价值目标,首先要树立起远大的理想、坚定的信念,进而才能成为推动学生前进的动力。高校要加强大学生对马克思主义理论的教育,以马克思主义人生观和价值观作为精神支柱,使大学生能够正确地认识人类社会发展的规律,树立起远大的共产主义理想。

(2)坚定的政治方向

要使青年大学生深入地学习党的基本理论、基本路线、基本纲领以及基本经验,了解中国的发展历史,充分认清我国发展的国情和方针路线,牢固树立科学发展观,认识国家的前途和命运,认识自己所肩负的社会责任,要为了实现中华民族的伟大复兴而努力奋斗,将个人理想与服务国家理想统一结合起来,脚踏实地地为实现党在现阶段的基本纲领而奋斗。

(3)扎实的科学理论基础

大学生在学习社会主义核心价值观的同时,要掌握马克思主义、毛泽东思想以及中国特色社会主义理论,这是我党在新时期各个阶段的工作任务以及精神指导。学习中国特色社会主义理论,要把握其具有的科学体系以及精神体系,要与中国改革开放和现代化建设的实际相结合,与中国的国情相结合,与自己的理想相结合。发扬坚持不懈、持之以恒、理论联系实际的优良学风,在理论与实际上下功夫,更能发展和提升大学生思想政治素质。

(三)强化大学生的精神品格

人性最高形式的体现就是具有高尚的品格,能够最大限度地展现出人的价值,是世界上最强大的动力之一。任何一种真正的美德,都会受到人们的尊重与喜爱,一个具有崇高美德的人,是值得人们信任、信赖以及效仿的,世界会因为人们的这些品德而变得更加美好。以爱国主义为核心的伟大民族精神和以改革创新为核心的时代精神是当代大学生核心价值观的情感基础,是构成大学生精神品质的核心,是大学生核心价值观教育的重点目标。

1. 爱国主义情感的培育

爱国主义指的是对自己的祖国所具有的最真挚、最深厚以及最热烈的情感,这种情感是历经长期的发展所形成的。这种感情中集中了祖国和人民的忠诚与热爱,是民族的自尊心、自信心以及自豪感,表现的是祖国的富强、人民的幸福以及英勇奋斗的精神。这种感情是中华民族的精神支柱,是中华民族的精神美德。爱国主义是动员和鼓舞中国人民团结奋斗的领导核心,是推动我国社会主义历史前进的巨大力量,是各民族的精神支柱。

爱国主义是中华民族团结奋斗的向心力,是中华民族精神的核心以及最高表现形式,也是各族人民的共同精神支柱,爱国主义广泛渗透到中华民族精神的各个方面中,是中华民族精神的灵魂。

爱国主义是一种身体力行、报效国家的行为。热爱祖国,不是一种情感或者是一种观念,而是具有更多的爱国思想、爱国意识,在这些意识的影响下做出的选择判断。只有将爱国情感和爱国觉悟转化为报国的行动,才是真正的爱国主义。

爱国主义追求民族的独立性,是为了实现人民的民主,必须要在社会主义背景下才能实现。社会要想发展,离不开爱国主义的精神支撑,只有在爱国主义的引导下,才能实现祖国的发展、民族的振兴。社会主义事业得到了发展,爱国主义也只有在坚持中国特色社会主义道路的前提下才具有强大的生命力。

爱国主义是中华民族精神的核心。经过了历史发展的中华民族,形

第五章 当代大学生核心价值观培育的目标与模式研究

成了以爱国主义为核心的团结统一、爱好和平、勤劳勇敢、自强不息的伟大民族精神。爱国主义贯穿了中华民族的精神形成过程,在爱国主义的支持下,形成了中华民族的各种精神内涵,同时使爱国主义不断地丰富和发展。在中华民族精神这一统一体中,爱国主义居于核心地位,它渗透于中华民族精神的一切领域。

2. 时代精神的塑造

在引导和推进社会主义市场经济发展的过程中,人们所具有的时代精神和自立意识、竞争意识、效率意识和民主法治意识相互之间进行融合,就给社会主义现代化事业赋予了强大的生机与活力。社会主义时代精神的弘扬,能够使我们保持蓬勃的朝气、昂扬的锐气以及浩然的正气,进而不懈奋斗。

在当今社会发展条件下,中华民族的爱国主义,继承了历史爱国主义的优良传统,同时也吸收了鲜活的时代精神,使内涵上更加丰富。建设和发展中国特色社会主义是新时期爱国主义的主题。在现阶段,爱国主义主要表现为弘扬民族精神与时代精神,献身于建设和保卫社会主义现代化事业,献身于祖国统一事业。

同样,对于青年学生来说,要以改革和创新为己任,这同时也是时代精神发展的主要动力,他们在对中华民族精神的继承和弘扬上面,直接关系到中国未来发展的方向与前途。当代大学生要立足掌握丰富的知识以及过硬的本领,树立起创新意识,发扬创新精神,要紧跟时代潮流的进步与发展,要确立正确的思想观念和价值取向,做出正确的行为方式,努力走在全社会创新的前列。

(四)促进大学生的全面发展

马克思认为,人的全面发展是人发展的最高目标。在马克思看来,人的全面发展包含着人的全部特征的发展,人以一种全面的方式,就是说,作为一个总体的人,占有自己的全面的本质。人的全面发展理论是马克思主义学说的核心理论,马克思主义所有的学说和理论,归结到一点就是实现人的自由和解放,促进人的自由全面发展。马克思主义人的全面发展理论有着十分丰富的内涵。正确认识和梳理人的全面发展的科学内涵,是我们推动实现当代大学生全面发展的基本前提。在马克思看来,正是人的需要的发展和需要的不断满足推动着人类和人类社会的文明进步。马克思指出,人的需要的发展证明了人的本质力量和人的本质的充实。人的需要具有层次性,需要形式的日渐多样,以及需要的不断得以满足,推动着人的全面发展,进而推动人类社会的全面进步。

1. 人的全面发展的内涵

人的全面发展包括以下几层含义。
(1)人的发展的全面性
一方面,人的全面发展是指全社会中的每一个人都普遍地得到发展;另一方面,人的全面发展是指人的个体素质、丰富个性都得到自由而全面的发展。二者相辅相成,缺一不可。
(2)人的劳动能力的全面发展
劳动,作为人的根本实践活动,创造了人,也造就了人的类本质。因此,劳动能力的强弱和劳动水平的高低,直接决定并且反映着人的自由自觉性的发展程度,劳动能力的全面发展,成为人的自由全面发展的根本。
(3)人的能力的全面性
人在生产劳动中使自己的本质力量对象化,从而使其能力得到确证和发展。人的能力的发展应该是全面的,即:人的物质生产能力、精神生产能力和人的自身生产能力是全面的;人与自然、人与社会发生关系的能力以及自我控制能力是全面的;人的审美能力和自由创造能力是全面的。
(4)人的需要的全面性
在马克思看来,正是人的需要的发展和需要的不断满足推动着人类和人类社会的文明进步。人的需要是人的意识活动及其他各方面行为活动的内在动力。人的需要是多样的和多层次的,不仅有物质需要,还有精神需要,精神需要中又有发展需要、自我实现的需要等。人们总是在旧的需要得以满足的基础上产生新的需要,从而推动各项事业的发展。所以,马克思指出,人的需要的发展证明了人的本质力量和人的本质的充实。人的需要具有层次性,需要形式的日渐多样,以及需要的不断得以满足,推动着人的全面发展,进而推动人类社会的全面进步。
(5)人的社会关系的全面性
人的社会关系的发展,是个人形成的社会关系日益普遍化、全面化

第五章 当代大学生核心价值观培育的目标与模式研究

的过程。每个人都有自己的社会圈,每个人每天都在同他人交往着,只有在同他人交往的过程中,人才能发展,所以说,个人的发展通常取决于与之发生交往的人。

(6)人的个性的全面性

个体的解放和发展是社会发展的重要前提条件。个体的解放使人的个体具有丰富性,个性具有全面性。马克思认为,只有在未来社会的"联合体"中,个性才能充分发展,每个人才会成为自由发展而又各具特性的人。

2. 人的全面发展在现实社会生活中的体现

只有社会进步了,人才能获得全面的发展。在我国现阶段,人的全面发展就是人要实现现代化。人要随着时代的发展和社会的进步而相应地发展。人的现代化必须从心理、思想、道德、态度和行为方向等方面加以提高。实现人的现代化的过程实质上就是推进人的全面发展。在我国,现代化的人应是树立了崇高理想的人,他们富有理想、理性意识强烈、拥有高尚的道德情操;现代化的人应是具有较高道德水准的人,具有优良的社会公德、职业道德和家庭美德;现代化的人应是拥有健康心理素质的人,他们对人生价值的实现有一个正确的理解,能够自觉为社会做贡献,同时实现自己的生命价值。

3. 当代大学生的全面发展

时代的发展对大学生提出了更高的要求。大学生光有一肚子学问是不够的。大学生除了要有文化知识素养,还要具有多方面的综合素养。当代大学生的全面发展,核心在于其综合素质的全面发展。当代大学生综合素质的四个有机组成部分是:政治素质、思想道德素质、科学文化素质和身心健康素质。其中,政治素质是素质教育的基础;思想道德素质是素质教育的灵魂;科学文化素质是关键,是大学生成才的基石;而身心健康素质是大学生培养思想道德素质和科学文化素质的基础和前提,是成就人才的根基。因而,大学生的全面发展,必然是大学生政治素质、思想道德素质、科学文化素质和身心健康素质的全面、协调、可持续发展。

第二节　当代大学生核心价值观培育的模式

一、主体性教育模式

(一)大学生核心价值观主体性教育的内涵

大学生核心价值观教育是与教育主体的需要与满足密切相关的。主体的需要分为两个方面：一是社会进步的需要，二是个人发展的需要。大学生核心价值观教育的主体性就是指：新时代大学生对社会主义核心价值观在满足社会进步与人的主体性发展需要上所进行的自觉的、主动的选择。

1. 大学生核心价值观教育社会价值与个体价值的统一

社会主义核心价值观的目的是满足社会稳定与进步的需要，推动社会政治、经济、文化的全面发展，这是其社会价值；社会主义核心价值观同时也鼓励人们进行主动、积极的创造性生产，这是它的个体价值。社会稳定与发展是外部的需要，这是社会主义核心价值观的外在需要，是其工具价值的体现。个体创造性的发展是内在需要，是社会主义核心价值观实现教育的主体价值和本质功能。长期以来，我们在思想政治教育中忽视了个体价值、主体价值，过分看重社会价值、工具价值，致使社会主义核心价值观在教育上出现了惯性的价值和功能的偏斜。

社会主义核心价值观不仅代表党的利益，反映社会要求，也代表了最广大人民群众的利益，还是我们争取自身利益的方式和途径。一方面，社会主义核心价值观传播了社会发展所需要的思想道德观念和规范，为社会发展提供了导航和舆论支持，满足了社会和谐、稳定、有序发展；另一方面，社会主义核心价值观促进个体思想和行为的转变，发展和提升了人认识世界和改造世界的主体性和创造性，满足了个体全面发展的需要。"只有在共同体中，个人才能获得全面发展的手段，只有在共同体中，个人才可能有自由"。社会主义核心价值观成为促进社会进步和

第五章 当代大学生核心价值观培育的目标与模式研究

个人发展的有效途径。

2. 大学生对社会主义核心价值的自觉需要与教育满足的统一

人的发展需要与社会主义核心价值观的教育,这种教育存在着自发与自觉、隐性与显性教育的差别。人之所以不同于动物,是因为人具有主观能动性,这一点决定了人对于思想的需要是有是非之分的,人的所有活动皆是在一定的思想指导下完成的。要想改变以往自发、消极和落后的思想,就必须自觉接受先进、科学和系统的思想,这是一种自觉的发展状态。

现代社会,人们要进行正确的选择,就必须具备良好的哲学功底。思想政治中的诸多思想可以提高人的辨别力和选择力。社会主义核心价值观就是这样一种思想。在社会的发展过程中,人将面临各种各样的选择,这些选择又会呈现多种发展趋势,现代社会条件下这种多样性和不确定更为突出。多样化的选择在提高了人们选择宽度的同时也提高了人们选择的难度。社会主义核心价值观为人们提供了一个方向,引导人们如何做出选择,社会主义核心价值观不是一般的知识,而是现代社会的一项重大使命。

(二)大学生核心价值观主体性教育模式的重点内容

对于多数高校来说,现今在社会主义核心价值观的教育过程中实行的既不是以教师为主体的教育,更不是以学生为主体的教育,而是以教材、制度为"主体"的教育。高校要很好地完成培养高素质创新型人才的任务,必须充分运用主体性教育模式,在这一过程中着重强调学生学习的主体性和教师教育的主体性。

1. 强调教师教育的主体性

在进行社会主义核心价值观教育的过程中,教师总是将学生作为实践的对象,将自身活动引发的教育影响作为手段,进而促进学生身心得到发展。教育活动所显示的特点,例如目的性、计划性、组织性等,都通过教师在教育过程中的活动来体现,这就是我们所说的教师教育的主体性。

教师教育的主体性对于进行社会主义核心价值观教育来说具有十分重要的意义,教师在进行社会主义核心价值观教育过程中体现出来的主体意识和主体性精神的现状会对学生产生巨大影响。高校出现过这样的局面:许多学生只为考试而学,使高校教学质量的提高缺乏动力。当然形成这一局面的原因有很多,但教师教育的主体性的缺乏是造成这种状况的重要原因之一。教风与学风之间具有一种天然的联系,许多学生的学风不正,其背后是部分教师的教风不严。

2. 注重学生学习的主体性

学生在教育过程中,既是学习的客体,同时也是学习的主体,其主体性表现在:学生对教师所施加的教育是有条件、有选择地主动接受;学生是以积极的状态还是以消极的状态来接受教师的教育,直接影响着教育的最终成效;学生的成长具有一定的规律,教师必须要遵守并服从这一规律。

学生学习的主体性主要包括对学习的主动精神和积极态度,以及对所学专业、所学课程以及所用教材的选择权利,还包括他们对所教老师和学习时间的自主选择权。教育的首要目标就是充分挖掘学生的学习主体精神。

就大学生的核心价值观教育现状来看,许多学生仍然面临着学习主体性不足的问题。究其原因,一方面是学生对社会现状缺乏深刻了解,没有树立科学的世界观、人生观。面对社会问题,没有社会责任感,没有向上的进取心。另一方面是现行的教育机制不甚合理,这直接导致学生缺乏自我进取的精神,他们一旦进入学校,就失去了对学习时间的把控,失去了对专业、教材、课程甚至是教师的选择权。因此,我们需要反省这样一种现象:那些在高考考场上一路搏杀过来的佼佼者,却在进入大学校门之后失去人生的方向。这固然有一部分原因是个体缺乏进取心,但是究其本质,更深层次的原因是机制的不合理,进而导致学生产生很大的心理迷茫。

主体性教育模式告诉大学生一个最基本的道理:大学,不是一个结果,只是一个过程,是一个对价值和目标追寻的过程,并且在这一过程中他们所收获的一切将会受用终身。如今,淘汰制、辅修制、双学位制、完全学分制等弹性学制已出台了,学生对专业、课程以及老师的选择权也迅速得到扩大,这不断拓宽了他们的发展空间,使大学生从内心深处对

第五章　当代大学生核心价值观培育的目标与模式研究

核心价值观的各项内容积极主动去了解,进而内化为自身的行动,有利于核心价值观的践行。

(三)大学生核心价值观主体性教育模式的程序

1. 提高大学生的主动性

进行大学生核心价值观教育,实施主体性的教育模式,一个最为基本的前提就是大学生已经充分意识到自身的主体地位。因此,在核心价值观的具体实施过程中,首要任务就是要激发出大学生的主体意识,这是激发他们的自觉性,提高他们的主动性,增强他们自觉性的基础。学生们对学校的核心价值观教育活动,采取主动参与的方式,而非游离于活动之外的态度,生动活泼地发展自己的最大潜能,不断发挥自身的创造能动性,接受理解并积极实践核心价值观的要髓,成为自我发展的主体。从大学生开始进入大学殿堂的那一刻开始,教师就要通过多样的渠道,引导学生主动参与到社会主义的核心价值观教育中,这是最终实现其主体性教育模式的基础和前提。

2. 增强大学生的能动性

探索活动是一项需要充分发挥主体性的活动,主动探索这一活动本身就影响着大学生主体性的发挥,尤其是对大学生实践能力的培养,对大学生创造能力的发掘有着不可忽视的作用。社会主义核心价值观主体性教育模式的主要内容是社会主义核心价值观,主要包括马克思主义指导思想、中国特色社会主义理想、爱国主义、改革创新的时代精神、社会主义荣辱观和"三个倡导"。教师通过不断创造条件,鼓励学生主动探索、积极发现,改变他们被动参与的状态,营造出一个轻松的氛围,促进他们自主学习,倡导他们自主发展,让学生在这一过程中获得主动学习的机会。

3. 开发大学生的创造性

高校开展社会主义核心价值观教育有一个最为重要的目的,就是要全面实现大学生的自我发展。对人的社会性进行发展,不仅仅是社会的客观要求,同时也是进行大学生核心价值观教育的目标。高校开展社主义核心价值观教育的最终目的,是要促进人的发展,培养大学生的自我发展主体性,实现他们社会发展的主体性。在这一过程中,要不断在探索过程中实现主动发展,不断在实践过程中实现主动创新,采用不同的实现方式,不断发掘并探索隐藏在大学生核心价值观主体性教育中的更深层次的知识。

(四)大学生核心价值观主体性教育的实施建议

1. 对教育观念进行改革

1993年联合国科教文组织提出了"学会学习"的报告,指出教育的四大支柱是:学会认知,学会做事,学会做人,学会共处。其中三项都是做人的范畴,这标志着教育的认识又回到对人的培养上来。21世纪的教育现状也面临新的形势,产生新的问题,呈现出新的面貌,因此,教师应摒弃重专业训练,轻综合素质提高;重知识传授,轻实践能力培养;重知识再现,轻独创思维的传统教育观念。在教育的过程中,注重主体性教育思想的弘扬,树立新的教育理念。以学生发展为本,不仅体现在教学过程中,要以学生为主体,而且要体现在学生对教育的选择,要给学生提供最大的选择机会,包括学习时间、学习方式和学习内容,同时还要为学生的健康成长提供支持和服务等,要使学生的主体意识得到充分尊重。简而言之,就是要以学生发展为本,不断强化他们在社会主义核心价值观教育过程中的"参与性",提高他们的"自主选择性"。既要使学生学会做事,又要使学生学会做人;既要使学生正确地继承知识,又要使学生发展创新精神和创新能力;既要使学生发展记忆力、注意力、观察力、思维力等智力因素,又要使学生发展动机、兴趣、情感、意志和性格等非智力因素;既要使学生提高智慧,又要使学生增进身心健康等。

2. 对教学内容进行更新

科技的快速发展,使得教育的目标和内容发生了重大变化。这就要求我们,一是要根据社会需要和学科发展趋势及时调整和改造现有专业,优化专业结构;二是对专业的教学内容进行改革。扩大专业的内涵和外延,整合不同学科专业的教学内容,构建教学新体系。在大学生中践行社会主义核心价值观,也需要这两方面内容的不断改进。对现有的

第五章 当代大学生核心价值观培育的目标与模式研究

核心价值观教育的课程内容进行整合与淘汰,不断删减已经过时的落后内容,开设能够反映学科特色的新课程,将核心价值观的新内容贯穿课堂,并减少课堂的教学学时。课程设置时,应建立尽可能宽的基础课平台。教师应成为教学内容、课程体系改革的主要参与者,并积极吸收、鼓励学生参加这一工作,通过教学内容、课程体系的改革,加强教师与学生之间的沟通与交流,以充分发挥教师教育的主体性和学生学习的主体性。要提高学校自行设置专业的权力,对于已经不适合社会经济发展要求,招生、就业都比较困难的专业(艰苦专业除外),要进行彻底的改造,以增强专业的适应性。此外,要积极设立、建设跨学科专业,以适应科学综合化的需要,创新人才培养的需要,满足社会对多角色岗位人才的需求。

3. 对高校教育管理机制进行完善

管理机制对于在学生中进行社会主义核心价值观教育具有重要的作用,这直接关系到学生学习的自觉性,关系到教师教育功能的发挥。现实高校学生管理中存在许多问题,究其原因,仍然是由于我们的管理机制不合理。因此,要提高核心价值观主体性教育模式的效果,就需要不断完善管理机制。

(1)建设高水平的教师队伍

没有相应的科研能力,缺乏专业的学术水准,高校教师的一切活动就是"无米之炊",更谈不上人才培养质量的提高。在进行国家的经济建设和服务的过程中,高校教师的科研能力有着十分关键的作用,高校教师的教学水平和学术水平也会在这一过程中得以提升,这会促进他们在进行教学的过程中,不断向学生传输一些最新的科技发展知识,使学生了解科技发展的最新动态,使他们理解最新最前沿的科学研究的当代方法。

高校教师可分成两部分,一部分是以承担基础课教学为主的,而另一部分则是以承担专业课教学为主的,两部分教师应具有的科研素养可有所不同。两部分教师之间的比例因不同高校办学目标的不同将会有所差别。为此,要提高高校整体教师队伍的水平,就要重视教师生活条件的改善,使教师将有限的时间、有限的精力合理分配到教学工作和非教学工作中。目前,高校教师非教育教学工作的收益率提高,而且机会也大大增加。两项工作收益率的比较差距,将会影响教师在教育教学工作上的时间和精力的投入。

(2)提高学生学习的自由度

所谓学生学习的自由度,包括学生选课、选教师、选专业的自由。学生在导师的指导下,按照教学计划的要求,自行确定学习负荷、选读课程、安排学习进度等,打破学年制的限制,允许学生在大类范围内选教师听课,按大类选择专业方向,跨大类自选专业方向。切实发挥学生的主体作用,实现学生在社会主义核心价值观教育中的自主性学习,因材施教,对学生的自我个性与特长喜好进行了解调查,认真研究如何在学分制的基础上,使学生自己设定学习的计划。除此之外,在课堂教学中进行探究式的教学,提高本科生在科学研究队伍中的比重和作用。

为了让每个学生都有充分自由学习的空间,发挥他们的个性与特长,学校应实行完全的学分制,按学分制的原则,制定基本的指导性规定,让学生充分自由地选择学习的课程和时间。虽然自由选择课程和教师使我们面临很大的压力,但完全的学分制将促进学科和课程的结构调整,在机制上保证了教师教育功能的发挥,有利于高素质人才的培养。

(3)实现真正的"教书育人"

在很长时期内,高校学生思想教育管理一直实行"三育人"的机制,即"教书育人、管理育人、服务育人",而实际收到的效果并不十分理想。在我国高校中,我们有一支很好的思想政治工作队伍,但这支队伍不应该、也承担不起整个学生教育的重任。随着完全学分制的实行,在学生教育与管理中应实行导师制,导师对学生的思想品质培养、业务能力提高负总责,实现真正意义上的"教书育人"。学生教育管理中的导师制模式对于研究型大学的本科教育尤为重要,并切实可行。

(五)社会主义核心价值观教育主体性实现的障碍

1. 习惯势力的阻挠

传统的思想政治教育模式让我们早已习惯于主体与客体的角色定位,大学生在思想政治教育中一直处于被改造的地位,教师的主体地位通常是牢不可破的。教师在传统教育中的照本宣科这种教育方式已不是思想政治教育的全部了,取而代之的是面对大学生群体提出的质疑和挑战应该怎样解决,这要求教师要有扎实的功底和坚定的信仰。

第五章 当代大学生核心价值观培育的目标与模式研究

2. 传统观念的束缚

中国社会向来是社会本位的社会,强调整体、服从,少讲个体、主体、独立。崇尚"舍小家,为大家",奉行牺牲个人(包括个人的利益和独立人格),保证整体利益。倡导的是下级要服从上级的命令,长此以往,就造成学生对老师产生了强烈的依赖。上述情况的发生,实际上都是社会本位主义的表现。这种传统观念,至今仍影响着人们的观念和生活。思想政治教育偏重于对学生进行管理和教育——使大学生接受各种既定的规范,关注他们,避免"出事",维护学校甚至于社会的安定,却忽视了大学生的个体价值。在传统观念的影响下,部分教师认为,如果强调大学生的主体性,就会与社会的整体性、纪律性相冲突。

(六)大学生核心价值观主体性教育模式的评价

与西方相比较,中国的情况较特殊。中国拥有漫长的封建社会,西方现代教育思想也曾一时流行,但并未有很好的发展。20世纪50年代以后,我国大力学习苏联凯洛夫的教育学,更强化了传统教育,导致学生个性和主体性严重缺失。改革开放后,这一状况开始改善。因此,主体教育在我国的产生,是改革传统教育的需要,是现代工业社会发展的需要;是培育有个性的、全面发展的人的需要。

大学生核心价值观主体性教育模式的优点在于它不仅仅有助于大学生革除某些传统教育的弊病、提高教育的功能、改进教育的方法,更在于它能在社会主义核心价值观的指导下深入揭示潜能与现代人的特性以及人的本性,摆正学生在教育中的地位与价值,尤其是把弘扬大学生的独立个性视为教育的根本,为我国教育的变革和发展奠定了基础和提供了动力。

大学生核心价值观主体性教育在教学中主张突出学生的主体地位,从头至尾都强调以人为本,把学生看成学习的主人,教师作为激发学生学习的指导者,重视学生的知、情、意、行以及潜能的发挥。

不过,大学生核心价值观主体性教育模式也存在缺点。它的世界观是唯心主义的,方法论是形而上学的,人性论是抽象的。大学生核心价值观主体性教育模式片面强调教育的内在价值,非常重视个人潜能的成长,却轻视了教育的外在价值,若不能充分认识和克服社会主义核心价值观主体性教育模式的缺点,就会在社会主义核心价值观主体性教育教学过程的实施中出现片面夸大学生的自由这一现象,如果大学生从学习内容的选择、学习方法的选择到学习结果的评价均是由学生个人决定的,那么这种课堂实际上并不是学生"自主"的本意,也根本不可能充分发挥学生的主体性。

二、价值澄清教育模式

(一)价值澄清教育模式的理论背景

拉斯丝等人所提出的价值澄清教育模式的理论基础主要有人本主义心理学、存在主义哲学和经验主义教育学。人本主义心理学对当时的美国教育学界的影响可以说是空前的。这一理论主张人们可以通过自主活动探索出生活的真谛。价值澄清理论在这一主张的基础上认为,对于陷入价值困惑的青年,教师要给予信任,创设围绕学生的轻松自由的学习氛围,重视学生的主动性,尊重学生的选择。存在主义哲学非常关注人的自由选择。价值澄清理论认为价值形成是一种主观的活动,存在与个人的选择之中,并不能依靠灌输和教授之后形成。价值澄清理论认为人能够通过自己的选择获得自己的道德自主性。在人本主义和存在主义之外,杜威的经验主义教育理论也对价值澄清理论产生了影响。杜威认为,成人和儿童的道德都是不断生长的,由坏的经验变为好的经验。价值也同样是一种生长的过程。拉斯丝等人认为价值会随着人们经验的获得而得到更新。

(二)价值澄清教育模式的核心思想

价值澄清教育模式的形成,源自西方现代社会复杂变化给人们的思想、道德、价值观造成的困惑乃至混乱,学校道德教育面临严重困难。针对这种情况,路易斯等人提出了这种价值观教育方法。社会转轨、价值观念复杂多变是这一模式产生的主要背景及应用环境。该模式通过对多样价值观的澄清过程,帮助青少年减少价值混乱,保持价值澄清的作用,让受教育者在选择行动的过程中提高自己分析和处理各种道德问题和社会问题的能力。

第五章　当代大学生核心价值观培育的目标与模式研究

价值澄清教育模式的核心思想是：人们生活在一个变动着、充满价值观冲突的社会中，价值观深刻地影响着人们的身心发展，现实生活中没有一套公认的价值和道德原则；个体都具有不同的生活和社会经历，他们就形成不同的价值观，价值观并非一成不变，而是会随着人的经历的逐渐丰富，随着人的心智的逐渐发展而变化的。所以说，价值观是相对的，是个人的，每个人都拥有自己的价值观，并且在这一观念的指导下产生相应的行为。价值观不能也不应该是被传授或者灌输的。之所以对学生进行价值观教育，并不是让他们不断认同外在的价值观，接受外在的价值观，而是让他们在这一过程中澄清自身的价值，指导他们不断调整适应变化着的世界，并在其中扮演一个比较理智的角色。因此，如何获得价值观念比获得怎样的价值观要更加重要。不断引导学生运用分析、评价的手段，减少价值混乱的状况，促进他们形成正确的价值观，并在此过程中提高他们对于价值冲突的能力，培养他们选择未来处理人际问题的技巧。

(三)大学生社会主义核心价值观价值澄清教育模式的建构

1. 大学生理论课教育

理论课教育是大学生获得社会主义核心价值观的主要途径。在价值澄清教育模式之中，教师要在课堂上帮助大学生确立有关大学生社会主义核心价值观的思考。关于这一点的措施又可以划分为以下这些方面。

(1)确立以人为本的教学观念

思想是行动的前提，观念是行动的先导。教师首先要转变自己在社会主义核心价值体系教学过程中的观念，以人为本，围绕大学生，推动他们积极反思生活。价值澄清教育模式的根本在于学生对生活反思的积极性、主动性。因此，教师要树立以大学生为本的观念，积极关注大学生。

首先，高校各级领导要树立以人为本的观念，转变部分高校领导把思想政治理论课看作可有可无的课程的思想。高校要培养全面发展的优秀人才，必须德才兼备。有德无才，或者有才无德，都不符合社会发展的要求。从社会主义核心价值体系的角度看,高校教师要提升社会主义核心价值观教育的实效性,培养道德上合格的人才。而做到这一点,必须转变过去部分高校领导的观念,充分重视高校思想政治教育理论课,提升教学质量。

其次,高校思想政治理论课教师要在高校各级领导的倡议下,真正实现教学之中的以人为本。高校教师要在教学之中思考,大学生在思想政治教育课堂上希望获得什么,现在能够获得什么,差距在哪里。将这些问题思考清楚,就能够真正关心、尊重每一个大学生。我国高校思想政治教育理论课目前实行的是大班教学。这种课堂上,教师要照顾到每一个学生的情绪,实在有点强人所难。这时落实以人为本的唯一方法就是从整个大学生的角度思考大学生的定位、需要、现状和差距。待教学条件有所改善之后,再将一些问题细化。

(2)进一步提高思想政治理论课教材质量

从林荣策的调查之中,我们可以看出,教材是阻碍提高大学生社会主义核心价值观教育质量的重要因素。教育部和各省(市)思想政治理论课管理部门,要以与时俱进的精神进一步更新高校思想政治理论课教材编写思路。高校思想政治理论课教材的编写应引入科学的竞争机制,充分调动高校思想政治理论课第一线从事教学科研的专家学者们的积极性。

从目前高校思想政治理论课教学研究和教材研究的情况来看,可以说还比较薄弱,这种状况严重影响了高校思想政治理论课教材的质量,也严重影响了高校思想政治理论课教学的质量。高校思想政治理论课教材建设既要体现系统性、理论性,更要体现针对性和实效性;既要体现马克思主义的立场、观点、方法和理论联系实际的基本原则,更要反映马克思主义与时俱进的品质。

(3)培养学生良好的学习兴趣和心理状态

兴趣是行动的老师。不论怎么定位高校思想政治理论课教育之中的学生,培养学生的学习兴趣将始终是高校思想政治教育工作的一个重要方面。作为一种高等级的精神需要,兴趣应该怎样培养始终都是一个问题。西方教育心理学学者认为,培养学生自己学习兴趣首先要促进学生进行正确归因和获得成就,使学生放弃原有的厌学因子。在这一心理状态下,学生至少不会对高校思想政治教育理论课的内容进行排斥。进一步,学生要产生理论课教育的兴趣,就要求教师能够为大学生搭建一

第五章 当代大学生核心价值观培育的目标与模式研究

个完整的理论框架,并使学生发现这一理论框架在生活中的实际用处,使学生认识到学习理论以后生活能够更有意义。

2. 大学生心理健康教育

大学生心理健康是大学生作出正确价值选择的情绪保障。价值澄清教育模式要求教师要能够保证有积极的心态去面对生活。而这一保证手段就是大学生心理健康教育。从当前大学生的心理健康状况来看,本书认为大学生心理健康教育应该从以下几个方面开展。

第一,大学生应对就业和学习保持清醒的认识。能够进入大学进行学习,一般在智力发展上都不存严重障碍。学习是大学生的主要和基本工作,心理健康的学生能够保持自小养成的认真学习态度,对于学习中的困难,具有一定的钻研精神,并借助多方面的手段将其克服,能够在学习中获得自我满足与快乐。

第二,大学生首先应对自我有清醒的认识。知人者智,自知者明。能够正确地认识自我是大学生心理健康的重要标准。具有良好心理健康状况的学生能够证实自己的缺点,客观评价自己的优点,在工作和学习中既不妄自尊大,也不妄自菲薄,抓住人生发展的机遇,自信乐观地走向人生发展目标。

第三,大学生应该及时调节自己的情绪。情绪是影响大学生的身心健康,影响大学生的学习效率,影响大学生人际交往的一个重要因素。具备良好心理状况的大学生能够进行自我情绪控制,能经常保持开朗、乐观、向上、知足的心境,对生活和未来充满希望。虽然在生活和学习之中也有许多不愉快的消极体验,但是适当的情绪调节能力能够帮助他们积极面对、主动调节。

第四,大学生应正确处理自己的人际关系问题。人际关系状况良好与否是最能体现和反映人的心理健康状况的标准。许多心理学家都认为,心理问题大多是在与外界的交往过程中产生的,而且多数是心理挤压过多造成的。具备良好心理调节能力的人应该学会进行自我压力释放,乐于和善于与他人交往,要用尊重、信任、友爱、宽容、理解的态度与人相处,能分享、接受和给予爱与友谊,能与集体保持协调的关系,能与他人合作共事,乐于助人。

第五,大学生要培养自己适应环境变化的能力。环境适应能力包括正确认识环境以及处理个人和环境的关系。具备良好心理状态的大学生在环境突然改变之时,首先会积极主动地认识到现实对自我的影响,然后再思考应该怎样去改变自己才能适应现实的变化,最后再思考做出哪些努力能够改变现实,使现实更好地为自我服务。人与环境的斗争中,应该保持自己的主观能动性,把自己的力量逐渐地作用于现实。

从价值澄清教育模式的角度出发,教师应定期开展一次大学生心理健康调查,了解大学生的心理健康状况。我国大学生思想政治教育普遍实施的是大班教学,很难对每一个学生的心理健康状况有清楚的了解。在实施价值澄清教育模式的时候,这一点也实际上造成了一些障碍。因此,教师要掌握一定的调查技术,摸清大学生的心理健康状况,及时调节大学生整体的心理问题。对于个别出现问题的大学生,教师应该积极进行心理辅导,帮助他们走出心理的困惑。

3. 积极开展大学生价值观实践教学

从我国高校实践教学的发展来看,大学生实践教学的模式主要可以分为课堂实践教学、校园实践教学和社会实践教学。

(1)校园实践教学

校园实践教学是指思想政治理论课教师围绕教材内容,设计相关教学方案,以学生参与校园文化建设、校园管理活动、学生生活活动等方式来锻炼学生意志品质,提升其为人处世的综合能力,培养其良好思想道德和行为习惯的一种教学活动。校园实践活动是一种较为有效的对学生进行素质教育的方式,对提高学生的综合素质,引导学生不断适应社会,并不断促进大学生的成长成才具有重要的作用。

(2)课堂实践教学

课堂实践教学就是以固定课堂为基本的教学平台,进而开展以学生为主体的实践活动。作为思想政治理论课实践教学的重要组成部分,课堂实践教学有着独特的探索研究和应用价值。思想政治理论课课堂实践教学形式多样,根据对操作难易程度、学生参与度大小、实效性强弱等多重因素的综合权衡,从我国大学生思想政治教育课堂教学常见的方式来看,课堂实践教学的方式主要有课堂作业、课堂讨论、案例教学、情景模拟等。各个形式在价值澄清教育模式之中都有一定的优势。课堂作业这种形式能够高效帮助教师达成一定的教学目的。课堂讨论能够将大学生核心价值观内容和社会热点联系起来。案例教学和情景模拟则能够帮助大学生积极思考生活,反思自己,表达出自己对案例之中所蕴

第五章　当代大学生核心价值观培育的目标与模式研究

含价值观念的看法。

(3)社会实践教学

社会实践教学是在理论教学的基础上以社会为课堂,安排大学生参加社会的各项活动,主要有参观访问、社会服务、社会考察、劳动教育等形式。参观访问能够使学生开阔眼界、增长见识,接受实践中赋予的政治思想教育。社会服务活动是服务者志愿参加的有组织、有目的的实践活动,服务内容主要有生活服务、科技服务、信息服务、咨询服务等。社会考察的目的是让大学生自己动脑、动口、动手,通过调查获得丰富的第一手材料,然后经过整理分析、理论思考得出正确的结论。它不仅能使大学生的思想和能力得到提高,而且其考察结论对其他人也有启发和教育作用。劳动教育,就是让受教育者从事一定量和一定程度的生产劳动,使之在劳动过程中树立正确的劳动观念,培养热爱劳动、亲近劳动人民的感情,养成劳动习惯。劳动观念是大学生获取核心价值观念的一个不可或缺的方面。

(四)大学生核心价值观价值澄清教育模式的评价

社会主义核心价值观的价值澄清教育模式自产生以来,在世界范围内产生了广泛的影响,尽管公众对此褒贬不一,但不可否认它确实产生了巨大的影响力。这一模式在高校的运用范围极其广泛,虽然在学术界该理论的重视程度远不如涂尔干、科尔伯格和杜威的理论,但从一定程度上讲,该理论要比这三者的理论更有意义,也更为重要,下面对价值澄清教育模式进行简要评价。

1. 优点提炼

(1)注重大学生的选择能力

大学生核心价值观价值澄清教育模式注重大学生的自主判断和自主选择能力,大学生采取何种价值观,树立何种世界观,确立何种人生观都是大学生自主选择的结果,是在他们的道德意识与道德判断下,进行综合选择的结果。

(2)重视大学生主动性的发挥

社会主义核心价值观的澄清模式重视价值观形成过程中,大学生个体因素作用的发挥。进行价值观教育的过程中,注重大学生积极性主动性的发挥,同时结合价值观的发展需要对他们进行方向的引导与指点。采取多样化的方式,使大学生在轻松愉悦的氛围中获得良好的价值观教育,让他们在一种民主与平等的环境中接受价值观教育的相关内容。

(3) 操作性强

价值澄清教育模式中有很多关于价值观状况的量表。这些数据可以反映大学生价值观的情况。并且在这一套表格中,教学方式的具体操作步骤都很清晰,在实际实践的过程中,具有极强的操作性。

(4) 着眼现实生活

一般来讲,我国的高校德育课程比较注重国家和社会的需要,强调在宏观层面对大学生进行方向的指导,观念的培育,但是忽视了大学生的个人发展。这些课程在培育的过程中,对大学生应对现实生活问题的技能训练培养关注不多,这会导致大学生只是了解相关的理论知识,一旦进入社会开始实践,就表现出明显的力不从心局面,在面对复杂的社会问题时,他们不懂得行使公民的权利,履行公民的义务,并且不善于利用法律对自己的合法权益进行正当维护。所以,这一模式的优势就在于能够注重大学生解决现实能力问题的培养。这也为我国的大学生核心价值观教育提供了一个有意义的借鉴,在进行价值观培育的过程中,要注重大学生主体性的发展需要,不断开发多种具有生活化的课程,提高大学生的社会实践能力。

2. 缺点剖析

(1) 贴近生活又疏离生活

价值澄清借助大学生个体的真实生活和实践经验,借用他们密切相关的生活事件来澄清其自身的价值,从这一层面来讲,大学生的价值澄清教育模式是十分重视生活,十分贴近生活的。但是,这一教育模式在贴近生活的同时又疏远了生活。究其原因,有以下两点。

第一,该理论认为价值远高于生活,价值澄清的关注点和落脚点在大学生的道德价值,并非大学生的生活境界中。

第二,这一模式鼓励学生接受实然,但不鼓励学生追求应然的生活。

这两个原因会使生活分割成实然与应然两大相对立的部分,如此地贴近生活但又如此疏离生活。价值澄清理论接受生活的实然,削掉生活的应然,这是与生命和生活更高层次的追求相背离的。

(2)容易陷入相对主义

最近几年,价值澄清教育模式在社会遭遇了严厉的批评。其对价值个性的过分强调,导致该模式被认为是反理性的,因而容易将人导入价值的相对主义。

价值澄清教育模式在理论上承接的是杜威的价值相对论思想,将个人的直接经验作为价值的源头,同时将个人的活动作为客观的价值检验标准。但是每个人的经验是不同的,这就导致了价值的多元化,进而形成了价值的相对主义。

三、教育体谅模式

(一)体谅模式的主要观点

麦克菲尔在研究了英国1967年到1972年之间800多名13~18岁青年学生之后,认为青少年对"好"事件的共同观点,好的、积极的事件整体都反映出了体谅、幽默、宽容的品质。共同分享与分担是好的;统治的、支配的是坏的。

1. 社会主义核心价值观教育的目的是学会关心

麦克菲尔认为价值观教育的目的在于引导学生学会关心人。在介绍《生命线》一书时,麦克菲尔引用了约翰·拉斯金(Jhon Rushin)的话:"教育并不意味着教人们知道他们不知道的事,而意味着当他们不知道如何做的时候教他们怎样做。"这说明,麦克菲尔价值观教育的中心论点是道德教育关系到气质的修养、行为举止的塑造和发展解决问题的能力。麦克菲尔认为,儿童观察生活中的重要人物,了解他们如何为人处事,就学到一些重要的道德准则。道德是有感染力的,能让人明白什么是好,什么是坏。麦克菲尔还从人与人之间的影响论证了价值观教育的目的是在寻找人与人之间的共性。道德之间的感染,使人们相信人们之间有很多共性的价值观念,这也是人们能够相互关心、相互理解、相互信任、相互体谅的根本原因。人们之间的这一共通点并不是表面的,而是深层次的。在大学生核心价值观教育中,教师应使大学生相信社会中的相互交流源自对社会一些共通价值观念的认同,而这些共通的价值观念正是社会主义核心价值观。大学生要在核心价值观的基础上关心和体谅他人,并在这个过程中收获自己的快乐和满足。社会主义核心价值观一共二十四字,包含了三个层面,涵盖了国家、社会、公民应持有的基本观念。教师要教育大学生,使其认识到国家富强和谐、社会公正自由、人民爱国敬业是自身快乐的根基。因此,大学生在社会主义核心价值观教育中要学会关心祖国、关心社会、关心他人。

2. 社会主义核心价值观教育的基础是自己和他人快乐

麦克菲尔主张价值观教育的基础是使自己幸福和快乐。他强调体谅和关心他人的时候,重点是要让自己快乐、幸福和满意,而他人的快乐和满意是附属品。关心和体谅他人的行为首先是一种自我激励的利己行为。麦克菲尔认为,学生不应提早使用"应该"这类词语,这会让他们觉得自己被促使做关于体谅的事情。之所以不宜用"应该",是因为麦克费尔认为体谅的方式对别人来说是快乐的,对自己来说是回报性的快乐,满足于别人的需要的回报,就无需进行伦理学或道德的再学习。

在大学生社会主义核心价值观教育中,教师要帮助学生发现使学生快乐的源泉,让大学生知道快乐源于健康的生活,源于祖国和社会的稳定。快乐和幸福源于利他的行为。大学生社会主义核心价值观教育的另外一个目的就是将大学生从互相不信任的模式之中解放出来,正常地同他人进行交往。

3. 社会主义核心价值观教育的重点是引导大学生与人友好相处

拥有良好的人际关系,是人具有健康心态和价值观念的重要标志。一旦失去了融洽的人文环境和健康的精神氛围,一个人的价值观念必然受到影响。麦克菲尔认为,价值观教育的目的就是要让儿童学会互相帮助,使他们在学习的过程中用有益的理论摆脱那些破坏性的和自我损害的冲动。在社会主义核心价值观教育之中,教师要教育大学生摆脱那些以自我为中心、自私、粗暴或者其他不健康的价值观因素。大学生核心价值观教育要通过引导大学生建立良好的人际关系,摆脱那些不健康的价值观因素。

第五章　当代大学生核心价值观培育的目标与模式研究

(二)大学生核心价值观教育体谅模式的建构

在麦克菲尔的《生命线》丛书中,麦克菲尔设计了一层层循序渐进的社会情境,逐步引导学生学习价值观。麦克菲尔每一部分的设计都包含几个单元。这里结合麦克菲尔的设计与大学生核心价值观教育的需要,对麦克菲尔的观点进行了改良,具体如下。

1. 设身处地为公民、社会、国家着想

《生命线》丛书的第一部分是《设身处地为别人着想》,分别是敏感性、后果和观点。麦克菲尔的设计围绕普通人的问题,在家庭、学校、邻里这些情境中展开。他认为这些做法有以下特点。

第一,材料是有情景的。

第二,这些情景来源于对青少年的调查,因此,这就是他们所处的情景。

第三,对这些情景的陈述很简要(通过提供个人的详情),促进他们融进情景当中,使他们做出各自不同的反馈。

第四,一般来说,提出的问题多涉及实际行为,而不是讲道理。

第五,所提出的行动课程中的角色扮演以及戏剧性的表演一般比较容易引起情感上的共鸣和增加理智,因而提高了学生对人类行为的更现实的欣赏与理解。

第六,有助于激发青少年对社会活动的自然倾向。

第七,材料中所提供的为他人着想的基本动机是关心他人的素质,这种素质会产生应得的反馈。

第八,事件的一览表是不固定的,表明教师与学生可自愿地做其中的项目。

第九,这些情景在用完之前不应逐一地试用或不断地使用,可能时应指导学生进行选择,因为能否置身于环境中是至关重要的。

第十,设身处地为他人着想的情景永远也不应该被用于惩罚或增加额外的负担。

从大学生社会主义核心价值观教育的需要出发,教师可以设计一些相类似的情境,使大学生思考一些关于公民、社会、国家的问题。关于爱

国的材料应尽量来自历史和社会之中,具有真实性,这样才能够达到设身处地的目的。我国大学生具备信息选择和价值选择的能力。教师还可以利用他们的这一能力让其从网络上搜索一些与爱国相关的信息,通过讨论,明确爱国的重要性。

因此,教师可以按照麦克菲尔所认为的特点选择一些社会主义核心价值观教育情境,从全面性和真实性的角度出发,使大学生认真反思自己,认识到具备这些价值观对于自己幸福生活的重要性。

2. 证明公民、社会、国家所应具备的规则

《生命线》丛书的第二部分是《证明规则》,包含有五个单元,分别有规则与个性、你期望什么、你认为我是谁、为了谁的利益、为什么我应该做。这一部分涉及比较简单的个人的压力和冲突的实例,也涉及比较复杂的群体利益冲突和权威问题。学生在这一部分探讨各种社会背景之中自己所应面对的一些难题,这一部分要求学生形成健全的统一性,使其成为对社会有贡献的人。

在麦克菲尔的设计中,第一单元包含了规则的复杂性,第二单元则侧重对社会道德和伦理的冲突,使学生认识到社会问题,第三单元则包含了学生对个人自我意识的认识和定义,第四单元的重点是对群体的认识,第五单元则是对权威和社会潜规则的认识。

我国大学生在初等教育和中等教育中都对社会规则有了明显的认识,然而对社会规则的复杂性仍旧认识不足。在大学生核心价值观教育中,教师仍有必要在这方面有所加强,使大学生认识到规则的深层次含义。例如,有大学生在老人摔倒后帮忙扶起来,却被诬陷将其撞到。大学生在这里不免就要出现对规则的迷茫。社会规则到底是什么,应该怎么利用才能促进社会的和谐。同样是针对这一问题,有一高校民意调查显示,高达 64.8% 的受访者认为该扶起老人;26.9% 的民众认为不好说,要视情况而定;8% 的民众认为不该扶。社会上对待同一问题的观点并不一致。大学生应该怎么做呢,怎样才能算是弘扬社会主义核心价值观呢?通过对大学生的教育,要让大学生认识到,在利用道德规则的同时还要利用法律规则。

社会主义核心价值观就是公民、社会、国家活动中应具备的一些基本规则。教师在利用体谅模式对大学生进行社会主义核心价值观教育时,可以借鉴麦克菲尔对规则的理解,帮助大学生确立社会主义核心价

第五章 当代大学生核心价值观培育的目标与模式研究

值观在规则体系之中的核心地位。一切好的社会规则,道德的、法律的甚至是潜在的,都是为了整个社会能够按照共同的意志运行。那些坏的规则则不在其列。大学生要学会利用好的规则对抗坏的规则,在维护社会正常秩序的同时,维护自身的利益。

设计规则,强化大学生对社会主义核心价值观的理解,更重要的是要帮助大学生开展对规则的辩证认识。一切规则并不是就像他显示的那样支配社会的运行,而是在具体情境之中展开应有的变化。教师要帮助大学生全面认识社会主义核心价值观,辩证看待其在社会发展中各个不同层面的作用。

3. 付诸行动

行动永远是价值观教育的终极指向。在采用体谅模式对大学生进行社会主义核心价值观教育时,教师可以组织大学生进行讨论,从不同的侧面帮助大学生全面认识社会主义核心价值观。例如,教师可以组织学生讨论"键盘侠"的社会影响与公民道德问题,从而为大学生确立网络价值规则。教师也可以组织学生开展医患纠纷问题的讨论、围绕医生道德问题与患者举止的合理性展开。

(三)大学生核心价值观教育体谅模式的评价

《生命线》教程提出了一种较全面的德育方法。情境从较简单、直接的相互影响活动到复杂的历史问题。所有的材料都是选择性的,既可以分组也可以单个使用。麦克菲尔模式的实践比理论给人的印象更深刻。价值观教育从情感入手,注重理解他人、体谅他人,同时使自己感到快乐、满足、幸福。从实证研究出发,根据实际调查的资料来涉及情景,编写的教材具有很强的操作性。同时,它以人本主义理论为基础,强调尊重学生的人格,使学生能在正常的人际关系中受到教育。这些都是大学生社会主义核心价值观教育体谅模式值得肯定的。

与价值澄清模式类似,价值体谅模式关注的是人与人之间的价值问题,而对国家和社会的价值规则的讨论却有所欠缺。另外,价值澄清模式所关注的问题仍旧不成体系,文化这一方面是其重要缺陷。历史文化对人的价值观念影响不仅体现在知识上,更重要的是行为上。这一点在价值澄清模式中没有体现。

不如意的地方是，大学生社会主义核心价值观教育体谅模式的理论基础较薄弱，教师可能对课程的重点和方向把握不住。同时麦克菲尔的理论论据也缺乏连贯性。显得有些零乱和不连贯。还有，他所提倡的是理论上的人本主义，然而他在实践中关于道德情感、社会模仿、观察学校的观点与行为主义更为接近，又有相互矛盾的嫌疑。

第六章 当代大学生核心价值观培育的方法研究

大学生核心价值观教育贯穿大学学习始终,从大学生入学到走出校园迈向社会,无时无刻不体验着社会主义核心价值观教育的内容。从学校整体的育人环境到学生个体的自主学习,这些都在大学生核心价值观教育中发挥着重要的作用。当代大学生的核心价值观培育一定要掌握正确的方法,只有这样才能达到良好的教育效果。

第一节 大学生核心价值观培育的方法概述

一、大学生核心价值观培育的方法论基础

(一)价值观教育的思想政治教育方法论基础

这里所说的价值观教育的思想政治教育方法论基础是指思想政治教育方法理论在大学生核心价值观培育和践行中的具体化运用。所谓思想政治教育方法论,就是在马克思主义哲学方法论的指导下,为了认识和解决人们的思想行为与实际问题,采用由诸多方法所构成的体系,简单地说就是关于思想政治教育方法的理论体系。在价值观教育中研究思想政治教育方法论,不能就方法研究方法,也不能孤立地研究方法,实际上是研究如何运用价值观形成、发展的规律和思想政治教育的规律,自觉地认识和实施价值观教育,就是对价值观形成、发展规律和教育规律的自觉运用。

(二)价值观教育的哲学方法论基础

用什么理论作指导,是培育和践行社会主义核心价值观的首要问题。马克思主义是社会主义核心价值观的灵魂,决定社会主义核心价值观的性质和发展方向。而马克思主义哲学是整个马克思主义科学体系的理论基石,又是认识世界和改造世界的方法论,为培育和践行社会主义核心价值观提供了根本观点和方法。因此,首先要从方法论的角度梳理马克思主义对唯物辩证方法和历史辩证方法的科学论述,以夯实价值观教育方法论的理论基础。

马克思主义哲学方法论为价值观教育方法创新发展打下了坚实的理论基石。正如恩格斯所说:"马克思的整个世界观不是教义,而是方法。它提供的不是现成的教条,而是进一步研究的出发点和供这种研究使用的方法。"因而需要在实践中坚持马克思主义的世界观和方法论原理,坚持主观和客观相符合,一切从实际出发,坚持实践是认识的源泉、发展的动力,是检验真理的唯一标准,科学地揭示认识的本质及其发展规律,正确地回答和解决人的思想、认识的产生和发展等问题,从而促进当前价值观教育方法的创新发展。

(三)价值观教育的系统方法论基础

大学生核心价值观的培育和践行是一个多因素组合的复杂系统。价值观教育的方法论研究单靠某个理论、某个方法往往是力不从心的,必须利用系统方法的理论来观察、分析和指导价值观教育方法,才能更加全面和深入地推进。所谓系统方法,"就是根据系统的观点,从整体出发,辩证地处理整体与部分、结构与功能、系统与环境、功能与目标的关系,找到既使整体最优,又不使部分损失过大的方案作为决策的依据,以实现整体最优化的方法。系统方法要求人们把对象和过程视为一个相互联系、相互作用的整体。"系统的方法论为我们把握价值观教育问题提供了一套完整的科学方法原则,主要有整体性原则、动态性原则、联系性原则、有序性原则、结构性原则、模型化原则和最优化原则。依据这些基本原则,可以分析、研究和处理范围大、方面广、层次多、内容复杂的大系统,从而提高培育和践行社会主义核心价值观的有效性。

系统方法论是立足整体、统筹全局,使整体与部分辩证地统一起来

第六章　当代大学生核心价值观培育的方法研究

的科学方法论。它将综合与分析有机地结合起来，运用数学语言定量、准确描述系统的运动状态和规律；为认识、研究、设计、构思作为系统的客体确立了重要的方法论原则，是辩证唯物主义关于事物普遍联系和运动学说的具体体现。在价值观教育的实践中，依据系统方法论原则，改进和完善大学生核心价值观的培育和践行方法，并不断优化和运用，实现价值观教育工作转向整体、综合、开放和动态的研究，从而更趋科学化，更具有效性。

二、大学生核心价值观培育方法的价值

（一）促进和谐校园文化建设的深层需要

建设社会主义核心价值体系，对构建社会主义和谐社会具有十分重要的意义。构建社会主义和谐社会的一个重要方面就是要构建和谐社会文化。大学作为融汇文化的聚集地，自然而然对构建和谐社会文化具有十分重要的作用。

当前，我国各高校正积极致力于校园文化建设。校园文化建设，旨在营造良好的学术氛围、学习环境和生活工作环境。众所周知，随着改革开放不断深入，西方文化思潮也在我国文化领域大量涌现，作为各色文化角逐的重要战场，大学校园自然而然成为多元文化汇聚和争夺的焦点。作为受众的大学生群体，由于自身辨别能力尚未成熟，异彩纷呈的各色文化媒介对其充满了诱惑力和吸引力。同时，因为缺乏制度管理，大学校园文化鱼龙混杂，存在大学生难以分辨的现象。借助这些文化媒介，各种低俗文化、消极文化混杂其中，并对校园文化产生了较大的冲击和侵蚀。如今，在各个高校均存在一些大学生沉迷网络、沉迷游戏、沉迷影视剧的现象，有的大学生则在吃喝玩乐、奢靡消费中度过大学时光。在低俗文化、消极文化的冲击和危害下，大学生的理想信念、高尚追求被逐渐消解，其崇高的使命感和强烈的家庭、社会责任心被逐渐吞噬。迷茫、空虚成为部分大学生的心理现状。玩世不恭、游戏人生、享乐主义、虚无主义等腐朽消极思想侵蚀着大学生的世界观、人生观和价值观，导致这类大学生往往在精神家园和意义世界中彻底迷失。这类大学生的言行如果得不到及时遏制，其自觉意识和行为就不能得到有效转换，极

易对周边学生产生负面影响,从而可能在校园内形成一代学生在价值观上的恶性循环,和谐校园文化建设也将因此功亏一篑。

大学是人类社会的动力站,人类美好未来系于大学。一流大学兴起必将带来大国兴起。一流大学需要一流的校园文化。在大学生中开展社会主义核心价值观教育,就是要在个体上增强大学生的社会主义理想信念,在群体上提振大学生的精气神,坚定大学生的社会主义理想信念,自觉远离低俗文化和消极文化,架空低俗文化和消极文化在大学校园的市场,为构建和谐校园文化提供精神支撑。

(二)培养全面发展的社会主义人才的现实要求

我国的社会主义现代化建设,从现实角度和战略高度讲,都需要一批思想觉悟高、政治素质好、专业能力强、知识视野广的全面发展的人才。面对当代大学生这一特殊群体,不采取恰当的教育方式进行社会主义核心价值观教育,则容易使其在面对多元文化的眩晕中迷失方向,使其身心得不到健康成长,这对我国社会主义建设事业将造成极大损失。

大学生正处于价值观形成的关键时期,对社会变化反应敏感而迅速,但思想稳定性较差,其心理发展的特点表现为自我意识明显增强,情绪丰富但不稳定,容易受到周围环境变化的影响,生活阅历有限,鉴别能力不强,对事物认识轻率,总把较新鲜或者符合自己看法的观点视为真理。加上自身逆反心理较强,血气方刚,很容易接受某些对社会主义意识形态进行攻击和污蔑的观念。同时,由于国内历史原因和国内外敌对势力并未停止意识形态攻势,导致个别人曲解意识形态的概念和内涵,歪曲甚至否定马克思主义的当代价值和现实意义,主张指导思想多元化,宣扬淡化意识形态,企图消解社会主义意识形态,从实质上否定社会主义制度和共产党的领导,致使一些人开始质疑和抵制主流意识形态宣扬的立场和内容。我们应认识到,对社会主义意识形态污名化,对主流意识形态的质疑和抵制等在当今大学校园中已有一定的市场,大学生由于自身鉴别能力并不强,容易误入歧途,对社会主义意识形态产生排斥心理。

大学生自身存在的问题也值得我们深思。当代中国大学生由于其家庭经济条件较宽裕,周边环境较优越,且大部分为独生子女,故他们在性格形成、习惯养成、品德形成、个性发展等方面与以往大学生群体有较大的差异。反映在价值观方面,主要表现在价值目标短期化、价值实现功利化、价值追求个体化和价值实现自我化等方面。另外,部分大学生存在畸形心理问题。个别大学生在对待个体生命上表现出对生命的不尊重。这类大学生有时以自残、自杀、残害其他生命为要挟或代价来达到个人目的;也有的在"奢靡"之风的影响下成为"月光族""啃老族",以高消费满足自身的攀比心理和享乐心理等。要实现人的全面发展,除了物质文明得到长足发展外,还需要另外一个条件,就是全面发展的教育。在大学生群体中开展社会主义核心价值观教育,就是要对大学生进行灵魂教育,剔除大学生群体中存在的上述诸多负面价值观的影响,使其树立正确的价值观,促进其身心健康发展,促使其专业能力、知识视野等方面的提升,为社会主义现代化建设培养出全面发展的合格人才,为我国社会主义事业的长足发展、国家的富强和民族的复兴培养更多高端人才。

第二节　大学生核心价值观培育的网络育人法

一、网络教育的优势和劣势

网络教育对当代大学生核心价值观教育的影响是两面的,既有其积极的一面,也有其消极的一面。

(一)网络教育具有虚拟性与匿名性的优劣势

1. 优势

由于网络是一个虚拟的空间,因而允许匿名存在。在网络教育中,大学生可以自由发表自己的见解,倾诉自己的苦恼,而不必担心被别人嘲笑或者暴露隐私。在此过程中,大学生群体可以释放自我,消除心理压力。

2. 劣势

由于网络教育中学生的身份是隐匿的，他们可以利用其他的身份甚至多重身份与人交往，这就导致他们的交流中夹杂虚假的内容，并且，这种交往方式缺少了面对面的表情语言交流，教师无法对学生的观点进行直观判断，导致教育效果出现偏差。同时，这种虚拟的交往不利于大学生对现实社会人际交往的规则和技巧的掌握，造成现实人际交往障碍和人际关系冷漠，深陷虚拟空间的交往将直接导致心理封闭，容易造成大学生许多心理或精神问题，甚至出现人格障碍。此外，网络教育的虚拟性和匿名性使得约束网络行为的道德秩序缺失，相关的法律法规不健全，而大学生自律性差，容易放纵自己，这直接导致了大学生的是非观念模糊、道德意识淡薄、社会责任感减弱，这种趋势将导致道德失范行为，如网络犯罪、网络色情、网络黑客等。

(二)网络教育具有平等性与交互性的优劣势

1. 优势

在网络教育中，人与人之间是平等的，没有高低贵贱之分，任何人都可以自由地表达自己对任何事情的看法，这有助于大学生自我解放、张扬个性，有助于增强大学生的自信、自立和自强。同时，由于网络教育没有权威中心，大学生可以脱离传统权威独立进行价值判断，这有助于增强大学生的民主平等观念。网络文化的交互特性直接促使大学生由被动接受转变为主动参与，大学生的主体意识大大增强。

2. 劣势

当前，我国还处于社会主义初级阶段，正在积极进行社会转型，还没有完全建立新的道德体系，这使得许多大学生在多元价值观的冲击下出现道德滑坡、社会责任感弱化的现象。网络教育的平等性和交互性使大学生过于关注和强调个人价值，逐渐忽视爱国主义、集体主义和无私奉献精神。同时，由于网上信息杂乱繁多，如果不加注意，那些落后的、腐朽的，甚至是色情的、暴力的、违法犯罪的信息就会侵蚀大学生的思想，对他们的价值取向的正确选择产生直接的消极影响。

第六章 当代大学生核心价值观培育的方法研究

(三)网络教育具有开放性与多元性的优劣势

1. 优势

网络的开放性特点打破了地域、时空的限制,促进了世界各地文化传统的交流与融合,带来了各种文化共享的局面。网络教育的开展可以使世界上先进的思想观点、思潮主张通过网络及时快速地传递给大学生,既有利于开阔大学生的视野,又有利于他们形成开放的观念和学习世界各国的文明成果。

2. 劣势

目前,西方发达国家垄断着网上的信息资源,他们利用互联网的迅速、开放等特点对发展中国家尤其是社会主义中国加强其文化渗透,使当前的网络文化带有浓厚的西方文化霸权主义色彩。大学生正处于世界观、人生观和价值观形成的重要时期,价值判断能力还不强,难免出现价值取向多元化的倾向。如果在开展网络教育的过程中不加注意,就极有可能使大学生对我国的传统文化和主流意识形态产生质疑,而对西方的生活方式、意识形态产生崇拜和认同,这必然会消解我们的国家意识和民族情感,甚至会不断淡化对中国特色社会主义的政治认同。

二、社会主义核心价值观网络教育的可行性

(一)网络的普及为大学生核心价值观网络教育提供了物质基础

随着科学技术的发展,网络在人们的生活中发挥着越来越大的作用,通过网络获取信息已经成为大学生学习的一条重要途径。为了方便学生使用网络,学校不仅建立了专门的机房方便学生上网,还在学生公寓安装了宽带,有的学校甚至安装了覆盖全校的无线网络。此外,一些与网络相关的课程在高校也不断设立,为大学生获取网络知识提供了便捷的途径。

（二）网络信息交流的平等性和互动性是大学生核心价值观教育追求的教育状态

网络信息的丰富性和多样性为大学生了解世界提供了极大的便利，他们通过网络可以足不出户地了解国内外的大事小情，领略万里之外的自然美景，与世界各地的人们进行便捷的交流。而且，网络信息交流的平等性使大学生可以在网上自由地发表自己的见解，不会因现实的某些"权威"而更改自己的初衷。同时，网络的互动性使每个人既是网络信息的传播者，又是网络信息的接收者。大学生在网络上可以针对社会现象和社会问题自由地发表自己的见解，并且互相交流，在交流中不断发展自己的认识水平。而大学生核心价值观教育所追求的理想状态，就是在宽松的环境下、在观点的交流争锋中达成共识，达到提高教育对象思想政治素质的目的。从这一方面看，网络教育是实现大学生核心价值观教育的最佳载体。

三、网络教育对大学生核心价值观教育的影响

（一）网络教育满足了社会主义核心价值观教育的互动需要

在任何教育活动中，教育者和受教育者的行为和活动都是需要互动的，社会主义核心价值观教育当然也不例外。但是，以单向灌输为主要传播方式的传统的社会主义核心价值观教育忽视了受教育者的个体需求和接受能力，不利于受教育者积极、主动地接受教育，使应有的教育效果得不到有效发挥。

网络教育的开展为大学生提供了一个开放的互动平台。网络的开放性特征打破了相对封闭的校园天地的限制，为大学生进入一个宽广的五彩缤纷的新世界提供了通道。大学生在更广阔的世界里不但能够见识更多的新事物、新知识，而且能够不断增强自身的主体意识，在学习过程中不断发挥自身的主观能动性。具体表现在社会主义核心价值观教育中，就是学生不再满足于教育者的单一的理论灌输，而是积极主动地吸收社会主义核心价值观教育的相关知识和信息，并且能够与教育者通过网络实现良性互动。而且，网络交往的虚拟性和匿名性的特性为宽松

第六章 当代大学生核心价值观培育的方法研究

的人际关系建立创造了极为有利的条件,交往者之间是相互平等的,他们可以没有心理负担地自由表达自己的态度和好恶。因此,交往者在表达情感时不必像现实中那样吞吞吐吐,或胆怯害羞,容易达到交往的较深层次。同时,在网络教育中,教育者与受教育者的角色是相对的,二者可以互换。因此,在网络教育中,社会主义核心价值观教育者与受教育者的关系更具有融洽性,双方都能较好地发挥其主体性。

(二)网络教育丰富了社会主义核心价值观教育的载体

载体是开展教育不可或缺的重要组成部分,对于教育目标的实现、教育任务的完成、教育内容的实施等都具有重要意义。通常来说,社会主义核心价值观教育载体是指教育者对教育对象进行教育并与之双向互动的活动形式,通常有开会、理论学习、文化建设、大众传媒、精神文明创建等。

在网络中,社会主义核心价值观教育信息承载具有积极方面和消极方面的影响。

1. 积极影响

第一,教育内容由静态变为动态,更加生动具体。

第二,教育内容网络得益于网络超大信息量变得丰富而全面。

第三,网络教育使得社会主义核心价值观教育的政治性本质隐含在其他信息中,潜移默化地对学生产生影响。

2. 消极影响

第一,大量的信息快速传播会淹没人们有意识或无意识提供的社会主义核心价值观教育信息,使之无法有效地传播给受教育者。

第二,网络的开放性使各种类型和性质的信息混杂,筛选难度加大,增加了社会主义核心价值观教育的难度。

通过网络这一载体进行社会主义核心价值观教育,一方面可以扩大社会主义核心价值观教育的影响力,大学生通过网络不仅可以获得广泛的社会信息,同时还能接受社会主义核心价值观教育,树立正确的人生观和价值观。另一方面,以网络为载体进行的教育可以形成对其他载体的思想政治教育影响的补充,从而形成社会主义核心价值观教育的全方位态势,大大增强社会主义核心价值观教育的影响力和有效性。

(三)网络教育扩大了社会主义核心价值观教育的效果

社会主义核心价值观教育开展的最终目的是帮助大学生树立正确的社会主义核心价值观。因而,其教育效果的实现具有重要意义。从本质上来说,社会主义核心价值观教育效果评定的主要依据就是教育目的和意图的实现程度。具体来说,这种效果表现为三个层面:一是认识层面的效果。即教育者把社会主义核心价值观教育信息作用于受教育者的知觉和记忆系统,引起其信息量的增加和信息内容构成的变化。这是受教育者对思想政治教育的认知。二是心理和态度层面的效果。即教育理论作用于受教育者的观念和价值体系而引起情绪或感情的变化。这是社会主导价值的内化与维护。三是行动层面的效果。即上述认识和情感变化通过受教育者的言行表现出来。这是行为范式或行为习惯的养成。

上述三个层面体现了效果形成的不同阶段,从认知到态度再到行动是一个效果累积、深化和扩大的过程。取得社会主义核心价值观教育的最佳效果,内化是关键。而高校促进大学生内化的途径和方法离不开为大学生提供丰富而有价值的教育资料,把教育转化为大学生的自我教育。

而网络教育是推动社会主义核心价值观教育的创新和大学生知识内化的有效手段。网络条件下,共享信息的丰富和快速传播为社会主义核心价值观教育的开展提供了充足的资源,不仅有利于教育者对受教育者开展针对性教育,也有利于受教育者主动参与对话交流。以往单纯的以教师为中心的灌输式教育模式被打破,大学生求新求变的思想在网络技术条件下得到了极大的满足,信息的获取和交流都主要依赖学生主体的发挥,这对大学生自觉学习新知识、培养科学的价值观念、提高自身素质,提供了更大的空间。另外,由于网络传输具有超时空性,这就极大扩展了社会主义核心价值观教育的覆盖面,促进了社会主义核心价值观教育的社会化。

(四)网络教育推动社会主义核心价值观教育现实和虚拟教学活动课堂的融合

网络信息技术的发展是网络传播的基础,也是大学生核心价值观课

第六章　当代大学生核心价值观培育的方法研究

程教学改革的物质保障。通过网络的多媒体平台,教师可以制作更加丰富和生动的课件,从而能更好地调动学生学习的兴趣,进而强化学习的效果。网络的同步交互、异步交互,加上人际传播、公众传播等优势的结合,适合网络课堂教学得以实现,不同空间的远程教育也能时时开展,教师在讲台上进行的生动讲解,可以利用网络大范围、同步传播给不同空间的学生。大学生核心价值观教育的现实的课堂教学与虚拟网络课堂得到了有机融合。

四、大学生核心价值观网络教育的途径

(一)发挥网络阵地的价值引导作用

在网络新媒体快速发展的时代,各方面的信息和多样化的社会思潮会对大学生的思想、行为以及价值观念产生明显的影响,马克思主义不去占领思想领域的阵地,就会给非马克思主义、反马克思主义的东西提供可乘之机,导致大学生的思想发生偏差。因而,我们必须以社会主义核心价值体系为引领,树立大学生正确的理想信念,抢占大学生网络思想政治教育阵地。

第一,相关政府部门应在思想上高度重视社会主义网络文化建设,采取多种措施规范和管理互联网、手机短信等新兴媒体的应用,扶持和建设一些重点新闻网站,通过多元化的网络文化产品和服务主动引导网上舆论,对一些有害信息的传播蔓延进行有效防范和遏制,在社会主义核心价值观教育中将网络作为前沿阵地,以更广阔的发展空间推动整个社会思想政治教育的发展。

第二,学校一方面要将社会主义核心价值观的相关信息传输到网上,丰富网络上的资源;另一方面,要及时上传与学生密切相关的其他信息,吸引学生关注网络宣传阵地。

第三,新闻网站、学校网站、社科网站要发挥自身优势,针对网上多样性的思想思潮,要做到坚持以社会主义核心价值观为引领,采取多种形式通过网络传播社会主义核心价值观。

第四,要积极开发思想政治教育软件,建立适时的思想政治教育信息数据库,使思想政治教育信息的搜集、存储、管理真正实现信息化、网络化。

(二)搭建社会主义核心价值观网络教育体系的新平台

1. 大力开发新型媒体网络交互系统

现在,新媒体交互工具种类众多,为人们提供了多样化的选择,但是各类工具操作界面和使用方法的各异也给人们的使用带来了许多麻烦。因而,开发一个能够统一各软件操作界面和使用方法的交互系统成为迫在眉睫的事。新型网络交互系统的开发能更好地迎合大学生的网络需求心理,从而激发学生的网络学习兴趣。通过新型网络交互工具,大学生可以进一步提高社会主义核心价值观践行的能力,以此检验他们对于相关理论的认知情况和掌握程度,从而为大学生提供更加具有针对性的思想教育。

2. 充分利用新媒体网络交互平台

微博、QQ、微信是目前最常用的网络交互平台。高校社会主义核心价值观教育要通过这些网络交互工具,不断加强师生之间的交流互动,打破现有交往的局限性,努力扩大社会主义核心价值观内容的传播范围,以实现社会主义核心价值观的有效传播。

(1)积极创建微博,构建大学生核心价值观教育新平台

当前,微博已成为大学校园里信息交换和人际交往的重要平台,微博上的话题经常成为全校甚至全社会的热门话题,引发人们深入思考和探讨。因此,高校可以通过开通校园官方微博的方式加强与学生之间的联系,为相互交流和社会主义核心价值观教育的开展提供有效的平台。高校在开通官方微博的过程中,要想达到更好的效果,必须遵循以下三个原则。

第一,在转发合适的有主题意义的经典博文的基础上,根据本校的实际情况设定不同的宣传主题,撰写原创博文,提高教育的实效性。

第二,处理好校园官微与学生微博之间的关系,将两者平等对待,使二者相互借鉴、相互学习,营造友好融洽的关系,践行核心价值观。

第三,在学生利用官微进行在线交流的基础上,推动形成良好的校园风气,在校园活动中实践官微的主题内容,引领大学生践行核心价值观。

第六章 当代大学生核心价值观培育的方法研究

(2)通过 QQ 聊天工具,开展个别化思想政治教育

QQ 是国内应用最早和应用范围最广的即时通信网络工具,受众范围大,目前已运用到社会生活的每个角落。QQ 匿名性、隐蔽性和无约束性等特性使学生可以在虚拟的网络空间自由发表自己的见解、倾诉自己的苦恼,而不用顾忌现实世界的困扰。另外,教师通过 QQ 与学生沟通能够有效拉近师生之间的心理距离,使教师更容易获得学生的认同,从而使学生更易于接受教师的教育。

(3)开通微信交流平台,抢占网络价值观培育阵地

近年来,微信成为人们交互交流的热门即时通信工具,大学生可以利用这一平台,平等地进行社会主义核心价值观方面的交流。因此,可以以学院或者班级为单位建立微信交流群,让师生通过微信实时地对遇到的热门话题进行交流和探讨。此外,学校可以建立自己的微信公众号,采用丰富的形式,将图、文、声并茂的社会主义核心价值观教育内容传达给学生,抢占网络价值观培育阵地。

(三)完善主题网站建设措施

主题网站是党为了进行舆论宣传建设的重要平台,在社会主义核心价值观网络教育过程中,这些主题网站为教育内容的宣传提供了有效的平台,是大学生核心价值观教育的前沿阵地。目前,虽然我国已建成数量众多、种类齐全的"红色网站",但这些网站的点击率普遍偏低,在大学生群体中没有得到广泛推广,因而没有取得理想的教育效果。针对这一情况,我们应该采取各种措施,提高主题网站对大学生的吸引力,以保证社会主义核心价值观教育效果的实施。

1. 突出宣传重点

中国特色社会主义共同理想、民族精神和时代精神是社会主义核心价值观的核心内容,因而在进行网站宣传时要将之作为重点。一方面,要在网站鲜明突出社会主义核心价值体系和社会主义核心价值观的基本内容,系统阐述它们的深刻内涵和逻辑辩证关系,从内涵到外延,全方位讲解,突出网站宣传主题。另一方面,要大力弘扬社会主义民族精神、时代精神和中国特色社会主义共同理想,坚定大学生社会主义方向,提高大学生的民族责任感和社会凝聚力。同时,也要注意对

践行社会主义核心价值观的先进事迹、模范人物和具有巨大影响力的历史事件进行宣传,切实发挥先锋典型在社会主义核心价值观教育中的引领标杆作用。

2. 塑造网站灵魂

社会主义核心价值观的指导思想是马克思主义,因而,建设社会主义核心价值观教育网站时要以马克思主义塑造网站灵魂。在建设专题网站时要以马克思主义和马克思主义中国化的最新理论成果作为指导思想,以构建社会主义和谐网络文化为基本目标,在结合社会主义和谐社会建设总目标的基础上凸显马克思主义对网站建设的方向性作用。在网站显示上,要将马列主义、毛泽东思想和中国特色社会主义理论体系概论分专栏解读,并保持理论的连续性、继承性和创新性。要重点突出当代马克思主义,特别是要对党的十九大以来出现的新理论、新思想进行系统展示,引导大学生坚定社会主义道路自信、理论自信和制度自信。

3. 加强网站和网页建设

当前,各高校经过努力创建了很多以核心价值观教育为主题的网站,这些网站有丰富的学习资料,可供师生随时随地阅读和下载。另外,各地教育部门也创建了一些贴近校园、贴近师生的融思想性、知识性、趣味性、服务性于一体的网站和网页。为了使这些网站和网页充分发挥教育作用,必须加强这些主题网站和网页建设,增强网络的服务功能,积极开展生动活泼的网络核心价值观教育活动,将教育与服务融为一体。

4. 丰富网站内容和形式

严谨性、严肃性、思想性是对社会主义核心价值观教育主题网站内容的基本要求,这是由思想政治教育的本质所决定的,然而广大高校学生却不喜欢这种死板的政策性内容,他们更乐于接受富于生动性、多样性、趣味性的内容。这就要求高校在建设主题网站时处理好两者之间的矛盾,把精深的马克思主义理论、严谨的思想政治理论、严肃的思想道德修养等思想政治教育的主要内容,变成深入浅出和生动活泼的网络表现

第六章　当代大学生核心价值观培育的方法研究

形式,增强主题网站吸引力。

(四)加强社会主义核心价值观对校园网建设的引领

1. 丰富校园网的内容

当前我国高校建立的网络平台内容都相对单薄,大部分只能为学生提供成绩浏览和信息查询等服务。因此,高校在利用校园网开展社会主义核心价值教育时,应该在校园网上开辟社会主义核心价值观教育专栏,从形式、内容上给学生耳目一新的感觉。但是,在内容的选择方面,一定要注意信息的真实性和时效性,以对大学生产生最有效的影响。

2. 加强基础设施建设

基础设施建设包括硬件和软件两大部分。在硬件方面,主要表现为先进设备的引进,这需要高校不断加大资金投入。在软件方面,首先要充分利用高校自身的技术人员和网络资源优势,自主地逐步设计出自身特色的应用系统。其次,要加强网络教育软件建设,使校园网名副其实地融入日常教育活动之中。最后,加强对相关人员的培训,提高他们利用校园网开展教育教学、管理、服务等工作的能力。

3. 注重网络道德素养的培养

在校园网络文化的建设过程中,一定要注意规范高校师生的网络道德素养,倡导网络文明,防止网络暴力的出现。

4. 建立完整的网络评价体系

一个合理有效的评价系统可以为大学生提供自检和自评的有效平台,可以让他们不断改进自身的不足,对自我行为进行约束,促使自身素质不断提高。具体来说,完整的网络评价系统包括网上竞赛、网上交流、网上信息发布、网上意见征集、网上心理咨询、网上谈心等内容。

第三节　大学生核心价值观培育的自我心理育人法

作为一项教育活动,社会主义核心价值观教育必须经过个体心理结构的筛选、认同和内化,才能成为心理结构的内容,将社会主义核心价值观内化为自己的价值观。这就要求大学生以正确的人生观、价值观为指引,培养正确的价值判断能力和价值评价能力,为社会主义核心价值观教育奠定良好的基础。

一、当代大学生心理发展的特点

大学生正处于由青少年向成年人心理过渡和转变的时期,大学阶段是人迅速社会化的关键阶段。在这一阶段大学生会遇到一些相应的心理问题,产生一些独有的特征。大学生的心理特点及心理矛盾是社会角色发生转换、生活环境发生变化的必然反映。

(一)价值观念基本形成但不完善

当代大学生群体是同龄人中知识较丰富、最具活力,最易接受新思想、新观念的群体,大学生的价值观念往往就是社会价值观念的缩影。但同时,由于当代大学生生活在一个开放的年代,他们同时具有年龄偏小、生理发育提前而心理成熟滞后、社会经验缺乏、思维方式单一等特点,容易陷入自我认识的误区,从而对其价值观念产生严重影响。比如心理素质不成熟,导致了价值观念的无序、易变;思维方式的单一导致了价值观念的片面性和矛盾性等。一些学生在面对多元化价值时找不到自己的坐标,无所适从,让自己陷入一种苦闷、绝望的境地,从而引发了一定的心理问题。另一些学生则是以自我价值的实现为目的,强调个人利益,社会、集体利益次之;在物质和精神关系上,不少人过分关注眼前的机会和发展,忽视远大理想和目标,把实现较高经济收入和安稳生活作为人生追求的唯一目标,重实惠,求实用,从而淡化社会责任感,甚至陷入极端个人主义的泥坑;还有部分学生在价值观取向上过于急功近

第六章 当代大学生核心价值观培育的方法研究

利,敬业意识薄弱,理想追求淡化。尤其是随着大学生群体中很多独生子女的加入,当代大学生的逆反心理和自尊心理显得尤为强烈。

(二)情感丰富而强烈

情感是人对客观事物态度的心理体验与感受。情感是脑的机能,是客观事物刺激的反应。大学生随着年龄的增长、智力的发展、社会实践的增多,情感愈来愈丰富,具体表现为:一是理智感显著发展,二是道德感明显发展,三是美感进一步发展,四是友谊感在大学生的情感中十分突出。

大学生的情感具有外露性,喜怒哀乐溢于言表,感情奔放,容易冲动。他们往往表现出为真理而奋斗的热情,向往如火如荼的生活,喜欢激动人心的场面;但也可能出现盲目的狂热和冲动,铸成大错。他们常因自己的需要和愿望得到满足而手舞足蹈,欣喜不已,也会因为一时得不到满足而怒气冲冠,悲观失望。大学生的情绪虽然较中学阶段稳定,但与成人相比还显得波动多变,容易从一个极端走向另一个极端。他们爱把事情想象得过于顺利、美好,缺少经受挫折的思想准备。一旦受挫,就陷入苦闷、烦恼、不满甚至绝望。

(三)思维能力迅速发展

主观性思维能力是人的智力的核心。大学生思维的独立性和批判性有明显的增强,不再满足于被动地接受,而是主动地去观察、思考和实践,开始用批评的眼光看待周围的事物,对他人的意见不轻信和盲从;喜欢怀疑和争论,敢于大胆发表个人的独立见解,能对自己的思考结果进行检查和评价。此外,大学生由于掌握的知识越来越多,受到的思维训练越来越复杂,抽象思维能力得到迅猛发展,思维的逻辑性、发散性都有了新的提高,加上丰富的想象力,促进了思维的活跃性和创造性,因而产生了积极的创造欲和成就感,喜欢标新立异,能灵活运用各种思维技能,提出新的设想和见解,以获得新颖、独创性的思维结果。

二、心理素质教育与核心价值观教育的统一性

心理素质教育是按照心理健康的标准,通过各种方式对人们进行心理健康知识和技能传授的一种教育,它不仅立足于解决心理困惑,还包括

自我评价、社会适应、人际交往、情绪管理、潜能开发等。核心价值观教育是一定的阶级或政治集团，为实现政治目标，有目的地对人们施加意识形态的影响，以期达到转变人们思想的目标，进而指导人们行动的社会行为。它注重提高人们的思想素质、政治素质、道德素质，进而使人们形成正确的思想观念、坚定的理想信念、准确的政治鉴别力和高尚的道德情感及行为。心理素质教育与大学生核心价值观教育既有联系又有区别。

第一，二者的目标一致，都具有育人作用。心理素质教育与核心价值教育具有共同的目标，这就是培养健全的人格，培养具有综合素质的、全面发展的人。无论是心理素质教育的目标还是核心价值观教育的目标，都是要提高人们适应社会生活的能力，培养良好的个性心理品质，促进心理素质、思想道德素质、文化素质、专业素质和身心素质的协调发展，实现整体素质的提高。在具体的工作中，心理素质教育与核心价值观教育都服从于人才培养的总体目标，为人才全面素质的提高服务。

第二，二者的教育功能互补。在社会生活中，人们有解决思想问题，成为符合社会需要的人才的诉求，也有解决心理问题，健康生活、快乐成长的需要，两种需要是有机地结合在一起的。在实际工作中，这两种需要主要通过心理素质教育与核心价值观教育来满足。心理素质教育侧重于人们思想中的心理层面，帮助其消除和缓解心理症状，调节情绪、平衡心态，引导他们保持健康的心理状态，使其具有稳定的情绪、坚强的意志和完善的人格，促进心理健康发展，为其接受正确的思想教育创造良好的心理条件，使之成长为适应社会、服务社会的合格人才。核心价值观教育侧重于人的思想层面，更多注重教育对象意识结构的层次，注重对人的世界观、人生观、价值观的教育。形成正确的世界观、人生观、价值观，对提高认识能力、转变信息加工方式、提高心理调适能力有重要的基础作用。

三、依托健康心理素质加强大学生核心价值观培育

（一）良好人际关系为大学生核心价值观教育提供社会认同保证

人的本质属性是社会性，人是社会性的动物，一个人要生存、发展，就必须与他人交往，这是既定的事实。马斯诺的需求层次理论指出人需

第六章 当代大学生核心价值观培育的方法研究

要人际交往,人际交往不仅给人以活动的空间,而且也是人维持健康的必要条件。社会交往顺畅了,人就有了归属感和安全感,就会感受到社会对自己的温暖与爱,就会爱国、爱党、爱人民。对大学生的社会主义核心价值观教育就会顺利进行。当前,大学生许多心理问题都与人际关系有关,人际关系适应不良是大学生出现心理问题的重要原因,因此,大学生必须维持良好而健康的人际关系,以开放的心态与朋友交往,与人交往。这样的话,一是能够增强他们的自信,有效地减少人际关系的摩擦,减小心理压力;二是能够成为情感交流的一个重要渠道,有一个良好的情绪宣泄渠道。大学生的社会归属与爱的需要得到满足了,就会认同主流价值观,从而树立社会主义核心价值观。

(二)人生态度为大学生核心价值观教育提供思想保证

人生观是人们对人生的总的看法和基本观点,属于人们心理结构中比较深层次的动力源泉。人生态度是由人生观决定的。拥有积极向上的人生态度,一个人就会在日常的工作、生活中呈现出良好的精神风貌,就会努力实现自己的理想,就会对社会抱有责任感,最终实现自我价值与社会价值。但是,在现实生活中,大学生却存在着各种各样的心理问题。我们静下心来反思许多大学生产生心理问题的原因,不难发现,没有树立正确的人生观、价值观是其中一个重要的因素。现实生活中,许多大学生正是由于在人生观上失去了追求,发生了迷惘,逐渐在生活上开始放纵,导致各种心理问题的发生。一个人的心理不健康,自然对工作、生活没有奋斗的激情,也就谈不上对社会的使命感了,社会主义核心价值观对其也就没有任何意义了。

人生观、价值观是人们最高层次的思想观念,它们不仅对人的认识、情感、意志、兴趣等一系列心理活动有着重要影响,还对人的行为具有重要的调节作用。因此,大学生人生观、价值观的正确与否,是影响心理健康的重要因素。有了正确的人生观、价值观,就能使人正确认识人生发展的规律,正确处理个人与社会、物质生活与精神生活的关系,明确自己在社会、群体中的位置,认识到自己所肩负的责任,从而对自身的价值和作用有一个正确的认识,在此基础上,才能对周围环境的变化做科学的分析和预测,才能找出解决问题和困难的有效途径和方法,并且始终保持积极乐观的人生态度。由此,正确的人生观是大学生个人心理健康的主要思想保证,积极向上的人生态度会使大学生有意义、有价值地生活,社会主义核心价值观的教育也就有了存在、发展的根基,所以说,人生态度为大学生核心价值观教育提供思想保证。

(三)正确就业心理为大学生核心价值观教育提供身心支撑

劳动是人得以生存、发展的途径。每个人都要从事一定的工作,维持自身的生存与发展。大学生的就业同样影响着大学生的发展。社会主义核心价值观强调劳动光荣。当前影响大学生心理健康的一个重要方面就是就业问题。就业环节是大学生完成学业后的实践阶段,大学生个人的综合素质、各项能力在这个环节集中展现出来,构成大学生职业素质与职业能力的基本内容。很多大学生将自我就业看作对自己学习生涯的检验。然而当前的问题是很多大学生面临着就业的困境,这是一个严峻的事实。实际上,就业的不顺利与心理的不健康二者是互为影响的。大学生由于就业的不顺畅,导致了一系列的心理健康问题。反之,由于不健康的心理,导致了畸形就业心理。健康的就业心理是促进大学生顺利就业和成功就业的保障。健康的就业心理状态下,大学生能够客观地分析个人现实和职业现实,树立科学的人生观和价值观,形成合理的就业观和职业观,合理定位自己,找到适合自己的工作,获得就业岗位。相反,不良的就业心理状态下,大学生或盲目就业、或犹豫不定、或这山望着那山高、或消极等待机遇出现。大学生的成长成才是依托综合素质的发展而存在的。就业心理素质是大学生整体心理素质的重要组成部分之一。大学生只有拥有健康的就业心理素质,才能真正地在社会发展与个人发展的有机结合中成长成才。大学生在工作上能够体现出自己的价值,能够在物质上满足自己,能够丰富精神生活,为社会主义核心价值观的教育提供身心支撑。

四、心理咨询是促进大学生心理健康、树立社会主义核心价值观的重要方法

(一)自我意识发展咨询

伴随青春期生理方面的变化,他们的逻辑抽象思维能力也大大提

第六章　当代大学生核心价值观培育的方法研究

高,生理变化和思维能力的相互作用,使得大学生更多地开始考虑他人如何看待自己,他们开始运用特定的信仰体系或道德标准推论世界应该如何。在这一过程中,他们开始从儿童性混乱期向着同一性自我意识发展过渡,表现出对传统知识、信仰的挑战。同时,他们经常陷入自信与自负、自卑与自尊、自控与失控等一系列矛盾之中,形成心理疑惑。这就需要自我意识发展咨询予以调适和缓解。

(二)人生准备过程咨询

大学生的人生观初具雏形但还没有定型,有既成性和可塑性的双重特点,他们对传统的知识、信仰有依赖的一面,又有反抗的一面。他们在尝试着运用各种各样的思想方法来考虑问题。遇到的各种疑难都将对青年的心理产生复杂的影响,这突出地表现为他们对自己的未来和现实的焦虑。人生准备过程咨询就是要通过沟通、对比、交流、引导等方式,使大学生步入健康的人生发展轨道。

(三)情感咨询

伴随性成熟而来的是初情期的发展。一方面,这表现为他们的情绪化,情绪急剧变化,易走极端;另一方面,这表现为渴求情感与理解。如何使大学生情感和谐,"教会怎样去爱,怎样理解情感、爱情,教会他们做幸福的人,就是等于教他们尊重自己,赋予他们人的尊严",就成为情感咨询的主要任务。

第四节　大学生核心价值观培育的实践育人法

一、大学生社会实践对核心价值观培育的重大意义

(一)社会实践的开展有利于充分体现大学生的主体地位

在构建大学生社会主义核心价值体系过程中,重在大学生的内心体

验,注重大学生主体意识的发展变化,从内心对社会主义核心价值体系进行逻辑推理,分析论证,做出判断,然后做出选择。除主体性之外,大学生的主动性也是社会主义核心价值观教育过程中所必需的特质。主动性是大学生心理需求动机外化的表现。大学生能否主动地应答、主动选择、主动思考是社会主义核心价值体系构建成功的关键。

　　社会实践的内容和形式是丰富多样的,大学生在社会实践中,自由、平等、民主地参与,激发他们的主体性和主动性,促进社会主义核心价值体系的有效构建。大学生在广泛地参与丰富的社会生活之中,亲自接触各种人和事,增加对社会的生活积累,并获得对社会物质文化、精神文化和制度文化的认知、理解、体验和感悟。大学生在社会实践的过程中积极发挥自己的主观能动性,结合自己掌握的理论知识去理解现实,通过自己的双眼去认识社会、了解社会,在感性的实践中去证实理性的认识,从而接受、认同社会主义核心价值体系。

(二)社会实践有助于大学生满足在社会主义核心价值观树立过程中的反复性与长期性的要求

　　任何一种价值观的真正认同,都要经过反复、长期的实践才能最终确立,不可能一蹴而就地树立一种价值观。大学生本身情绪波动较大,易受到外界环境的影响,在树立核心价值观的过程中需要经过多次反复,需要一个长期的过程。这就涉及心理学的知识了。从心理学角度讲,接受主体从接触到内心真正接受一种理论、观念是一个从低到高、从部分到整体、从外表到内心的长期过程,不是立竿见影、一蹴而就的,甚至需要一个较长的时间段。大学生在接受社会主义核心价值观教育时,既需要根据自身的需要层次和接受能力逐渐认知和内化社会主义核心价值观,也需要跟随社会主义核心价值观的发展而不断更新接受内容。接受活动必然是一个长期进行、逐渐认识、曲折发展的过程。

　　大学生的社会实践活动本身具有成长性的内涵,社会实践活动是大学生了解社会、接触社会、适应社会的重要渠道,是提升大学生思想素质、政治素质、道德素质与心理素质的重要途径。大学生在进行社会实践的过程中,会培养爱国情怀,形成集体主义精神,在劳动中树立劳动光荣的意识,为自己崇高理想的树立奠定精神支撑,为以后人生道路的坎坷奠定挫折经历,大学生还可以在社会实践中学会处理各种复杂的社会关系,善于协调个人利益与集体利益的矛盾,在精神不断完善、升华的过程中实现全面发展和成长成才,树立社会主义核心价值观。

(三)社会实践的多样性与差异性特征与大学生核心价值观接受心理相契合

大学生核心价值观的表现形式是多样化的,它可以通过歌曲、影像、文字、图片等光、声、电、符号多种形式呈现。同时由于大学生个体的差异,如认知水平、情感体验、价值观取向等个体差异。大学生核心价值观教育的开展体现出差异性的特点。个体在接受水平上的差异,也必然对大学生核心价值观教育途径的多样性产生影响。因此,大学生的接受心理体现出多样性与差异性的统一。对于这种多样性与差异性,内容丰富、形式多样的社会实践活动恰好能够充分契合。高校可以通过让大学生参观博物馆、纪念馆、展览馆、革命烈士陵墓或者文化遗址等形式,使大学生加深对祖国优秀传统文化的理解,强化对红色革命精神的认同,提升自身文化素养;高校应积极倡导大学生进行"红色旅游",开展"红色之旅"学习参观,充分发挥烈士陵园等爱国主义教育基地的教育作用,激发大学生的爱国热情,加强对大学生的爱国主义教育;高校要组织大学生到革命纪念地、改革开放前沿和经济社会发展成效显著的地方学习参观,了解中国革命、建设和改革开放的历史和成就,增强大学生对党的感情、对中国特色社会主义的热爱,激发他们全面建设小康社会、实现中华民族伟大复兴的责任感;高校要规范和促进大学生科技成果转化,鼓励大学生开展创业实践,提高创业技能。以教学实践、专业实习为主要内容的实践教学、军政训练、社会调查、生产劳动和社会服务、勤工助学等社会实践活动,都有助于促进大学生核心价值观的接受;高校应积极为大学生创设条件,号召大学生到工厂、农村、军营中去锻炼,在工厂中强化劳动意识,在农村中培养阶级情感,在军营中锻炼钢铁意志,在大自然中陶冶精神品质,使大学生拥有完善人格,做社会主义事业的合格接班人。

(四)社会实践与大学生核心价值观培育的心理性与实践性特征相契合

首先,我们来说一下社会实践活动。人类的社会生活本身就是一种实践活动。社会实践是大学生思想政治教育的重要环节,对于促进大学生了解社会、了解国情、增长才干、奉献社会、锻炼毅力、培养品格、增强社会责任感具有不可替代的作用。大学生的社会生活丰富多彩,涉及课堂上下、校内校外、网上网下等各个环节,鲜明地呈现出空间上的广泛性、时间上的持续性。大学生在社会实践中,能够体会到自身价值实现所带来的成就感,使自我和社会得到有效沟通,对培养大学生的自立精神、创新意识、求真务实精神具有积极的促进作用。因为社会实践活动要求大学生的亲身参与,大学生在身体力行中,能够切身体会到社会主义制度的优越性,促使其在深层次上、从思想上坚定社会主义的理想信念,使他们拉近与工农群众的阶级感情,而且还会激发他们的历史使命感和社会责任感,促使他们自觉提高学习的积极性,更严格地要求自己,从而促进大学生全面健康发展。

其次,我们来说一下社会主义核心价值观教育。社会主义核心价值观所蕴涵的思想观念、政治原则和道德要求属于社会意识形态,其内容包括马克思主义指导思想的政治价值观、中国特色社会主义共同理想的理想信念、民族精神和时代精神的精神动力以及社会主义荣辱观的道德价值观,这是一种知识、思想、文化的交流、传承。因此,大学生核心价值观教育是一种心理性、精神性的活动。大学生思想上接受了核心价值观,必须要外化,要在社会实践中体现出来,用核心价值观指导自己的行为,把核心价值观具体到日常的学习、工作和生活当中去。所以说,大学生核心价值观的树立呈现出心理性与实践性的统一。

(五)社会实践的开展能够夯实大学生社会主义核心价值体系的行动转化

根据心理学中的发现学习理论,社会实践能够夯实核心价值体系的行动转化。发现学习是大学生根据自己特有的认识程序亲自获取知识的一切方式。社会实践正是一种发现学习的方法,根据学生感兴趣的问题设定实践内容,大学生在实践的过程中,使学生体验到对问题的某种程度的不确定性,提供解决问题的多种可能的假设,通过收集资料,得出应有的结论,用分析思维去证实结论。从而发现社会实践可以使理论学习、知识的掌握更牢固,更加容易激发大学生的智慧潜能,有效提升学习者发现问题、解决问题的能力。在实践的过程中,教师与学生处于合作状态,此时的学生就不再是静坐的听众或观众了,而是在不断的探究中获得新的信息,从而提高学生学习的主动性。

二、培育大学生核心价值观的多种社会实践形式

社会主义核心价值观是"兴国之魂","魂"有所依,才能落地生根;"魂"有所寄,才能"精神变物质"。无形的社会主义核心价值观只有融入到有形生动的社会实践生活中,才能接上地气。培育和践行大学生核心价值观必须是坚持思想涵育与实践涵养并举,在落细、落小、落实上下功夫,推动志愿服务常态化,推动精神文明创建活动,推动重要节庆、纪念日教育实践活动,把社会主义核心价值观内化为大学生的精神追求,外化为大学生的自觉行动,将践行核心价值观精准、细致地落到实处。

(一)志愿服务

志愿者是一个没有国界的名字,是指基于良知、信念和责任,不为任何物质报酬,自愿贡献个人的时间、精力、金钱等,为社会和他人提供服务和帮助的人。自1993年底,共青团中央实施中国青年志愿者行动算起,我国志愿服务事业有了20余年的发展历程,越来越多的青年人和社会各界人士加入到志愿者队伍中来,在扶危济困、应急救援活动中发挥了不可或缺的作用,成为培育和践行社会主义核心价值观的重要载体。近年来,社会各类团体及高校中各类志愿服务组织不断发展,志愿服务也逐渐趋向常态化,以相互关爱、服务社会为主题,围绕环境保护、大型活动、扶贫济困、应急救援等方面,围绕残疾人、留守儿童、社区孤寡老人和困难职工等群体,组织开展了各类形式的志愿服务活动,有助于形成我为人人、人人为我的社会风气。以志愿服务培育和践行社会主义核心价值观,还需要建立健全志愿服务制度,完善激励机制和政策法规保障机制,把志愿服务活动做到基层、做到社区、做进家庭。

1. 抓认识深化,提升志愿自觉

思想是行动的先导,指引着前进的方向。没有认识的自觉,就不会有行动的自愿。志愿服务发展到今天,仍然存在一个不断深化认识的问题。党的十八大明确提出"广泛开展志愿服务,推动学雷锋活动,学习宣

传道德模范活动常态化"的要求。实现志愿服务常态化的首要任务,就是要广泛普及志愿理念,大力弘扬志愿精神,不断提高志愿服务的社会认知度,将志愿理念转化为社会群体意识,让志愿活动的星星之火形成燎原之势。

(1)以传统美德滋养志愿自觉

中国自古就提倡助人为乐、扶贫济困、乐善好施,"老吾老以及人之老、幼吾幼以及人之幼","仁者爱人,爱人者人恒爱之","与人为善","兼善天下、利济苍生","出入相友、守望相助、疾病相扶持",等等,为大学生所耳熟能详。时代不断进步,美德跨越时空得到传承。"奉献、友爱、互助、进步"的志愿精神与我国传统美德一脉相承,又与时俱进。对于这些传统美德,要进行创造性转化、创新性发展,引导大学生友爱互助、多做好事。

(2)以先进典型激发志愿自觉

榜样的力量是无穷的。1963年,毛泽东同志亲笔题词"向雷锋同志学习",并将3月5日定为学雷锋纪念日。半个多世纪以来,雷锋精神与时代同行,激励着一代又一代的中国人助人为乐、服务社会,用实际行动开展志愿服务、传承雷锋精神。典型示范,扩大影响,开展形式多样的学雷锋、树典型活动,通过发挥党员示范的带动作用、岗位示范的辐射作用和典型示范的感召作用强化人们的道德责任和道德情感。树模范的同时,也要注意发挥社会公众人物的示范作用。比如在网络上许多意见领袖影响力极其重要,要努力使更多的公众人物成为雷锋精神和社会主义核心价值观的宣扬者、践行者和推广者。比如2014年10月15日由习近平主席主持的北京文艺座谈会就邀请了周小平、花千芳两位在网络上传播正能量的网络作家参与。习主席亲切勉励两位作家:"希望你们创作更多具有正能量的作品。"

(3)以舆论引导提升志愿自觉

传播的力度决定了影响的广度。近年来,报刊、广播、电视、互联网、移动互联网等大众传媒,大力普及志愿服务知识、宣传志愿服务活动、传播志愿者感人事迹,营造出浓厚的舆论氛围。从南方雪灾到汶川大地震,从舟曲泥石流滑坡到玉树地震,从北京奥运会到上海世博会再到南京青奥会,记者不仅将镜头对准救灾、对准展览、赛事本身,也对默默无闻奉献的志愿者这一独特而亮丽的风景线进行浓墨重彩的宣传,讲述志愿者们的动人故事,让志愿精神和志愿服务被越来越多的人所熟悉。

2. 促机制完善，推动志愿常态化

科学合理的制度体系是事业健康发展的基础。当前我国志愿服务面临的一大"瓶颈"，就是制度建设相对滞后。探索建立中国特色的志愿服务制度，是推动志愿规范有序、持续健康发展的长远之策、根本之策。

(1)完善志愿服务制度，加强科学管理

第一，在鼓励学生积极参与志愿服务的同时，学校应遵从学生的意愿，考虑学生时间、精力的限制，实施个别化和自愿原则。

第二，虽然2015年教育部印发《学生志愿服务管理暂行办法》，规定在大学学段实行学生志愿者星级认证制度，学校根据学生志愿者参加志愿服务的时间累计，认定其为一星至五星志愿者。但是否应把志愿服务纳入学生各项评优评奖考核项目需仔细考量，要制定科学、合理的标准，使这一工作更加公平、公正。

第三，一些学生还存在认识上的不足，即使在参加志愿服务时也是敷衍了事，这给服务的机构和其他同学都会带来不良影响。所以，要杜绝这种弄虚作假现象，加强学生对志愿者的认同，使志愿服务活动成为学生内心的一种理念和自愿行为。

(2)加强培训和督导，提升志愿服务的实效性

要着重增进学生志愿服务专业知识，提升其志愿服务技能。着眼于减少志愿服务过程中的失误和不足，以提高学生志愿助人服务的质量和水平。学生志愿服务社团组织要加强与服务机构的联系、沟通，配备专业教师督导学生的志愿服务。建立志愿服务分享机制，使优秀志愿服务者能够传授服务经验，同时使志愿服务者之间能够互相支持和鼓励，保证学生志愿服务活动能够良性循环地发展下去。

(3)扩展志愿服务范围，丰富服务形式

大学生志愿服务的形式也可以灵活多样，咨询、辅导、开展活动、寻找支持和资源等都可以成为志愿服务的形式。机构、家庭、公园、街头等公共场所都可成为志愿服务场所。在社会实践中，大学生要结合实际需要，不断拓展志愿服务内容，创新志愿服务形式。

3. 重实践创新，优化志愿服务

吸引更多的大学生参与志愿服务，必须遵循志愿服务的规律，从经济社会发展需要出发，从社会大众的需求出发，精心设计活动项目，广泛

搭建平台载体,让大学生乐于参与、便于参与。

(1)深化社区志愿服务

社区是人们生活的基本单位。邻里和睦、互帮互助与每个人息息相关,也是和谐社会的"粘合剂"。社区服务面广量大,空巢老人、留守儿童、农民工、残疾人等群体尤其需要"邻里守望",家政活动、文化活动、全民健身、心理疏导、医疗保健、法律援助、应急救助、科学普及等广为需求。社区志愿服务从日常做起,从小事做起,接地气、顺民意,用雪中送炭的实事好事,温暖着整个社区大家庭。抓好社区志愿服务,既要依靠社区志愿者,也要善借外力,推动社区志愿者与文明单位志愿服务队、社会志愿服务组织等建立志愿服务伙伴关系。

(2)做好重点志愿服务

大型社会活动离不开志愿服务,应该围绕重大活动、重要会议和大型文体赛事等,规范招募信息发布,加强培训管理,提高重大活动志愿服务的科学化规范化水平。经济社会发展热点难点领域离不开志愿服务,应该围绕保护环境、保护文化遗存、应急救援、无偿捐献等,组织和引导相关职能部门开展志愿活动。应对突发事件离不开志愿服务,应该加强对志愿者相关知识培训和技能演练,提高应急救援的专业化水平。公共场所离不开志愿服务,应该在车站、码头、图书馆、博物馆、旅游景区等人员密集的地方,组织志愿者开展便民利民、文明劝导、公共秩序维护等志愿服务。

(二)参与社会调查

大学生参加社会调查活动,能够深入认识社会,对社会有客观准确的认识,了解中国的国情、民情,了解改革和建设的实际情况,从而加深对建设中国特色社会主义和党的路线、方针、政策的理解。在社会调查中,大学生会发现一定的问题,会看到我国社会与一些发达资本主义国家的差距,更重要的是能够透过现象看本质,认识社会主义制度的优越性,坚定共产主义信念,树立正确的政治方向,提高自身思想觉悟。

传统的社会调查实践以"取得数据"和"认识"为核心,在具体社会调查中,往往是教师设计好调查问卷,或者组织学生设计好调查问卷,安排学生进行调研,在具体实践活动中面临着教师主体缺席、学生参与度不高、功利色彩浓厚、实践效果差等问题。所以利用社会调查的实践形式开展社会主义核心价值观的培育,必须转换视角,让学生带着"研究"的精神,以社会主义核心价值观为主题,去开展社会调查活动。基于研究性学习、建构主义知识观、师生观与学习观等相关理论,"社会调查"实践形式推动社会主义核心价值观培育的总体设计思想是依托"大学生核心价值观建构"网上讨论活动,通过建立师生主体间的多维互动模式,引导学生学习借鉴社会调查理论与方法,给学生设定一定的关于社会主义核心价值观的问题或者鼓励学生思考设定一些该类话题,引导其"像一个学者与研究者那样"去完整地亲历一次关于社会主义核心价值观调查课题的研究,充分发挥情境、协作、会话在社会主义核心价值观调查中的作用,使学生在科学规范的研究过程中建构起真正有益于自己的知识技能,进而培养起一种良好的科研创新习惯,为以后的专业学习与其他相关社会实践的有效开展奠定经验与方法基础。

(三)推动精神文明创建活动

大学生精神文明创建活动也是宣传和践行社会主义核心价值观的重要实践形式。当前高校精神文明创建工作的总体思路要坚持以社会主义核心价值观为主线;精神文明创建活动在丰富内容、创新载体上有新进展;讲文明树新风活动在提升大学生文明素质、社会文明程度和引领社会风尚上有新进展;精神文明建设各项工作在贴近实际、贴近生活、贴近学生,提升工作科学化水平上有新进展。具体要做好以下几方面的工作。

1. 开展大学生"读书节"活动

引导大学生阅读,对不断提升大学生文明素质和社会文明程度具有重要意义。通过大学生读书节活动引导大学生树立文明礼仪,具体可以设置的活动有以下几种。

第一,比赛类活动,结合大学生实际和文明礼仪主题设置活动。如"读小报设计比赛""一书一世界影像比赛"等。

第二,展览类活动,可结合不同主题设计展板,营造良好的读书氛围,如"好书齐分享·书目推荐活动",或者相关知识展板等。

第三,宣传类活动,可进行各种读书宣传活动来鼓励同学们读好书,激发大家的阅读兴趣,培养同学们爱读书的好习惯,如"名家讲座""博览之星评选"等活动。

第四,其他类活动,可自行设计活动类别和形式,活动内容要贴近主题,且要求内容积极向上,有益于大学生身心健康发展,如"图书漂流"等。

2. 推进班级文化建设

班级文化对于大学生品质的塑造和综合能力的培养起着潜移默化的作用。营造和谐的班级文化,能为学生创造良好的教育环境,有助于学生的可持续发展。构建优秀的班级文化,可以从以下几个方面着手。

第一,创建优秀的班级文化氛围,努力创造浓厚的学习气氛、团结和谐的同学关系和勇于拼搏的进取精神,同时还要努力构建愉悦的文体活动氛围。

第二,制定系统的日常行为规范。"没有规矩,不成方圆",大学生班级群体教育应该注重运用各种行为规范来约束成员的日常行为,有奖有罚,奖罚分明。

第三,树立班级目标,结合专业特色科学合理地界定本班级的目标,并使班级成员明确要达到目标自身需要进行哪些努力。

第四,培育班级精神。班级精神是班级活动的指导思想与行动准则,是对班级目标的高度凝练。班级精神要根据专业的特点进行浓缩和提炼,倡导诚实信用、公平友爱、团结协作、顽强拼搏的高尚班级精神。

3. 利用新生入学教育开展素质与养成实践教育

高等教育的任务是培养具有创新精神与实践能力的高级专门人才,其中的核心是素质教育。功利性过强的中学教育使得素质教育本身存在缺陷和断链,亟须提高学生的综合素质,以适应快节奏的大学教育。素质教育是高校人才培养环节中最关键的部分,是高校卓越人才培养工程的起点工程。同时,高等学校宽松的学习环境和中学环境的显著差异,使得我们必须要重视新生的素质与养成教育。该板块通过开展军事技能训练,按时早操(对应早读),坚持中午、下午(上课时间)和晚上(自习时间)的训练,让新生适应和接受"一日生活制度""节假日晚点名""晚签到"等制度,从而培养学生良好的纪律观念和学习生活习惯;通过应急训练、消防演练,交通安全和财产安全知识的讲解等,让新生掌握基本的应急和急救能力,养成良好的安全意识;通过文明班级、宿舍创建评比等

第六章　当代大学生核心价值观培育的方法研究

活动,培养新生形成凝聚、和谐、规律的集体生活习惯;通过丰富校园文化活动的开展,为新生综合素质的提高搭建广泛平台;通过职业素质教育,培养新生良好的职业道德,掌握基本的职业技能。

4. 开展专题文明教育实践活动

推动文明礼仪养成教育规范化,让大学生在实践中切身感知、深切体悟礼仪中所蕴含的主流价值观念,是社会主义核心价值观融入生活的有效路径。2013年底,中办印发的《关于培育和践行社会主义核心价值观的意见》,强调要使文明礼仪成为培育社会主流价值的重要方式。

为了更好地推动文明教育活动的开展,高校应该积极开发一些关于文明礼仪养成教育的校本课程,并通过学校开设的各种课程汇总深入发掘文明礼仪养成教育资源,例如语文、历史、地理、艺术、体育、社团活动和社会实践等课程中,在这个过程中将文明礼仪规范渗透到相关教育教学中。将校园文化的熏陶作用充分发挥出来,将文明礼仪教育内容充分融入校园活动和文化中,广泛开展主题班(队)会、主题团日、升国旗仪式、运动会、艺术节、读书读报、征文演讲等活动。高度重视教师队伍培训工作并加以加强和完善,将省级骨干教师培训的重点内容囊括进文明礼仪养成教育,并将部分学科的省级培训与之相结合的基础上,开展文明礼仪养成教育辅导,以此带动和促进学生文明礼仪习惯的养成。依托各级各类校园网、班级 QQ 群、校园 BBS、网上家长学校等网络平台,把文明礼仪规范要求体现到网络宣传、网络文化、网络服务之中,打造文明守礼正能量。

(四)开展重要节庆、纪念日教育实践活动

挖掘各种重要节庆日、纪念日蕴藏的丰富教育资源,利用"五四、七一、八一、十一"等政治性节日,"三八、五一、六一"等国际性节日,党史国史上重大事件、重要人物纪念日等,举办庄严庄重、内涵丰富的群众性庆祝和纪念活动,对开展社会主义核心价值观培育具有重要作用。准确把握节庆、纪念日的文化内涵,深入挖掘节庆、纪念日的教育价值,开展主题鲜明的教育活动,丰富活动内容,创新活动形式,精心打造节庆、纪念日文化品牌,是开展大学生核心价值观培育的有效途径。

1. 要充分挖掘节庆、纪念日内涵,发挥主题教育价值

任何一个节庆、纪念日,都代表一种文化,都蕴含着深厚的文化底蕴和价值理念。充分挖掘节庆、纪念日文化内涵,对每个节庆、纪念日,要充分挖掘其观念要素、情感要素、知识要素、实践要素,从而在开展节庆、纪念日教育实践活动中,完善教育活动方案,做到目的清晰、计划可行、实效良好,以达到教育实践活动的重要作用。我们可以将节庆、纪念日分为世界主题类、文化传统类、革命传统类、学校文化类,突出不同类节庆、纪念日的文化内涵,深入挖掘其所蕴涵的教育价值。如七一建党节、五四青年节等革命传统类节日,开展主题鲜明的纪念教育实践活动,精心打造主题教育品牌,拓宽大学生核心价值观培育的有效途径。

2. 要丰富节庆、纪念日活动内容,创新节庆、纪念日活动形式

开展节庆、纪念日教育活动切忌内容陈旧、形式单一。在内容上,不仅要继承原有节庆、纪念日的内容,而且要结合时代发展和当前大学生的自身实际,精心设计节庆、纪念日教育活动内容。在形式上,充分营造氛围,发挥学生的主体作用,引导大学生利用主题演讲、班团会、文化论坛、文艺汇演等形式加强对节庆、纪念日文化的印象。学校开展节庆、纪念日教育,只有学生真正自愿的参与,才能让学生慢慢体会到节庆、纪念日文化中体现出的传统美德,进而内化到言行举止中,才会收到良好的教育效果。

三、大学生社会实践应注意的方面

(一)把握大学生社会实践活动的正确方向

大学生社会实践要以大学生的实际情况为立足点,本着促进大学生健康发展的原则来组织开展社会实践活动,要坚持培养学生劳动观念、自强自立精神、社会历史责任感和自我教育、促进成才的正确方向。

第六章 当代大学生核心价值观培育的方法研究

(二)考虑大学生对社会主义核心价值观接受的可行性

要想发挥社会实践对大学生核心价值观教育的促进作用,首要的一条就是社会实践要与受教育者的接受特性相吻合。社会实践要考虑教育者的教育和受教育者的接受两个方面,要与社会主义主流价值观相一致,要贴近学生实际,要考虑接受主体思想品德的状况。正确理解和贯彻可接受性原则,对增强社会实践的有效性、推进社会实践工作具有十分重要的意义,从而促进了大学生核心价值观的确立。

(三)要坚持开放性视角

现代社会是一个开放的社会。不同的文化、价值观在相互碰撞着,社会系统正在进行多种信息和能量的交换。社会实践过程本身就是开放的创造需要的过程。大学生道德品质形成过程中的知、信、行,只能在大学生与外在社会相互作用的活动中实现。实践活动是促进德育影响转化为学生品德的基础。社会实践要坚持开放性视角,可以从以下几方面入手。

第一,高校要积极拓展社会实践渠道,进行多向交流,在社会和家庭、教师和同学等之间进行不同维度的交流实践。高校应当突破传统思维定式和狭隘眼界,多视角、全方位看问题,主动出击,寻找有效载体,积极拓展教育阵地,寻求新的发展点,构建一个开放的社会实践工作体系。

第二,学生要积极参与社会实践以获得亲身体验。从心理学的角度看,体验总是与个体的自我角色意识紧紧相连的。学生能在实践中通过角色的真实性体验深化角色认知,强化角色意识,从而摆脱角色的边缘性,正视期望角色与实践角色之间的角色差距,通过角色调适,最终达到两者的和谐统一,实现角色的社会价值最大化。

第三,学校、社会、家庭要形成合力,构建学校教育、社会教育、家庭教育的大平台,树立学生主体的育人思想,以实践为主要形式,形成社会大网络,进一步推进社会实践活动的发展,以促进大学生核心价值观的树立。

(四)充分发挥学生的主体性

大学生是社会实践的主体。主体性是人在实践活动和认识活动中所表现出来的自主性、能动性、创造性。主体性源于人的社会性,它体现在主体要认识社会、改造社会。主体性水平应从自觉自由角度来衡量,自主性是主体性的核心。大学生在社会实践过程中,应在老师的指导下,独立参与实践,社会实践的内容应根据学生的实际情况来制定,应该在学生力所能及的范围之内,给学生留有一定的空间,激励学生的创新意识,使学生体会到自我价值实现的成就感。

(五)要因人而异、有的放矢

1. 教育目标要因人而异、有的放矢

这里的教育目标是针对不同专业背景的大学生而言的。由于不同的专业背景,社会实践的目标必然是不同的。但这里,我们要强调共同目标这个问题。大学生社会实践有共同的目标,那就是为社会主义现代化事业培养可靠接班人和合格建设者。

2. 教育对象要因人而异、有的放矢

大学生群体具有显著的差异性。每个人都有自己的个性。由于年龄、性别、生理、心理、生活经历等的不同,不同的大学生个体对实践的内容、方法和传递的信息的接受能力、接受程度和范围等存在着差别。因此,社会实践活动要从大学生个体的实际特点出发,根据个体的不同思想状况,因材施教,因人利导,有的放矢。根据大学生个体不同道德主体的层次,处理好先进性和一般性的关系,确定相应的道德标准要求。

3. 教育内容要因人而异、有的放矢

这里的教育内容是针对不同年级的大学生而言的,这里涉及一个分层次教育的问题。大一、大二、大三、大四学生的社会实践内容应该是不同的,应该各有其侧重点。对于大一、大二的学生,社会实践的侧重点应该放在一些体验式的、人际交往方面,低年级学生要通过社会实践,学会人际交往,认识社会与学校的区别。对于大三、大四的学生,社会实践侧重点应放在求职就业方面上,要通过社会实践,提高他们的社会化程度以及对社会的认识水平和社会适应能力,掌握进入社会角色的知识和技能,为学生从学校走向社会打下必要而良好的基础。所以,大学生的社

会实践活动要做到因人而异、有的放矢。

(六)评价机制要向多元化发展

大学生核心价值观教育评价系统具有多元化的特点。核心价值观教育是以社会实践活动为依托,社会实践活动的评价机制也要向多元化发展。由于评价机制的单一,大学生的社会实践活动受挫,积极性受到打击。目前情况是大学生社会实践的评价依据是一篇论文或报告,一些教师仅凭一张社会实践登记表就对学生的社会实践效果做出评价,这些做法存在着很大的弊端。正确的做法应该是:在实践形式上、组织过程和具体活动中都要有所评价,要对社会实践方案的制订、社会实践活动的开展及社会实践报告、论文的质量等每一个实践环节进行评价,看看学生是否能把核心价值观理论知识运用到社会实践中去,是否具有较强的理论探究能力和创新能力,对大学生社会实践进行严格的考核。社会实践活动应与学分挂钩,规定一定的学分要求,并把考核成绩作为实践课的成绩,记入学生档案,把社会实践真正作为一门课程来抓,不完成者不能毕业。

(七)要与其他教育方式相结合

社会实践教育要与家庭教育、学校教育相结合。社会实践作为全面提高大学生综合素质以及促进大学生健康成长的一种重要教育活动,应当与其他教育方式相结合。

1. 社会实践要与家庭教育相结合

家庭教育与学校教育、社会教育相比,具有日常性和感染性等特点,家庭教育在青少年价值观的形成和发展中具有特殊的作用。家长要为了青少年健康成长与成才,切实担负起对孩子的监管和教育责任。家庭教育要注重青少年的人格发展和心理发展。

第一,家长要发挥榜样作用。大学生具有模仿性的特点,家长要以高尚的情趣、文明的言行为孩子树立一个健康向上的学习榜样,营造健康氛围。

第二,家长要保持愉快、乐观的生活态度,不要把工作、生活中的烦恼带到家庭中来,不要给孩子压抑感,因为这种消极情绪一旦在家庭中蔓延开来,进而充斥整个家庭生活,会对孩子产生巨大的情绪污染。

第三,家长对孩子的教育应该是民主科学的。家长要针对孩子的实际情况,对孩子进行说服教育,切忌用打骂、体罚等粗暴的方式进行教育。

2. 社会实践要与专业教育相结合

学习是学生的天职。大学教育的一个突出特点就是专业教育。专业知识是大学生日后在工作岗位上的重要"武器"。社会实践要与专业教育结合起来,应根据大学生所学专业的特点,在社会实践中融入专业知识,根据学生不同专业,不同阶段的学习内容和水平,开展相应的活动,使社会实践活动内容和学习内容结合起来,促进学生理论联系实际,把所学知识运用于实践,在实践中检验知识,巩固课堂所学知识,并提高学生进一步学习知识、运用知识的积极性,从而将专业知识转化为实际技能,以便在工作岗位中能够运用专业知识,以提高自身适应社会的能力。将社会实践与专业教育相结合,既有助于帮助大学生更好地了解社会的需求,明确自我发展的方向,又有助于鼓励大学生在实践中锻炼自我展示的能力,使得工作单位与学生能够顺利进行双向选择,以满足现代社会对人才的多层次要求。总之,通过社会实践,将专业教育融入其中,大学生借以积累就业创业所必需的认识能力、选择能力、社会活动能力、独立工作能力、社会适应能力、创造能力等,增加自己的职业竞争力。

第七章 当代大学生核心价值观培育的机制研究

当今时代的发展变化和大学生思想层出不穷的新特点,使得对大学生意识形态领域的教育非常迫切。同时,这些新变化给大学生的思想价值观念带来巨大的冲击,它不仅弱化了传统价值观教育的效果,而且向大学生价值观教育的各个方面提出了新的要求。大学生核心价值观教育只有适应新环境,努力探索核心价值观教育的新特点和新规律,建立健全核心价值观教育的有效运行机制,才能不断增强大学生核心价值观教育的感应力和渗透力。

第一节 大学生核心价值观培育的运行机制

大学生核心价值观教育的运行机制,是指教育系统内部各要素之间相互作用、相互制约的联结及其运行方式。具体来说,就是指相关教育部门及其人员,在一定决策机构指挥下、在一定的目标指引下、在一定动力驱动下、在一定体制条件保障下,协调工作,实现整体目标和功能的工作程序与工作方式。通过创新运行机制,实现系统各要素之间科学、有序的相互作用,促进系统整体功能的优化,是实现大学生核心价值观教育科学化的关键。

一、互动机制

(一)大学生核心价值观教育互动机制的作用

第一,实行互动机制,能大大增强教育的针对性。通俗地讲,互动就是对话、就是交流、就是沟通。通过师生间的对话、交流与沟通,能使学生坦诚地向教育者敞开心扉,将自己内心深处真实的想法和盘托出,从而使教育者能摸准学生的思想脉搏,做有针对性的说服、教育等疏导工作,大大提高教育的针对性和实效性。

第二,实行师生互动机制,能充分发挥教育者的主导作用与大学生的主体作用。在大学生核心价值观教育过程中,教育者是教育信息的编码者、发送者与导控者,在互动中具有主导作用,是互动的源泉。学生是教育信息的解码者、接受者和反馈者,更是教育效果与质量的具体体现者,因而在互动中拥有主体地位,是互动的中心和基础。只有同时发挥教育者的主导作用与学生的主体作用,大学生核心价值观教育才能健康有效地深入开展。

第三,实行师生互动机制,有助于克服大学生的新特点带来的新挑战。大学生大部分来自独生子女家庭,对他们进行价值观教育,靠强制、灌输,会导致他们出现逆反心理,互动方法在一定程度上能消除或缓解大学生的这种逆反心理。在增强师生双方主体性的基础上,要把互动机制运用到教育的全过程。

第四,实行师生互动机制,能增强教育的艺术性和科学性。教师与学生之间的双向交流与互动,使学生感觉到人格上的被尊重,就能克服和消除常见的抵触、对抗情绪及逆反心理,使其心悦诚服地接受引导教育,将社会主义核心价值观内化为自己的行为规范。

(二)大学生核心价值观教育中互动机制的具体操作

(1)要树立"互相学习、彼此欣赏、共同提高"的教育理念。让学生在平等、和谐的环境中愉悦地接受社会主义核心价值观。

第一,要以人为本,实现交往式的教育。在教育活动中,教育者和学生都应积极主动地与对方进行交往,特别是教师更应主动指导、启发、鼓

第七章　当代大学生核心价值观培育的机制研究

励学生参与交往。通过交往使教育活动成为双方知识共享、情感共鸣、智慧共建、意义生成、精神提升的过程。

第二,要相互尊重,实现欣赏式的教育。在教育过程中,教育者和学生在政治上、法律上、人格上都是平等的。双方都有参加交往和表达的愿望、情感的均等机会,都会对客观事物做出判断、解释甚至辩论。

第三,要内化实践,实现体验式的教育。师生双方把在互动中形成的共识运用于实践,在实践中进行体验,在感悟中发展自我,实现价值观念的重构。

第四,要多向互动,促进教育和谐。教育者与学生之间的关系是多向互动的,既有教育者之间、学生之间,也包括教育者和学生及其与教育环境、教育内容、教育手段、教育方法之间的多向互动关系。教育者要以尊重学生的主体地位为前提,发掘学生的主体潜能,培养学生的主体意识,发展学生的主体能力,塑造学生的主体人格,使学生真正实现自教自律。学生要以尊重教育者的主导地位为前提,充分发挥自身的能动性,合力推进社会主义核心价值观的培育。

(2)要努力寻找教育者与学生双方对话的共同点,搭建互动的平台、桥梁与纽带。在实践中,应做到以下几点。

第一,要重视理论教育的互动,要改进教育方法,引导学生进行广泛的学习和深入的讨论,使学生在质疑中主动学习,提高认识,加深理解,从内心深处认同社会主义核心价值观。

第二,要搞好个别谈心活动。谈心活动能有效地形成双向互动。

二、激励机制

(一)大学生核心价值观教育激励机制的作用

激励机制能够从内部作用开始对组织或者个人起作用,与组织的生存与发展具有机敏的联系。实践表明人们的行为在很大程度上受到内心观念的影响,因此只有从内部入手才能更好地促进大学生核心价值观教育的开展,从而更能有效展开我国的思想政治教育工作。

1. 有利于激发社会成员的学习动力,形成良好学风

激励机制是一种充满了竞争精神的思想机制,在其作用之下整个社会会形成一种公平的竞争环境和竞争机制,促进社会的进步。竞争在市场经济中意味着压力,在社会发展中竞争同样意味着压力,但是压力对于人来说并不是一件坏事,因为在适当的竞争压力下其会转变为社会个体奋发图强的一种精神动力。激励也是一种教育,它时刻提醒着人们要正视自己的需求,要为自己的需求付出努力,从而鞭策他们不断学习与提高。在激励机制的作用下,符合人们价值观的行为方式会得到最大善意的对待,对于改善社会环境、引导社会文化与价值观具有重要的作用。

2. 有利于挖掘社会成员的潜力,激发其创造性

从理论上来说,正是因为人们的内在需要,才产生了行为动机。基于自我需求满足的考虑,我们可以将人们的所有行为都看作一种有目的的行为,这种明确的指向性是由某种外在的引导产生的。实际上"需求—动机—激励—行为"这一个行为过程周而复始地进行着。"激励"我们可以将其分为"自我激励"和"外因激励"两种激励方式。当人们的内心渴望得到某方面的满足时,人们就会通过行为来实现这种满足,并充分地调动和激发自身的潜能克服目的实现过程中的困难。大学生核心价值观教育工作者要学会把握并且要善于把握人们内心的真正需要,并通过一定方式将核心价值观教育的手段、措施与人们的需求结合起来,从而保证核心价值观教育能够取得更好的成果。激励大多是通过外部感染来实现的,因此核心价值观教育的工作者可以充分利用各种社会活动,来激发人们内心的需求与行动的积极性。

3. 有利于强化核心价值观的效果

激励机制能够极大地巩固与强化思想政治理论教育的成果,如果说理论教育是一颗种子,那么激励便是帮助其破土而出的养分,没有激励机制的作用,"理论教育"只能停留在意识的层面,不能转化为实实在在的行动与结果。在核心价值观教育的实践中,我们既要从正面肯定社会成员行为的正确性,同时也应该根据相应的管理制度对社会成员在具体

第七章 当代大学生核心价值观培育的机制研究

行为中表现出来的正面思想和积极因素进行精神上的和物质上的奖励,从而营造一种追求进步的社会风气,进而让社会成员明辨是非、纠正错误、促进思想政治理论教育向实践成果的转化。

(二)大学生核心价值观教育激励机制的原则

1. 同步原则

同步原则是指要将物质激励和精神激励结合起来,形成合力才能最大限度地保障激励机制的最终效果。物质激励是指人们基于物质力量刺激,激发对某个事物的内在需求,激发人们的行为动力,比如学校设立的奖学金、见义勇为奖等。精神激励是指,通过社会成员的教育先从思想上对他们进行改造,使他们形成一种内在的行为认识以及对这种行为的认可。精神激励能够形成强大的内动力,保证社会成员的行为持续进行,而不需要外部要素的刺激,但需要花费大量的时间与精力转变人们的思想认识。无论是单独采用物质激励还是单独采用精神激励,都很难保证激励的效果,只有将二者结合起来才能将激励成果最大化、长久化、稳定化。

2. 差别原则

差别原则是指在考虑个体的行为差异与激励措施时,应该充分考虑性别、年龄、文化差异等客观差别对个体行为的影响以及这些要素对激励措施满意度的影响。这些客观要素有些是与生俱来的,有些是个人无法改变的,因此只能从激励措施来入手使人们能够更加顺畅地接受激励措施。从本质上来看,这里的差别体现的是一种社会公平,更是一种对人性的尊重,这能够最大程度地提升社会个体激励机制与措施满意度,也会影响激励的效果。

3. 适度原则

一般来说,做任何事情都要把握合理的"度",这是我们日常生活的一个基本认识,蕴含着朴素的智慧与规律。从激励的效果来看,心理需求与激励手段相隔的时间越短,激励的效果就会越好,反之,如果二者相隔的时间越长,激励作用也就越小。从这一认识可以看出,我们要将核心价值观教育的理论教育与激励措施结合起来,科学地确定激励的时间与激励的方式,将激励的效果发挥到最大。但在这个过程中,一定要严格把握激励的"度",既要保证时间上的合理又要保证激励手段与激励措施的合理,严格按照适度原则的基本要求组织激励工作。

4. 多样原则

大学生核心价值观教育的激励目标和原则确定之后,要根据不同社会成员的需求和特点,分层次、多渠道地不断创新激励形式。传统的社会成员激励手段一般分为"奖学金"和"荣誉证书",奖学金满足社会成员的物质需求,荣誉证书满足社会成员的精神需求。但随着社会的不断进步,社会成员思想意识的不断开阔与提高,在实施现代大学生核心价值观教育过程中,可以采用更加灵活、富有实效的激励手段。例如"工作激励"和"升学激励",即社会成员达到一定条件,可以优先推荐工作、免试升学,这些都是社会成员非常关心的问题,最容易引起社会成员的关注和共鸣。此外,还可以为优秀社会成员提供与外界交流学习的机会,如实习、参与共同管理等。

三、反馈机制

(一)大学生核心价值观教育信息反馈的特点

在大学生价值观培育中,信息反馈具有鲜明的特点。

1. 确定性与模糊性的统一

大学生价值观培育中的信息反馈,一般不会有精确的数量化指标,难以精确地计量,从这个意义上来说,大学生价值观培育的信息反馈具有模糊性。但另一方面,大学生价值观培育的反馈内容一般具有相辅相成、对立统一的关系,如政治与业务、精神力量与物质利益、以情感人与以理服人、重视思想教育与完善规章制度等。正是这种辩证关系,制约着信息反馈的范围与程度,要求反馈信息有一定质和量的准确性,从而使得反馈成为一种层次高、艺术性较强的活动。

第七章 当代大学生核心价值观培育的机制研究

2. 准确性与及时性的统一

信息反馈的及时与准确,是教育活动对反馈机制的基本要求。大学生价值观培育中,信息反馈的主体是大学生。作为有鲜明思想倾向和个性特点的特殊社会群体,大学生一旦接受到有关信息,立刻就会产生各种各样的反应。这些反应如果得不到及时回应,就会引发各种突发事件,严重的会影响到社会稳定。因此,必须注意有关信息,及时、准确地发现问题。

(二)大学生核心价值观教育中反馈机制的具体操作

在大学生核心价值观教育工作中运用反馈机制,需要注意三个方面的问题。

(1)为了做好教育信息的反馈,应当明确有关调研机构和调研人员,专门负责处理这方面的信息,为决策提供依据。大学生核心价值观教育信息的反馈系统应有纵向系统和横向系统。纵向系统是不同级别、不同层次机构之间的相互反馈。横向系统是同一层次、不同职能机构之间的反馈。这样纵横交错,互通信息,相互配合,取长补短,从而使各职能部门充分发挥各自的特点和优势,形成教育合力。

(2)要完善信息反馈制度,具体应做到以下几方面。

第一,要用制度来强化反馈系统的整体效应。既要健全教育系统内的反馈制度,以协调系统内上下左右的反馈行为,也要建立教育系统与其他系统之间的反馈制度,以更好地发挥教育系统对其他系统的服务作用和促进作用。

第二,要用岗位责任制确保反馈渠道的畅通。

第三,要贯彻民主集中制,用制度保障信息反馈所需的畅所欲言、令行禁止的民主氛围。

(3)要采用多种方法、多种渠道进行信息搜集与反馈,具体应做到以下几方面。

第一,要运用多种形式,如问卷调查、工作汇报、量化评价以及召开座谈会等,收集大学生核心价值观的教育信息。

第二,要有发达的信息采集渠道,除在大学生核心价值教育体系内建立信息上报的反馈渠道外,还可以聘请专门的信息员搜集大学生核心价值观教育方面的信息。

四、调控机制

大学生核心价值观教育是一个复杂的系统工程。在运转过程中，难免会有一些工作重心偏离整体的目标和任务。这就需要构建调控机制，及时地把系统内各要素整合到总体目标和根本任务的方向上，实行整体优化、协调发展，发挥出整体的最大功效。在大学生核心价值观教育中运用调控机制，要在把握总原则的基础上，着重运用常态调控机制和危机调控机制。

在大学生核心价值观教育中运用调控机制，需要对整个教育系统的各项指标进行统一检测，对各教育部门、单位进行目标管理，对有关单位部门随时出现的偏差行为，及时进行调控和整合。这就需要发挥大学生核心价值观教育的各单位、各部门的自主性、积极性，通过利益关系、组织关系，或者情感、文化的力量，调控和整合人们的思想和行为，最终达到各部门功能的相互促进。

调控和整合工作应注意两个问题。

第一，要建立管理系统，实行目标管理。即把教育目标和任务分解到各个组织机构和人员身上，构成一个相互制约的工作责任体系，使各部门和人员能依自身职责，从不同角度，以不同方式开展工作，形成合力，最终实现教育总目标。

第二，强化教育过程中的调节功能，不断增强整个教育体系中的自我调节、自我完善的能力。大学生核心价值观教育的调控作用主要表现在对决策过程的调节上，因此，必须强化指挥、管理部门的领导职能和权威。

第二节 大学生核心价值观培育的保障机制

一、大学生核心价值观教育保障机制的内涵

大学生核心价值观教育的保障机制是大学生核心价值观教育机制的子系统，指的是为实现大学生核心价值观教育目标，通过大学生核心

价值观教育系统内部起保障作用的各要素之间相互制约、相互作用,从而构建而成的工作方式以及管理规范等。经过高校多年的思想政治教育工作,我国建立起了相应的教育保障体系,但随着国内外社会环境的变化、高校办学规模的变化、大学生思想观念的改变等,大学生核心价值观教育也要随之发生变化。因此,在社会不断变化的大背景下,我国必须加强对大学生核心价值观教育保障机制的建设和优化,从而使大学生核心价值观教育体系更加规范和完善。

二、大学生核心价值观教育保障机制的特征

(一)整合性

大学生核心价值观教育保障机制本身是一个复杂的系统,要想保证该系统处于最佳的运行状态,实现教育目标,就要对整体系统协调统一,包括内部工作系统和外部系统。所以,整合性也是大学生核心价值观教育保障机制的重要特征之一。一方面,为了保障系统内部的稳定运行,就需要对系统内部构成要素进行协调、整合,确保机制按照既定方向良好运行,另一方面,大学生核心价值观教育保障机制并不是独立运行的,其是一个开放性系统,与外部的要素也有着密切的关系,所以也要不断协调与外部各要素的作用关系,从而取得最佳效果。

(二)协调性

大学生核心价值观教育保障机制是作为整个大学生核心价值观教育机制中的一个子系统存在的。合理、有效地处理各个系统之间的关系,确保自身与院校各项工作的协调发展,是大学生核心价值观教育保障机制的重要任务和职能。大学生核心价值观教育与社会主义精神文明建设有着密不可分的关系,而高校思想政治保障机制能有效建立起学校道德教育与社会主义精神文明建设之间的关系,从而使道德教育与政治教育以及思想教育相互统一、协调发展,进而促使学生的思想政治素质得到全面发展。

三、大学生核心价值观教育保障机制的建设

(一)物质保障机制

大学生核心价值观教育的物质保障是教育工作顺利进行所必需的基本物质条件,主要包括以下三个方面。

1. 基本建设

(1)办公场所

时代的快速发展使大学生的价值观念受到很多因素的干扰,与学生进行单独交流就显得越来越重要。在过去的很长一段时间,办公室都是由若干班主任、辅导员共同使用的,当需要与学生沟通思想时就往往受到客观条件的限制,所以应开辟出专门的办公场所。此外,就业指导、心理辅导等方面的工作量也呈现出逐年增加的趋势,这也要求开辟更多的办公场所。

(2)活动场地

进行大学生核心价值观教育时,常常需要开展各种活动,如座谈、报告、讲座等,因此就离不开报告厅、会议室等活动场地。此外,当举办一些大型活动时,还需要一些空间较大的室外公共活动场地。

(3)宣传场所

网络中心、校园广播站、校园电视台、宣传栏、文化长廊、校报等传播媒体是大学生核心价值观教育的重要宣传阵地,应加强宣传场所的建设。

(4)办公用品

在当前的形势下开展大学生核心价值观教育,工作形式逐渐变得多样化,除各种社团活动与社会实践活动之外,还有录像观看、参观访问、报告讲座等。因此,为便于资料存档,也为了提高教育活动的实效性与趣味性,应配备必要的办公用品,如电脑、打印机、录音笔、摄像机、照相机等。

2. 经费投入

与经济工作相比,大学生核心价值观教育往往需要更多的政策扶持

第七章　当代大学生核心价值观培育的机制研究

与资金投入。高校行政主管部门在日常管理中应对思想政治教育逐年增加财政投入,为其编列专门预算,并采取多种方法保障预算落实到位。具体来说,除日常办公经费外,奖励基金、科研经费、教育培训费、活动费用、基本建设费等都需要得到资金上的支持。

(1)奖励基金

为了对大学生核心价值观教育中涌现出的先进事迹、先进个人、先进集体进行表彰,应设立专项奖励基金,从而调动更多参与者的积极性。

(2)科研经费

大学生核心价值观教育不是一成不变的,而必须随着形势、环境的变化而进行相应的调整。在这样的情况下,提供必要的科研经费有利于思想政治教育工作不断创新,在理论研究、实践调研等方面都取得突破性进展。

(3)教育培训费

大学生核心价值观教育离不开思想政治工作者的参与,而他们的工作能力、知识水平对教育效果往往具有决定性影响。因此,应经常性地组织教师参加相关的专题培训会、交流会与研讨会,这也离不开经费支持。

(4)活动费用

为了获得更好的宣传效果,大学生核心价值观教育常常需要举办社会实践活动与宣传教育活动,没有必要的经费支持是不可能完成的。

(5)基本建设费

高校应将思想政治教育过程中的基本建设纳入院系的总体建设规划之中,并为其编列专项预算经费,从而为大学生核心价值观教育的顺利进展创造良好条件。

为了保障经费来源,高校应探索、建立多渠道的经费投入机制。一方面,可加大资金投入的力度,使传统文化与思想政治教育经费的增长幅度不低于财政收入的增长幅度。另一方面,为了有效补充经费不足的问题,还可多形式、多渠道依靠社会力量来募集资金。

3. 活动基地建设

近年来,社会主义市场经济体制不断深入发展,社会与高校之间的联系越来越密切。社会这片沃土为大学生核心价值观教育创造了良好的条件。在新形势下,对大学生开展传统文化与思想政治教育可摆脱原有思维定式,将眼光投放到更加广阔的背景,对各种社会性活动基地进行充分利用,深化教育内容,丰富教育方法,拓宽教育渠道,提高教育效率。

(1)加强培训基地建设

为全面提升师资培训的实效性与针对性,教育部、各级教育行政部门应建立起培训基地。需要注意的是,培训基地的建立应对当地的实践优势、师资优势、学科优势等进行综合考虑,从而更好地为传统文化与思想政治教育工作输送更多的优质教育资源。

(2)加强素质拓展基地建设

素质拓展不仅有利于身体素质的提升,还能有效调动参与者的积极性。此外,在参加素质拓展的过程中,参与者之间通过相互合作还能提升人际交往能力,培养战胜难关的勇气。各种形式的大学生素质拓展基地应得到高校及各级行政教育主管部门的大力支持。

(3)加强爱国主义教育基地建设

爱国主义教育基地是对广大青年学生进行社会主义教育、集体主义教育、爱国主义教育的场所,旨在通过历史文化知识的传播来增强他们爱党爱国的意识,纪念馆、博物馆是爱国主义教育基地的主要形式。

高校应对爱国主义教育基地进行充分利用,通过基地提供的建筑、文字、图片、影视资料、音频资料等引导大学生树立正确的价值观。需要特别说明的是,在重大历史纪念日与节假日组织的参观访问活动往往能取得更好的教育效果。

(4)加强社会实践基地建设

参加社会实践对于从整体上提升大学生的素质具有十分积极的意义,因而也是大学生普遍欢迎的教育方式。高校、各级教育行政部门应建立勤工助学基地、社区活动基地、部队活动基地、科研实践基地等各类丰富的基地,为大学生的社会实践创造良好条件。

(二)环境保障机制

1. 社会环境建设

社会环境既可能为大学生核心价值观教育带来破坏性影响,也可能

第七章　当代大学生核心价值观培育的机制研究

为思想政治教育带来良好的天然土壤。因此,建立良好的舆论环境与社会文化环境,确立正确的舆论导向,构建和谐的人际关系与社会环境,丰富社会的人文关怀就是对大学生核心价值观教育最大的支持。

(1) 确立正确的舆论导向

为使思想政治教育体系深入人心,应营造良好的思想舆论氛围,充分利用社会科学、文学艺术、广播影视、新闻出版等媒介的导向作用来为和谐社会的建立创造思想理论基础。具体来说,应坚决维护党对舆论工作和新闻事业的绝对领导,应充分发挥思想政治教育对社会思潮的引领作用,建立起为思想政治教育服务的舆论保障机制。

(2) 构建和谐的人际关系

人际关系具有很广的范畴,既包括社会关系、工作关系,又包括家庭关系。其中,社会关系又包括与国家的关系、与社会的关系、与集体的关系、与他人的关系等。如果人与人之间能够融洽相处、友爱诚信,家人之间能够相互尊重、相互关爱,社会各阶层团结平等,不同部门、不同地区之间能够形成公正、公开、公平的有序竞争,则人际关系就是和谐的。因此,应建立起促进人际关系和谐、社会良性运转的机制,如生态环保机制、建设养成机制、社会管理机制、利益协调机制等,从而有效化解人际矛盾。

(3) 构建和谐的社会环境

应在全社会范围内积极推进和谐文化创建活动,将思想政治教育和精神文明建设有机结合在一起。应动员广大人民群众的参与热情,充分运用各种手段加大传统文化与核心价值观的宣传力度。同时,应加强作风建设,创建活动平台,用群众喜闻乐见的形式开展工作。

(4) 发扬浓厚的人文关怀

纵观人类社会的发展历程,人不仅是手段更是目的,因此所有的工作都应将人的发展作为最终落脚点。换句话说,坚持"以人为本"的方针,改善人类的生存状态,实现人的全面发展是一切工作的出发点与归宿。因此,应将实现好、维护好、发展好最广大人民群众的根本利益置于应有的高度,并将其作为一项基本原则来对工作进行统筹安排。

2. 校园环境及周边环境建设

校园环境建设是一种特殊形式的社区文化建设,它将制度文化、物质文化与精神文化有机结合在一起，对广大青年学生价值观的形成会产生潜移默化的影响。同时，校园环境建设又是一项系统工程，需要协调各方面的力量。近年来，很多高校在进行校园环境建设时都对校园环境的教育功能、审美功能、使用功能等因素进行综合考虑，旨在通过优美的校园环境来净化大学生的心灵，陶冶他们的情操，培养他们关爱他人、关爱社会、关爱自然的意识。小到花草树木、景点设计，大到校舍建设、校园规划，很多高校都融合了文化传统、心理环境、集体舆论、精神面貌等多种因素的影响，旨在创建一个生机勃勃、奋发图强的育人环境。为了更好地将学风、教风、校风、校训的引导与激励作用充分发挥出来，有的高校在对道路、教学楼命名时运用了校训。还有一些高校则在校园长廊中对健康向上的文化和党的政策、方针、路线、理论等进行宣传，营造了浓厚的大学校园文化气氛。为了有效激发学生热情，提高学生的综合素质，同时也为了营造良好的学风，增强校园学术氛围，很多高校开展了与学生特点相一致、与时代特征相吻合的丰富社会活动，如文艺汇演、数学建模大赛、辩论比赛、演讲比赛、校园歌手比赛、书画摄影展、读书论坛、学术报告会等，为大学生核心价值观教育工作塑造了良好的校园环境。

除了营造良好的校园环境，加强校园周边环境建设也是十分必要的。各级政府应将校园周边环境的优化列为重要的工作任务，要对学校周边的商业、娱乐、文化经营活动进行依法管理，对干扰高校正常生活秩序、工作秩序的娱乐活动要依法取缔，努力抵制非理性文化、低俗文化以及腐朽文化、消极文化对校园文化的侵扰，为大学生核心价值观教育创造有利条件。

(三)组织保障机制

组织，在动态上是指使分散的人或物形成一定的系统性和整体性的过程；在静态上是指基于特定的宗旨和配合关系，呈现出系统性和整体性的机构推进大学生核心价值观教育工作，即需要明确组织管理目标，合理地调配人员和各种资源，确定它们之间的相互关系，根据具体工作任务实施组织管理工作。总的来说，就是要整合教育要素，健全组织机构，为大学生核心价值观教育提供组织保障。

第七章　当代大学生核心价值观培育的机制研究

1. 组织保障机制的构建思路

大学生核心价值观教育组织机构改革的总体思路应当是"全员育人"。要摒弃过去那种单纯依赖马克思主义理论教学部门和学生工作管理部门开展大学生核心价值观教育的传统,在思想认识与实际行动上进一步强化高校"育人为本,德育为先"的育人理念,坚持把大学生核心价值观教育融入学校工作的各个方面,贯穿于教育教学的各个环节,努力形成全员育人、全程育人、全方位育人的新格局、新组织、新机制。学校党委要从总体上把握大学生核心价值观教育的根本方向,确定全新的工作理念和工作目标,推动大学生德育工作与智育工作一体化进程。

2. 组织保障的创新

(1)发挥党组织统一领导作用

党组织统一领导大学生核心价值观教育,是加强党对大学生核心价值观教育领导的关键。我们党在长期的革命和建设实践中,一贯坚持对思想政治工作的领导,强调党的各组织都应当把思想政治工作摆在重要位置,切实加强党的领导。高校大学生核心价值观教育是党的思想政治工作中的一个具有特殊重要意义的组成部分,在党的教育事业中有十分重要的地位和作用。我们的高校能否坚持党的基本路线和教育方针,能否坚持把坚定正确的政治方向放在第一位,培养社会主义的合格人才,很大程度上取决于能否切实加强大学生核心价值观教育工作,取决于党组织对大学生核心价值观教育的统一领导能否充分落在实处。党组织在大学生核心价值观教育中的主要职责是:主持制定大学生核心价值观教育的总体规划、年度计划和重要制度,并组织实施;参与学校重大问题的决策,保证监督党和国家的方针政策在学校的贯彻执行;坚持"党管干部"的原则,适应现代高等教育的特点,依法参与学校人事管理,抓好行政业务人员队伍,特别是领导班子的思想作风建设;发挥党组织的战斗堡垒作用和党员的先锋模范作用,发动党员做群众工作;掌握大学生的思想动态,及时进行核心价值观教育;领导工会、共青团、学生会做好大学生核心价值观教育,搞好大学生核心价值观教育队伍建设。根据党组织在大学生核心价值观教育中的职责,高校党组织应根据党的中心任务和大学生思想实际,认真做好调查研究,准确、及时地掌握大学生思想变化,从实际出发,确定大学生核心价值观教育的总体设想、长远规划、年度目标及各项制度和措施。要注意把大学生核心价值观教育纳入总体工作计划之中,与学校的教育教学工作紧密配合,并且注意对思想政治工作计划进行检查和落实,并作为衡量学校工作好坏的指标之一。面对新世纪复杂多变的国际国内环境,还要努力研究和探索大学生核心价值观教育的途径和方法,切实加强和改进大学生核心价值观教育工作,增强大学生核心价值观教育的科学性、针对性和实效性。

(2)建立和完善合力机制

大学生核心价值观教育在党委的统一部署下,党政齐抓共管,还要建立和完善大学生核心价值观教育合力机制,努力形成大学生核心价值观教育各部门、各主体相互配合、彼此联系、共同推进的合力局面。

首先要形成高校党、政、团、学等部门大学生核心价值观教育的合力。党委主要是制定大学生核心价值观教育目标、计划,对大学生核心价值观教育重大问题进行决策;行政部门既参与学校核心价值观教育部分重大问题的决策、讨论,又通过行政管理具体落实各项核心价值观教育计划和决策;团委、学生处在全校范围内配合各院系开展大学生核心价值观教育,组织各项校园文化活动、社会实践活动。党、政、团、学、院系各部门应相互沟通、相互协调。

其次,要形成高校党政干部、共青团干部、思想政治理论课教师、哲学社会科学课教师、班主任、辅导员等各教育主体的合力。各教育主体因部门性质和分工不同,在核心价值观教育方法和途径上存在差异,有各自的工作规律、职责与分工,但要避免各自为政,应加强合作、沟通与支持,取得事半功倍的效果。总之,大学生核心价值观教育作为一个系统,追求的是整体效应,大学生核心价值观教育组织领导必须采取各种措施,促进各部门、各教育主体既分工明确又协同作战,形成合力。在部分高校,专门成立了由党政领导、院系、团、学主管领导以及德育专家组成的大学生核心价值观教育委员会,统筹安排、协调整个学校的大学生核心价值观教育,这一机构的建立有利于高校整合不同的核心价值观教育资源,促进各教育资源的互动,形成各教育资源的合力,有利于创建党政协调、专兼结合、主辅相配、全员育人的工作局面,值得在实践中进行推广。

第三节 大学生核心价值观培育的评价机制

一、大学生社会主义核心价值观教育评价的内涵

大学生核心价值观教育评价就是根据社会对大学生核心价值观教育的要求以及评价对象的实际,确立指标体系,运用测评和统计等先进方法,对大学生核心价值观教育的实际效果进行价值判断的过程。据此,大学生核心价值观教育评价就是教育主管部门或高校根据大学生社会主义核心价值观教育的目标、要求以及大学生的思想实际,确立指标体系,运用测量和统计等先进方法,对大学生核心价值观教育的保障机制、实施过程及实际效果等进行价值判断的过程。它为考核教育者(部门)的工作绩效和制定科学的大学生核心价值观教育决策提供重要依据。大学生核心价值观教育评价的首要内容是对大学生核心价值观教育是否实现了预期目标进行评价。大学生核心价值观教育的根本目标在于提高大学生的思想政治素质,大学生核心价值观教育的一切活动都必须围绕这个根本目标,促进这个目标的实现。如果通过实施日常核心价值观教育,大学生的思想素质、政治素质、道德素质、理论素质都得到了较大幅度的提高,这说明大学生核心价值观教育取得了良好的实际效果。否则,说明大学生核心价值观教育的效果还不够好,没有实现大学生思想政治素质教育的目标。因此,大学生核心价值观教育评价,必须依据大学生核心价值观教育的目标,围绕大学生思想政治素质的表现域,构建评价指标体系,客观地反映大学生思想政治素质的变化情况,评价大学生核心价值观教育的实际效果。

二、大学生社会主义核心价值观教育评价的特征

(一)动态性

大学生社会主义核心价值观教育评价的动态性表现在多个方面。

首先,其教育效果的滞后性决定了评价具有动态性。其效果往往在实施工作管理之后一段时间才能体现,所以评价活动要经常性地开展。其次,评价本身就是一个动态的过程,包含着确定目标、收集资料、分析资料、形成判断、反馈指导等一系列的步骤。最后,评价过程中的调整也表现为动态性特征。在评价过程中通过有意识地调整指标体系的设计,加强某些指标的权重等,都表现出对现定方案的进一步修正和完善。

(二)方向性

评价在某种程度上就是反馈,其目的在于改进和完善。大学生社会主义核心价值观教育评价也是如此,它是一种有计划、有组织的活动,是以一定的目标和愿望为标准的价值判断过程。大学生社会主义核心价值观教育评价的最终追求就是能够及时发现和总结核心价值观教育过程中存在的问题和取得的经验,从而确保社会主义核心价值观教育沿着正确的方向进行。

(三)系统性

大学生社会主义核心价值观效果的形成,既要受到大学生社会主义核心价值教育活动自身内部各要素之间相互作用的影响,还要受到客观社会环境的制约,因此,大学生社会主义核心价值观教育的评价既要考虑到宏观环境对核心价值观教育的影响,又要注意对微观环境进行分析和评价,做到系统和要素的有机结合。

(四)相对性

大学生社会主义核心价值观教育评价是通过系统收集、分析各种大学生社会主义核心价值观教育评价的反馈信息,从而评价被评价者的工作或思想是否发生了变化,在哪些方面发生了变化,在多大程度上发生了变化。但这种评价的结果只是相对的。

第一,由于某种或某些原因的存在,这种评价所依据的反馈信息并不一定都是真实可靠的,如果所依据的反馈信息有虚假成分,评价的结果就会出现偏差。

第二,评价的结果往往是通过相对比较得出的,例如将大学生社会主义教育的现状与大学生社会主义核心价值观教育所要达到的目标相比较,教育的效果与评价的标准相比较,大学生社会主义核心价值观教育的现在与过去、将来相比较,此评价对象与彼评价对象相比较,由于比较的相对性,决定了比较所产生的结果的相对性。

第三,大学生社会主义核心价值观教育的效果本身是复杂的,它有当时效果和以后效果之分,有显效果与潜效果之分,有一时效果和长久效果之分,也有浅表效果和深远效果之分,等等。大学生社会主义核心价值观教育的效果往往不能一下子就能表现出来,它实现的周期比较长。

因此,大学生社会主义核心价值观教育评价的结果往往具有相对性。

三、大学生核心价值观教育评价的功能

大学生核心价值观教育评价的基本功能就是开展评价活动,反馈评价结果,使大学生核心价值观教育工作的进行得到及时的、有效的控制和调整,进而优化大学生核心价值观教育的运行机制。围绕这一基本功能,思想政治评价的具体功能主要表现在以下几个方面。

(一)导向功能

大学生核心价值观教育评价的导向功能主要表现在以下两个方面:一是大学生核心价值观教育评价是对大学生核心价值观教育尤其是培养大学生核心价值观的社会价值的实现做出价值判断的过程。因此,评价对于大学生核心价值观教育是否适应了社会需要,是否朝着社会发展方向进行等问题起到了引导作用。另一方面,任何评价都会潜移默化地影响着评价对象思想观念、行为表现等发生变化。通过有目的、有计划的核心价值观教育评价,可以促使和引导大学生的思想观念、行为表现等都能够遵循社会发展的要求,以实现其正确思想观念的内化和行为表现的外化过程。由此,评价对象可以认识到自身优缺点,进而明确今后在大学生核心价值观教育工作中努力的方向,促进大学生核心价值观教育目标的实现。

(二)咨询功能

大学生核心价值观教育是一项复杂的系统工程,要使该工程顺利进行。大学生核心价值观教育领导部门的决策和管理成效十分重要。如果领导者不能及时准确地掌握大量真实可靠的信息,决策和管理成效就无从谈起。例如,开展大学生核心价值观教育评价时,评价主体所掌握的大学生核心价值观教育系统各个环节所取得的效果,也可以作为领导者决策和管理的依据。领导者根据这些评价所得信息,考核原定目标,从而作出新的决策。因此,评价在大学生核心价值观教育管理中发挥着咨询的功能。

(三)调控功能

在日常工作中,人们经常运用评价来明确工作目标的实现程度。在大学生核心价值观教育工作中,预期效果是否达到;提出的目标是否符合实际、具有可行性;现阶段目标实现后,是否还有向更高目标发展的空间等,诸如这些问题,都可以通过评价来掌握。掌握了这些信息,可以帮助人们对原定目标的实现程度有一个明确、清醒的认识,从而根据核心价值观教育过程中的实际问题和当前的实际状况等,对原定目标加以调整,以保证大学生核心价值观教育目标更加符合实际、更具有操作性,确保大学生核心价值观教育的顺利、有效开展。

(四)比较功能

大学生核心价值观教育评价运用科学的评价方法对某一时间段或某一单位的核心价值观教育工作的质与量进行分析、比较,从而帮助评价主体认识到评价对象之间的好坏、优劣等差异。如评价主体可以根据各部门核心价值观教育开展的程度,识别大学生思想道德素质的不同层次,考察大学生核心价值观教育是否达到了教育目标的要求;还可以通过比较选出哪些方面做得好,哪些方面存在不足;等等。另外,通过评价还可以比较选拔出思想政治素质过硬的优秀个人和单位作为榜样、典型。

(五)考核评比功能

大学生核心价值观教育评价是按照评价指标,对大学生思想政治的实际效果进行判定,其结果可以作为教育行政管理部门对高校或者高校对下属院(系)进行考核评比的重要依据。这是因为,"种瓜得瓜,种豆得豆",在其他条件相同或相似的情况下,那些严格按照要求,重视大学生核心价值观教育,扎实地开展教育活动的单位和部门,一定能取得令人满意的效果,而那些敷衍了事,习惯于做表面文章的单位和部门,在评价中一定会露出马脚。同时,根据评价结果,对大学生核心价值观教育开展得好的部门和单位,给予荣誉和物质上的奖励;对大学生核心价值观教育没达到要求的部门和单位,给予某种形式的惩罚。通过评价,表扬先进,鞭策后进,对于增强大学生核心价值观教育的实效大有裨益。

四、大学生核心价值观教育评价的原则

(一)公开、公平、公正的原则

1. 公开原则

在大学生核心价值观教育工作评价过程中,公开必须作为一项根本性的要求得到贯彻执行,同时还应该坚持多向度性和针对性。在大学生核心价值观教育工作评价机制语境下,公开就是将需要公开的事项多向度、有针对性地公开。公开内容向度若以核心价值观教育工作考评本身为参考系,可以视为考核的办法、考核的对象、考核的内容等;若立足本体之外可以视为公开的对象、考核的监督主体等。公开是公平、公正的基础,没有了公开也就没有了公平和公正。

2. 公平原则

公平是思想政治评价工作的重要保证。公平不是空洞的,而是包含具体内容的公平。结合大学生思想政治评价工作的特质,公平的内容包括起点公平、尺度公平和结果公平。起点公平,是指评价的基准点要公平。对于被评价对象而言,处在不同基准线上而用同一种评价方法所取

得的评价结果是不具有可比性和普遍意义的。具体说来,起点公平就是指评价的项目是统一的;评价的对象是相同的;所设置的评价指标也应该是相同的。尺度公平,也称标准公平,是指在评价工作中所使用的评价标准、评价指标和指标体系是公平的。基于内容维度就是指标准、指标和指标体系的使用要具有公平性。结果公平,就是评价的结果是可以用同一种方法去度量和实证的。结果公平就是指评价的最终结果是按照预先设定的标准归纳和演绎出来的,它对于所有被评价的对象都是适用的。

3. 公正原则

公正原则是思想政治考核工作的重要衡量基础,失去了公正原则将直接导致评价的失衡和结果的失真。公正包括对人公正、对事公正、程序公正和方法公正。对人公正就是所采用的评价系统对于所有被评价客体都是适用的,具有相当的普遍性。不因人的各种差异而存在偏私或不平衡。具体来说就是:不论被评价者的民族、职称、身份、出身等都是公正的;评价不因评价者的主观意愿而改变,不因被评价对象的差异不同而改变;对事公正就是对思想政治评价工作公正。要求评价工作的参与者要正视这项工作,不带有任何偏见和私心杂念;评价者应当就事论事,不与任何不相关的工作相联系;不将个人偏见带到评价工作之中,不能公报私仇;确保对事公正,评价工作人员的思想道德素质和评价工作人员的产生机制是重要的制约保障。

(二)定性与定量相统一的原则

定性和定量是系统分析的基本方法,也是揭示事物基本特征的重要手段。定量考核指的是对每一个观察点(或评价点)用定量的方法测定某项指标数值的大小,运用概率、统计原理对社会现象的数量特征、数量关系和事物发展过程中的数量变化等方面进行考核。大学生核心价值观教育评价体系既要对大学生核心价值观教育的有关内容、评价项目等作出定性的规定,以便准确表述工作内容的含义;又必须对有关工作责任、工作标准及评价考核指标的程度作出数量规定,以便进行准确的量化考核,只有将二者结合起来才能对评价对象进行准确的描述与定位。

(三)科学性与合理性相统一原则

构建评价体系最重要的是科学合理性原则。科学合理性原则包括了科学性和合理性两个层面。科学性是指评价指标体系有坚实的理论基础和科学依据、评价指标有准确的含义、评价的手段方法先进、评价者有严谨的科学态度等。合理性指的是一种合乎理性、合乎逻辑的理性选择。评价体系要能够容纳更多的信息、解决更多的问题,所设计的指标能经得起时间的考验。坚持合理性原则,要求评价体系中的各个指标有相对独立性,能协调一致,能从不同侧面反映培养目标的要求,而不出现相互矛盾、等价指标、重复评分等现象。

(四)结构与功能相统一的原则

结构与功能的统一,是指在制定大学生核心价值观教育评价的指标体系时,必须依据结构与功能相统一的原则进行。结构是大学生核心价值观教育系统的内在联系和潜在能力,功能则是它的外在表现和实际能量。两者协调统一,是必然性联系。结构与功能相统一,主要表现在以下几方面。

第一,整体性。要求我们在进行大学生核心价值观教育评价时,要始终关注整体目标。当然,对大学生核心价值观教育的部分和个别事件,也必须给予充分重视,但对部分和个别事件的评价必须服从对整体的评价。

第二,层次性。要求我们在进行核心价值观教育评价时,必须注意整体与层次、层次与层次之间的区别与联系。教育者和受教育者都是分层次的,对其评价也必须分层次。

第三,结构性。要求我们在进行大学生核心价值观教育评价时,必须注意大学生核心价值观教育机构设置、队伍建设与教育对象之间的比例关系等。

第四,相关性。要求在进行大学生核心价值观教育评价时,要注意大学生核心价值观教育的各种环境条件及其相互关系和作用。如社会环境、单位环境、家庭环境、社交环境、网络环境对大学生核心价值观教育的影响和作用等。

(五)客观性与历史性辩证统一原则

所谓客观,就是评价对象与评价尺度相适合,确保评价真实准确地反映大学生核心价值观教育的效果。客观性原则就是要求大学生核心价值观教育评价从实际出发,在掌握大量材料的基础上进行比较和鉴别,作出符合实际的评价结论,既不可随意拔高,也不能随意降低。大学生核心价值观教育的历史性原则,是指把评价对象放到特定的社会历史条件下去作具体分析。这主要是因为大学生核心价值观教育实践是一个不断发展、不断深化的过程,在这个过程中必然要受到各种条件的影响,因此,大学生核心价值观教育评价只有坚持历史性原则,才能作出正确的评价。

五、大学生社会主义核心价值观教育评价的内容

(一)对大学生教育目标、内容设定的评价

社会主义核心价值观教育是否有效,同社会主义核心价值观教育的目标、内容的设定有着密切联系,如果设定的社会主义核心价值观教育目标和内容太高、太空、太远,甚至太抽象,即它严重地脱离大学生思想政治的实际,那么要想取得核心价值观教育的良好效果,则是不可能的。如果设定的社会主义核心价值观教育的目标和内容太低、太具体,那么要想取得社会主义核心价值观教育的良好效果也是不可能的。因此,社会主义核心价值观教育目标的设定,内容的确定,必须从大学生的实际出发,这就需要摸清他们思想政治觉悟的高低、水平,分析他们思想政治素质的主流和支流,掌握他们的特点等。只有这样才能制定出切合社会主义核心价值观教育实际的目标和内容,从而取得良好的核心价值观教育效果。

(二)对教育实施的途径和方法的评价

社会主义核心价值观教育的途径和方法也应该是大学生社会主义核心价值观教育评价的重要内容。因为,社会主义核心价值观教育

第七章 当代大学生核心价值观培育的机制研究

是否有效同实施它的途径和方法密切相联系,即使社会主义核心价值观教育的目标设定和内容选择得当,它符合大学生的实际,但是,如果核心价值观教育实施的途径和方法选择不当,同样达不到预期的效果。生动活泼、丰富多彩的寓教于乐的方法,把思想性、知识性和趣味性融为一体,潜移默化地感染人的方法,往往能使社会主义核心价值观教育取得良好的效果。而那些简单说教的方法,空洞无物的高喊口号的工作方法,通过行政手段强制人接受的方法,常常使大学生产生逆反心理。

(三)对社会主义核心价值观教育效果的评价

社会主义核心价值观教育究竟是否有效是社会主义核心价值观教育评价的最主要内容。所谓"有效",是指能达到预期目的、效果,即正效应,一点预期目标都没有达到,称零效应,即无效果,同预期目标正相反的效果,称负效应。社会主义核心价值观教育的有效性是指思想政治教育者根据一定的内容向教育对象施加影响并产生了积极的影响和发挥了一定的作用。从效果上看,社会主义核心价值观教育达到了预期的目标,达到预期目标也是有层次的,它可分为有效、比较有效、基本有效和非常有效等不同的层次;从效益上看,大学生的思想政治朝着设定的目标、施加影响内容方向转化,产生了有利于社会发展的效益;从效率上看,大学生的思想政治在时间上发生或快或慢的变化。

(四)对教育者和教育对象的评价

评价教育对象的素质及其受核心价值观教育影响后的效果,也就构成了大学生社会主义核心价值观教育评价的重要内容了。大学生社会主义核心价值观教育的效果如何,在很大程度上取决于工作者的素质,因为工作者处在核心价值观教育的主导地位,如果工作者的思想素质、理论素质、政治素质、道德素质等都很高,那么,他们就能制定出一整套科学实施核心价值观教育的方针、办法和方法,从而提高社会主义核心价值观教育的有效性;如果工作者的素质很差,那么要搞好核心价值观教育,则是不可能的。因此,社会主义核心价值观教育的评价,也必须对教育者的素质、水平及他们实施核心价值观教育的方法、效果进行科学的评价。

工作效果的好坏,是否有效,不仅同工作者密切相关,而且取决于教育对象的思想道德素质和科学文化素质。如果教育对象的素质较高,理解力较强,那么他们就很容易接受核心价值观教育所施加的影响;如果教育对象的素质很差,那么,要取得核心价值观教育的良好效果也十分艰巨。

(五)对承担大学生思想教育管理部门的评价

大学生思想教育管理部门和单位对大学生社会主义核心价值观教育负有决策、实施、检查和督导的重大责任,对大学生社会主义核心价值观教育的全局具有决定性的影响。对各职能部门和院(系)的评价,主要体现在以下几个方面。

1. 管理制度的实施情况

这方面评价是指在大学生社会主义核心价值观教育过程中,领导和管理部门能否把握方向,切实地指导,组织领导是否有效,能否及时总结经验,不断提高核心价值观教育的有效性。

2. 领导的重视程度

这方面评价是指要评价领导部门对核心价值观教育是否重视,是否能认真地制定科学的社会主义核心价值观教育的总体决策、规划,是否能提出科学的指导思想和合乎实际的工作内容。

3. 管理制度与监督机制

这方面评价是指评价领导部门是否建立一套行之有效的管理和监督机制及奖惩分明的良好制度,是否建立一支强有力的高素质的思想政治教育队伍,并不断培养和提高这支队伍各方面的素质。

4. 相关领导的态度作风

这方面评价是指领导部门及思想政治教育队伍的风气是否端正,是否有良好的工作作风,是否能抵制歪风邪气。他们的工作是否深入,是否尽职尽责等。

第七章　当代大学生核心价值观培育的机制研究

领导、管理部门工作的好坏,不仅直接关系到核心价值观教育是否有效,而且关系到核心价值观教育能否顺利进行,关系到核心价值观教育的成败。凡是领导、管理部门高度重视大学生核心价值观教育的,并在实际中加强领导和管理的,大学生核心价值观教育都能取得良好的效果;凡是那些领导和管理部门不重视核心价值观教育的,要想搞好大学生社会主义核心价值观教育,则是不可能的。

参考文献

[1]韩震.社会主义核心价值观的话语构建与传播[M].北京:中国人民大学出版社,2019.

[2]邵彩玲.新时代大学生社会主义核心价值观立体化培育研究[M].北京:知识产权出版社,2020.

[3]谭文全.转型期大学生核心价值观培育研究[M].北京:北京理工大学出版社,2018.

[4]赵正文.社会主义核心价值观融入大学生思想政治教育的创新机制研究[M].北京:清华大学出版社,2018.

[5]崔志胜.培育和践行社会主义核心价值观[M].成都:西南交通大学出版社,2016.

[6]周菲.社会主义核心价值观与中国梦[M].北京:人民出版社,2015.

[7]季明.培育和践行社会主义核心价值观学习读本[M].北京:人民日报出版社,2014.

[8]郑文范.五维契合:社会主义核心价值观与中国特色社会主义理论关系研究[M].北京:社会科学文献出版社,2015.

[9]许俊.中国人的精气神——社会主义核心价值观国民读本[M].北京:人民出版社,2014.

[10]黄德珍,李艳,石中晨.社会主义核心价值观教育研究[M].北京:中国文史出版社,2015.

[11]郭建宁.民族复兴的价值支撑——社会主义核心价值观研究[M].北京:高等教育出版社,2015.

[12]郭建宁.社会主义核心价值观基本内容释义[M].北京:人民出版社,2014.

[13]艾四林.中国梦与大学生思想政治教育[M].北京:中国文史出版社,2015.

[14]姜正国.建设社会主义核心价值体系与思想政治工作创新研究[M].长沙:湖南人民出版社,2012.

[15]王克千,吴宗英.价值观与中华民族凝聚力[M].上海:上海人民出版社,2001.

[16]李建华,夏建文.立德树人之道——大学生社会主义核心价值观的培育与践行研究[M].北京:人民出版社,2015.

[17]谢晓娟.社会主义核心价值观研究[M].北京:中国社会科学出版社,2012.

[18]宣兆凯.中国社会价值观现状及演变趋势[M].北京:人民出版社,2011.

[19]郑洁.网络媒体传播社会主义核心价值观研究[M].北京:中国社会科学出版社,2012.

[20]周文华.美国核心价值观建设及启示[M].北京:知识产权出版社,2014.

[21]李新仓,李建森.雷锋精神与社会主义核心价值体系建设[M].北京:中国财政经济出版社,2013.

[22]许俊.中国人的精气神——社会主义核心价值观国民读本[M].北京:人民出版社,2014.

[23]宋惠昌.社会主义核心价值观专题解读[M].北京:中共中央党校出版社,2010.

[24]冯颜利,廖小明.问题·旨趣·路径——社会主义核心价值观新探究[M].北京:人民出版社,2014.

[25]赵爱玲.中国特色社会主义核心价值体系建设研究[M].北京:中国人民大学出版社,2013.

[26]谢晓娟.社会主义核心价值观研究[M].北京:中国社会科学出版社,2012.

[27]宁先圣.社会主义核心价值体系与当代社会思潮[M].北京:社会科学文献出版社,2011.

[28]张学森.核心价值观的历史演进与当代构建[M].北京:人民出版社,2014.

[29]田鹏颖.社会主义核心价值观七论[M].北京:社会科学文献出版社,2015.

[30]左鹏.意识形态领域挑战社会主义核心价值体系的几种主要社

会思潮[J].思想理论教育导刊,2014(4).

[31]曾长秋,曹挹芬.社会主义核心价值观结构探析[J].伦理学研究,2014(2).

[32]陈秉公.论社会主义核心价值观"高势位"培育和践行的规律性[J].思想理论教育,2014(2).

[33]李卫红.肩负起培育和弘扬社会主义核心价值观的时代重任[J].中国高校社会科学,2014(3).

[34]马克思,恩格斯.马克思恩格斯选集(第1—4卷)[M].北京:人民出版社,1995.

[35]马克思,恩格斯.马克思恩格斯全集(第19卷)[M].北京:人民出版社:1963.

[36]列宁.列宁选集(第1—4卷)[M].北京:人民出版社,1995.

[37]毛泽东.毛泽东选集(第1—4卷)[M].北京:人民出版社,1991.

[38]毛泽东.毛泽东文集(第7卷)[M].北京:人民出版社,1999.

[39]邓小平.邓小平文选(第1—2卷)[M].北京:人民出版社,1994.

[40]邓小平.邓小平文选(第3卷)[M].北京:人民出版社,1993.